Das Zusammenspiel von der Kfz-Haftpflichtversicherung mit der verschuldensunabhängigen Haftung beim Verkehrsopferschutz

Europäische Hochschulschriften

European University Studies

Publications Universitaires Européennes

Reihe II **Rechtswissenschaft**

Series II Law

Série II Droit

Band/Volume **5743**

Xiaojun Shen

Das Zusammenspiel von der Kfz-Haftpflichtversicherung mit der verschuldensunabhängigen Haftung beim Verkehrsopferschutz

Eine vergleichende Untersuchung zwischen dem deutschen Recht und dem chinesischen Recht

PL ACADEMIC RESEARCH

Bibliografische Information der Deutschen Nationalbibliothek
Die Deutsche Nationalbibliothek verzeichnet diese Publikation in der Deutschen Nationalbibliografie; detaillierte bibliografische Daten sind im Internet über http://dnb.d-nb.de abrufbar.

Zugl.: Köln, Univ., Diss., 2014

D 38
ISSN 0531-7312
ISBN 978-3-631-66310-3 (Print)
E-ISBN 978-3-653-05551-1 (E-Book)
DOI 10.3726/978-3-653-05551-1

PL Academic Research ist ein Imprint der Peter Lang GmbH.
Peter Lang – Frankfurt am Main · Bern · Bruxelles · New York · Oxford · Warszawa · Wien

Diese Publikation wurde begutachtet.

www.peterlang.com

Vorwort

Die vorliegende Arbeit wurde im Wintersemester 2014 von der rechtswissenschaftlichen Fakultät der Universität zu Köln als Dissertation angenommen.

Mein größter Dank gilt meinem verehrten akademischen Lehrer, Herrn Prof. Dr. Heinz-Peter Mansel, zunächst für die endlose Unterstützung beim Erwerb und der Verlängerung der Stipendien durch die zahleichen Gutachten und Empfehlungen, die er für mich geschrieben hat. Weiterhin möchte ich mich für die sorgfältige Betreuung dieser Arbeit bedanken, bei der er mich und andere ausländische Doktorandinnen und Doktoranden stets gleich mit den deutschen Kollegen behandelte und uns zu jedem Zeitpunkt seine Unterstützung zur Verfügung stellte. Bei ihm trifft das deutsche Wort „Doktorvater" völlig zu. Aus meiner Sicht ist er ein hervorragender Lehrer und ich möchte selbst versuchen, für Studenten in China ein solcher Lehrer nach seinem Vorbild zu sein. Die schöne Zeit an seinem Institut und das Leben in Köln waren ein sehr wichtiger Abschnitt in meinem bisherigen Leben, an den ich auch in Zukunft gerne zurückdenken werde.

Ich danke darüber hinaus Herrn Prof. Dr. Christian Rolfs für seine großzügige Erstellung eines zweiten Gutachtens für diese Arbeit. Bezüglich der finanziellen Unterstützung während des Aufenthalts in Deutschland gilt mein herzlicher Dank der Konrad-Adenauer Stiftung. Frau Sarah Friedrich hat diese Arbeit sprachlich sehr sorgfältig korrigiert, dafür danke ich ihr ebenfalls. Schließlich schulde ich ein besonderes Dankeschön noch meinen Eltern, Herrn Jiawang Shen und Frau Jine Wu, sowie meinem großen Bruder, Herrn Zhijun Shen, denn ohne ihre langfristige Unterstützung wäre eine Promotion in Deutschland für mich unvorstellbar gewesen.

Hefei VR. China — Xiaojun Shen

Inhaltsverzeichnis

Abkürzungsverzeichnis

Abs.	Absatz
AcP	Archiv für die civilistische Praxis
a. F.	alte Fassung
AG	Amtsgericht
AGB	Allgemeine Geschäftsbedingungen
AKB	Allgemeine Bedingungen für die Kraftfahrtversicherung vom 2008
Anm.	Anmerkung
AT	Allgemeiner Teil
AtomG	Gesetz über die friedliche Verwendung der Kernenergie und den Schutz gegen ihre Gefahren
Aufl.	Auflage
BFH	Bundesfinanzhof
BGB	Bürgerliches Gesetzbuch
BGBl	Bundesgesetzblatt
BGH	Bundesgerichtshof
BGHZ	Entscheidungen des Bundesgerichtshofs in Zivilsachen
bspw.	beispielsweise
BT	Besonderer Teil
BT-Drs.	Drucksachen des Deutschen Bundestages
bzgl.	bezüglich
bzw.	beziehungsweise
CAGZ	Allgemeine Grundsätze des Zivilrechts (China) vom 12. April 1986
CAKB 2009	Allgemeine Bedingungen für die Kraftfahrtversicherung (China) von 2009
CHaftungsG	Haftungsgesetz (China) vom 26. Dezember 2009
CIRC	China Insurance Regulatory Commission
CPflVV	Verordnung über die Kfz-Haftpflichtversicherung vom 30. März 2012
CSVG	Straßenverkehrssicherheitsgesetz (China) vom 22. April 2011
CSversG	Sozialversicherungsgesetz (China) vom 28. Oktober 2010

CVertragsG	Vertragsgesetz (China) vom 15. März 1999
CVVG	Versicherungsgesetz (China) vom 28. Februar 2009
DAR	Deutsches Autorecht (Zeitschrift)
FSC	The Financial Supervisory Commission (Taiwan Chinas)
FZV	Verordnung über die Zulassung von Fahrzeugen zum Straßenverkehr
GDV	Gesamtverband der deutschen Versicherungswirtschaft e.V
ggf.	gegebenfalls
i. S. v.	im Sinne von
i. V. m.	in Verbindung mit
JW	Juristische Wochenschrift
KG	Kammergericht Berlin
KFG	Kraftfahrzeuggesetz vom 3. Mai 1909
h. M.	herrschende Meinung
HPflG	Haftpflichtgesetz
Hrsg.	Herausgeber
i. V. m.	in Verbindung mit
KH-Versicherung	obligatorische Kraftfahrthaftpflichtversicherung
LG	Landgericht
LuftVG	Luftverkehrsgesetz
n. F.	neue Fassung
NJW	Neue Juristische Wochenschrift
NPCSC	Ständiger Ausschuss des Nationalen Volkskongresses
Nr.	Nummer
NTD	Neuer Taiwan Dollar
NZV	Neue Zeitschrift für Verkehrsrecht
OLG	Oberlandesgericht
PflVG	Pflichtversicherungsgesetz
PICC	People's Insurance Company of China
RG	Reichsgericht
RGBl	Das Reichtsgesetzblatt
RGZ	Entscheidungen des Reichsgerichts in Zivilsachen
Rn.	Randnummer
r+s	Recht und Schaden (Zeitschrift)
S.	Seite; Satz
SGB	Sozialgesetzbuch

StVG	Straßenverkehrsgesetz
StVO	Straßenverkehrsordnung
StVZO	Straßenverkehrs-Zulassungs-Ordnung
TAVG	Arbeitsversicherungsgesetz (Taiwan Chinas) vom 28. Mai 2014
TBGB	Bürgerliches Gesetzbuch (Taiwan Chinas) vom 29. Januar 2014
TAPflVG	Gesetz über die KH-Versicherung für Autos (Taiwan Chinas) vom 29. Januar 2014
TÖSG	Öffentliche-Straßen-Gesetz (Taiwan Chinas) vom 3. Juli 2013
TPflVLM	Leistungsmaßstab der KH-Versicherung (Taiwan Chinas)
TTLR	The Taiwan Law Review (Zeitschrift)
TVKG	Volkskrankenversicherungsgesetz (Taiwan Chinas) vom 29 Juli 2011
TVSG	Verbraucherschutzgesetz (Taiwan Chinas) vom 5. Februar. 2005
TVVG	Versicherungsgesetz (Taiwan Chinas) vom 5. Februar 2005
TZLuftVG	Ziviles Luftverkehrsgesetz (Taiwan Chinas) vom 4. Januar 2012
Urteil Zivil. Berufung	Zivilrechtliche Urteile des Berufungsgerichts
u. U.	unter Umständen
UmweltHG	Umwelthaftungsgesetz
VAG	Versicherungsaufsichtsgesetz
VersR	Zeitschrift für Versicherungsrecht, Haftungs- und Schadensrecht
Vgl.	vergleiche
VVG	Versicherungsvertragsgesetz
WHG	Wasserhaushaltsgesetz
ZfS	Zeitschrift für Schadensrecht
ZGS	Zeitschrift für das gesamte Schuldrecht
Zivil. 1.	Der erste Zivilsenat
ZVersWiss	Zeitschrift für die gesamte Versicherungswissenschaft

Einleitung

A. Problemstellung

I. Sozialer Hintergrund

Wie Eike von Hippel gesagt hat, leben wir in einem „Zeitalter der Unfälle".[1] Seit der Erfindung des Kraftfahrzeugs ist das menschliche Leben immer flexibler und komfortabler geworden. Aber auch erhöhte Verletzungsgefahr hat diese Erfindung mit sich gebracht, das geht aus Statistiken deutlich hervor. Bis August 2011 wurden 0,29 Milliarden Kraftfahrzeuge auf dem chinesischen Festland zugelassen. Nach Angaben des chinesischen Verkehrsverwaltungsamtes haben sich 3.906.164 polizeilich erfasste Straßenverkehrsunfälle im Jahre 2010 ereignet, bei denen insgesamt 65.225 Personen ums Leben kamen und 254.075 Personen verletzt wurden und wodurch ein unmittelbarer Vermögensverlust im Wert von mehr als 0,1 Milliarden Euro verursacht wurde.[2] Im Jahr 2014 wurden insgesamt 21,3 Millionen Kraftfahrzeuge im chinesischen Taiwan zugelassen, im Jahr 2013 wurden insgesamt 278.388 Verkehrsunfälle gemeldet, bei denen 1.928 Personen getötet und rund 373.568 Personen körperlich verletzt wurden.[3] Im Jahr 2013 haben sich in der Bundesrepublik Deutschland 2,41 Millionen polizeilich erfasste Straßenverkehrsunfälle ereignet, bei denen 3.339 Personen getötet und rund 371.170 Personen verletzt wurden.[4] Die Statistiken haben uns deutlich gezeigt, wie schlimm die Situation bei Straßenverkehrsunfällen ist; deshalb ist eine gerechte und effiziente rechtliche Lösung für die Wohlfahrt und die Sicherheit der Gesellschaft von großer Bedeutung.

II. Rechtlicher Hintergrund

Je mehr Sozialvorsorge dem Opfer gewährleistet wird, desto geringer ist der Bedarf an einem „Grundschutz" für das Opfer.[5] In Deutschland werden die meisten

---

1 *Fleming/Hellner/von Hippel*, Haftungsersetzung durch Versicherungsschutz, S. 40.

2 Die Daten sind auf der Webseite des chinesischen Ministeriums für Öffentliche Sicherheit abrufbar: http://www.mps.gov.cn/n16/n85753/n85870/2758752.html (zuletzt abgerufen am 9.8.2014).

3 Die Daten sind auf der Webseite des Ministeriums für Verkehr im chinesischen Taiwan abrufbar: http://stat.motc.gov.tw/mocdb/stmain.jsp?sys=100&funid=emenu (zuletzt abgerufen am 9.8.2014).

4 Statistisches Bundesamt, Statistisches Jahrbuch 2013, Tabelle 16.21, S. 591.

5 *Yeh*, Der Verkehrsopferschutz und dessen Entwicklung, S. 3.

durch Verkehrsunfälle verursachten materiellen Personenschäden zuerst durch die gesetzliche Krankenversicherung gedeckt, von der aber Sachschäden und immaterielle Schäden nicht ersetzt werden.[6] Da für die gesetzliche Krankenversicherung das Sach-und Dienstleistungsprinzip gilt, richtet sich der Anspruch des Versicherten gegen die Krankenkasse grundsätzlich nicht auf Erstattung der Kosten für die Inanspruchnahme von gesundheitsbezogenen Dienst- und Pflegeleistungen, Arzneien, Heil- und Hilfsmitteln, sondern auf die Verschaffung von Naturalleistungen. Der Zweck besteht darin, den Versicherten von der Last zu befreien, die Behandlungskosten vorstrecken zu müssen.[7] Diese Ausgestaltung stellt nicht nur einen umfassenden und schnellen Ersatz des Schadens sicher, sondern vermeidet auch die zeitaufwendigen Streitigkeiten über den Umfang der zu leistenden Entschädigung zwischen den Beteiligten.[8] Nach der Erbringung der Versicherungsleistung kann der Versicherungsträger nach § 116 SGB X vom Verantwortlichen Regress fordern.[9] Voraussetzung dafür ist insbesondere, dass eine Kongruenz zwischen den vom Sozialversicherungsträger erbrachten Leistungen und dem Schaden besteht.[10] In der Praxis steht aber meistens dem Privatversicherungsträger ein Regresspflichtiger gegenüber, und die Regulierung wird durch ein sog. Schadensteilungsabkommen durchgeführt.[11]

Im chinesischen Taiwan ist das Schutzniveau der Sozialversicherung für Verkehrsopfer zwar nicht so hoch wie das in Deutschland, aber dennoch werden die Kosten für eine Krankenbehandlung auch von der Volkskrankenversicherung übernommen, wodurch die Rechtsstellung des Geschädigten erheblich verbessert wird. Es bestehen aber einige Einschränkungen in Bezug auf den Leistungsumfang der Volkskrankenversicherung, insbesondere in Form von Selbstbeteiligungen. Außerdem gibt es keine vergleichbare gesetzliche Rentenversicherung. Auch der Wegfall bzw. die Minderung der Erwerbstätigkeit können nur in Form von Behinderungsgeld teilweise ersetzt werden.[12] Aber die Sozialversicherung auf dem chinesischen Festland kann nur begrenzten Schutz für die Verkehrsopfer gewähren, da nach § 30 Abs. 1 Nr. 2 des chinesischen Sozialversicherungsgesetzes (CSversG) die medizinischen Behandlungskosten von der Grund-Krankenversicherung

---

6 *Yeh*, Der Verkehrsopferschutz und dessen Entwicklung, S. 7.

7 *Muckel/Oeorek*, Sozialrecht, § 8, Rn. 63.

8 *Rolfs*, Das Versicherungsprinzip im Sozialversicherungsrecht, S. 50.

9 Ausführlich siehe *Greger*, Haftungsrecht des Straßenverkehrs, § 32, Rn. 1 ff.; *Kötz/Wagner*, Deliktsrecht, Rn. 766 ff.

10 *Becher/Böhme/Biela*, Kraftverkehrshaftpflichtschäden, § 6, Rn. 10 ff.

11 *Kötz/Wagner*, Deliktsrecht, Rn. 781 ff.

12 Vgl. *Yeh*, Der Verkehrsopferschutz und dessen Entwicklung, S. 24.

ausgenommen werden, wenn ein Dritter dafür verantwortlich gemacht werden kann. Eine Ausnahme besteht grade dann, wenn der haftpflichtige Dritte die Entschädigung nicht leistet oder nicht ermittelt werden kann. Die Ersatzpflicht der Grund-Krankenversicherung setzt somit voraus, dass der verantwortliche Dritte nicht zahlt oder nicht ermittelt werden kann.[13] Mit anderen Worten muss der Geschädigte grundsätzlich die Behandlungskosten zunächst selbst aufbringen, was insbesondere für arme oder besonders schwer Geschädigte nachteilhaft ist, wenn sie zahlungsunfähig oder die Behandlungskosten sehr hoch sind. Zudem müssen vor der Erbringung der medizinischen Dienstleistung die entsprechenden Beiträge vorentrichtet werden; wenn dies nicht der Fall ist, lehnen die Krankenhäuser nicht selten die Rettung ab. Aufgrund von Zahlungsunfähigkeit der Geschädigten haben sich bereits viele Todesfälle ereignet. Auch wenn dem Geschädigten ein Direktanspruch gegen den Versicherer bei der KH-Versicherung eingeräumt wird, kann der Geschädigte diesen Anspruch erst nach der medizinischen Behandlung geltend machen. Um die rechtzeitige medizinische Behandlung für die Verkehrsopfer zu gewährleisten, ist die Einbeziehung der medizinischen Behandlungskosten in die Grund-Krankenversicherung zu befürworten.

In sozialrechtlicher Hinsicht ist die Situation in Bezug auf den Verkehrsopferschutz in China erheblich nachteiliger als jene in Deutschland, sodass das Privatrecht, insbesondere die KH-Versicherung, und das Haftungsrecht eine viel wichtigere Rolle spielen. Ob das geltende Recht dieser Aufgabe gerecht und hinreichend nachkommt, ist eine Fragestellung der vorliegenden Untersuchung.

III. Die Notwendigkeit eines Zusammenspiels zwischen KH-Versicherung und verschuldensunabhängiger Haftung

Vor der Einführung der KH-Versicherung wurde die Haftung bei Verkehrsunfällen überwiegend von den Haftpflichtigen persönlich getragen, wobei der Erfüllung der entstandenen Schadensersatzansprüche wegen der knappen Zahlungsfähigkeit aber nicht immer nachgekommen werden konnte. Durch die Einführung der KH-Versicherung wurde die Rechtsstellung der Geschädigten erheblich verbessert. Da es allerdings keine Kausalhaftung gibt, kann die Versicherungsleistung nicht immer sichergestellt werden. Um dieses Problem zu lösen, wurden verschiedene Reformansätze in verschiedenen Ländern entwickelt. Hierbei sind zunächst die unter dem Titel „No-fault Insurance" zusammengefassten Systeme zu nennen, die ursprünglich aus dem US-amerikanischen Recht kommen, aber auch in vielen anderen Ländern Anerkennung gewonnen haben, obwohl die konkrete

13 *Liu/Li/Cao*, Studien zur chinesischen KH-Versicherung, S. 99.

Ausgestaltung nicht identisch ist.[14] Das auffälligste Merkmal dieses Systems liegt darin, dass die Versicherungsleistung nicht vom Vorliegen der Haftpflicht des Schädigers abhängt, der Umfang der Versicherungsleistung allerdings oft durch bestimmte Höchstsummen beschränkt wird. Im Vergleich zur traditionellen Haftpflichtversicherung hat die No-fault Versicherung ihre Vorteile bei der schnellen Schadensabwicklung und der Senkung der Versicherungsprämien.[15]

Andererseits ist auf Rechtsordnungen hinzuweisen, in denen das Deliktsrecht beim Ersatz für Personenschäden gar keine Rolle mehr spielt, wozu insbesondere das neuseeländische Recht sowie das schwedische Recht zählen.[16] In den sechziger und siebziger Jahren wurden auch in Deutschland Reformvorschläge eingebracht, die sich an das No-fault-Versicherungssystem anlehnten.[17] Eine vollständige Ersetzung des Haftungsrechts durch eine Sozialversicherung[18] wurde aber für unrealistisch gehalten, da man einen hohen Kostendruck und enormes Missbrauchspotential befürchtete.[19] Außerdem hätte sich der Verzicht auf das Deliktsrecht negative auf die Präventionsfunktion der Haftpflicht auswirken können, was anhand eines Vergleichs mit der gesetzlichen Unfallversicherung ersichtlich ist. Bei der gesetzlichen Unfallversicherung haben alle Beteiligten, also der Unternehmer und der Arbeitnehmer, ein gemeinsames Interesse daran, einen Arbeitsunfall zu vermeiden, wenngleich die Motivation auf beiden Seiten eine andere ist.[20] Genau das ist aber bei der KH-Versicherung nicht der Fall: Wenn der Schädiger für den Verkehrsunfall keine Haftung übernehmen muss, hat er kein großes Interesse an einer Unfallverhütung, so dass ein Zusammenspiel zwischen KH-Versicherung und verschuldensunabhängiger Haftung in Bezug auf den Verkehrsopferschutz momentan unentbehrlich ist. Die Frage der genauen Verbindung zwischen diesen beiden Systemen und der Ausgleich zwischen ihnen bleibt im Weiteren zu klären.

---

14 Vgl. *Yeh*, Der Verkehrsopferschutz und dessen Entwicklung, S. 212 f.

15 *Hay*, US-Amerikanisches Recht, Rn. 427.

16 *Wagner*, Grundstrukturen des Europäischen Deliktsrechts in *Reinhard Zimmermann* (Hrsg.), Grundstrukturen des Europäischen Deliktsrechts, S. 326 ff.

17 So z.B. die Dissertationsarbeit *Schadensausgleich bei Verkehrsunfällen* von *von Hippel* aus dem Jahre 1968 und die Dissertationsarbeit *Ausgleich von Verkehrsunfallschäden im Licht internationaler Reformprojekte* von *Gülleman* aus dem Jahre 1969.

18 Der Grundgedanke der gesetzlichen Unfallversicherung besteht darin, dass die privatrechtliche Haftung der Unternehmer gegenüber ihren Arbeitsnehmern durch das Entschädigungssystem der Sozialversicherung abgelöst wird, vgl. *Rolfs*, Das Versicherungsprinzip im Sozialversicherungsrecht, S. 463.

19 *Kötz/Wagner*, Deliktsrecht, Rn. 571.

20 *Rolfs*, Das Versicherungsprinzip im Sozialversicherungsrecht, S. 462.

B. Die zu untersuchenden Fragen

I. Versicherungszwang und Verkehrsopferschutz

Die Inanspruchnahme der KH-Versicherung setzt voraus, dass eine Versicherungspflicht für das Kraftfahrzeug, das den Verkehrsunfall verursacht hat, besteht und die Erfüllung der Versicherungspflicht sichergestellt wird. Deshalb ist es für den Verkehrsopferschutz von großer Bedeutung, welche Fahrzeuge von der Versicherungspflicht erfasst werden, um dem Geschädigten möglichst immer einen solventen Schuldner in Form eines KH-Versicherers gegenüber zu stellen. Da die Versicherungspflicht für den Versicherungspflichtigen eine Einschränkung seiner Grundrechte darstellt, müssen gerechtfertigte Kriterien gefunden werden; dabei müssen der Verkehrsopferschutz sowie die Freiheit und Belastung des Versicherungspflichtigen gemeinsam berücksichtigt werden, so dass die Versicherungspflicht dem Verhältnismäßigkeitsgrundsatz entspricht.[21] Nur wenn dem Versicherer ein Kontrahierungszwang auferlegt wird, kann der Gesetzeszweck der Versicherungspflicht verwirklicht werden, also müssen geeignete Maßnahmen zur Sicherstellung der Versicherungspflicht ergriffen werden. Trotzdem kommt es nicht selten vor, dass für das den Verkehrsunfall verursachende Kraftfahrzeug keine KH-Versicherung abgeschlossen wurde, wobei dann der Entschädigungsfonds in Bezug auf den Verkehrsopferschutz eine wichtige Rolle spielt. Zu ermitteln sind hierbei in erster Linie der Anwendungsbereich sowie der Umfang der Entschädigung aus dem Entschädigungsfonds.

II. Mitversicherte Personen im Rahmen der KH-Versicherung und Verkehrsopferschutz

Nach dem Wesen der KH-Versicherung werden der Versicherungsnehmer und andere mitversicherte Personen von der KH-Versicherung geschützt.[22] Da die Einräumung eines Anspruchs auf Geldentschädigung für den Versicherten die Durchsetzung des Schadensersatzanspruchs des Geschädigten gefährden würde, ist es notwendig zunächst zu untersuchen, was für ein Anspruch dem Versicherten gegen den KH-Versicherer zusteht, damit die Verwirklichung des Direktanspruchs des Geschädigten sichergestellt werden kann.

Ein Versicherungsfall liegt nur dann vor, wenn eine mitversicherte Person den Verkehrsunfall herbeigeführt hat. Für einen umfangreichen Verkehrsopferschutz spricht eine ausnahmslose Reichweite für die mitversicherten Personen, allerdings

---

21 *Hedderich*, Pflichtversicherung, S. 158 ff.

22 *Bauer*, Die Kraftfahrtversicherung, Rn. 745 ff.

bedeutet das andererseits eine erhebliche Belastung für den Versicherer. Es muss folglich ein Mittelweg gefunden werden, damit der Verkehrsopferschutz und die Interessen der Versicherer zusammen berücksichtigt werden können. Früher war der Umfang der mitversicherten Personen in Deutschland begrenzt, ist jedoch mit der Zeit immer mehr angewachsen, so dass inzwischen fast alle Haftpflichtigen mitversichert sind. Im Gegensatz dazu werden bestimmte Anforderungen wie die Einwilligung des Versicherungsnehmers und die Rechtmäßigkeit des Fahrverhaltens auf dem chinesischen Festland bzw. die Einwilligung des Versicherungsnehmers im chinesischen Taiwan an die Qualifikation als mitversicherte Personen gestellt. Dadurch wird der Umfang der mitversicherten Personen erheblich eingeschränkt, was dem Verkehrsopferschutz schadet. Daher ist es notwendig, solche Einschränkungen im chinesischen Recht[23] auf ihre Rechtfertigung hin zu überprüfen.

Es ist nicht selten, dass der Verkehrsunfall durch ein Fehlverhalten des Versicherten herbeigeführt wird, aber dennoch müssen die Geschädigten geschützt werden, so dass die Entgegenhaltung von Einwendungen gegen den Geschädigten ausgeschlossen werden muss. Es ist aber auch nicht gerechtfertigt, dem Versicherer alle Nachteile aufzuerlegen; deshalb wird in beiden Ländern dem Versicherer ein Regressanspruch gegen den Versicherten eingeräumt, wenn dieser bestimmte Obliegenheiten verletzt hat. Es tauchen jedoch große Unterschiede bei der Rechtsfolge solcher Obliegenheitsverletzungen auf, insbesondere im Hinblick auf den Leistungsumfang an den Geschädigten. Außerdem ist die vorsätzliche Herbeiführung des Unfalls durch den Versicherten in Deutschland als Risikoausschluss ausgestaltet, während sie in China nicht anders als andere Obliegenheitsverletzungen behandelt wird. Zu untersuchen ist aber, ob es auch möglich ist, den Risikoausschluss als eine Art von Obliegenheitsverletzung zu interpretieren.

III. Direktanspruch und Geschädigte

Bei der freiwilligen Haftpflichtversicherung muss der Geschädigte bei der Durchsetzung des Anspruchs auf Versicherungsleistung viele Hindernisse überwinden. Um die Rechtsstellung des Geschädigten zu verbessern, ist ein Direktanspruch in Deutschland sowie im chinesischen Taiwan unproblematisch eingeführt worden. Wegen des unklaren Wortlauts ist bezüglich des chinesischen Festlandes zuerst zu ermitteln, ob ein Direktanspruch auch dort gilt.

---

23 Wenn nur von „China“ oder dem „chinesischen Recht“ gesprochen wird, sind sowohl das Festland als auch Taiwan gemeint.

Durch den Vergleich der Voraussetzungen des Direktanspruchs soll herausgefunden werden, welche Unterschiede es diesbezüglich gibt. Es erscheint weiterhin sinnvoll, den Direktanspruch des Geschädigten bei der KH-Versicherung mit dem Schadensersatzanspruch bei der verschuldensunabhängigen Haftung zu vergleichen, da der Direktanspruch in China keine Haftpflicht des Versicherten voraussetzt. Zu erforschen ist weiterhin noch, welche Personen gegen den KH-Versicherer einen Direktanspruch geltend machen können.

IV. Die verschuldensunabhängige Haftung im Straßenverkehrsrecht

Wegen der erleichterten Voraussetzungen spielen heutzutage die besonderen deliktischen Haftungen beim Verkehrsopferschutz eine zentrale Rolle, allerdings ist die Wirkungsweise in beiden Ländern eine gänzlich andere. In Deutschland ist die Gefährdungshaftung grundsätzlich nur eine Begründungsgrundlage des Direktanspruchs des Geschädigten, weil die Entschädigung durch die KH-Versicherung nur dann in Betracht kommt, wenn die Haftpflicht des Versicherten gegeben ist; dagegen findet die verschuldensunabhängige Haftung in China grundsätzlich nur dann in Anwendung, wenn die KH-Versicherung nicht in Betracht kommt.

Obwohl es eine verschuldensunabhängige Haftung für Verkehrsunfälle in beiden Ländern gibt, sind die Unterschiede hinsichtlich des Anwendungsbereichs nicht unerheblich. In Deutschland gilt die Gefährdungshaftung für fast alle Verkehrsunfälle, während die verschuldensunabhängige Haftung auf dem chinesischen Festland auf Unfälle zwischen Kraftfahrzeugen und anderen Verkehrsteilnehmern beschränkt ist; eine verschuldensunabhängige Haftung im chinesischen Taiwan ist nur für Transportunternehmer vorgesehen, denn für alle anderen Arten von Verkehrsunfällen ist nur eine verschuldensvermutete Haftung für den Fahrer eines Kraftfahrzeugs vorgeschrieben. Das Vorliegen eines „Unfalls“ wird in beiden Ländern als Voraussetzung für die besonderen Haftungstatbestände bestimmt. Es ist daher notwendig, die gemeinsame theoretische Grundlage dahinter zu ermitteln und dann die Zurechnungsprinzipien der Verkehrsunfallhaftung anhand dieser zu überprüfen.

Bei der Bestimmung des Haftpflichtigen sind die Unterschiede zwischen beiden Ländern bereits sehr groß, wobei zunächst der Hintergrund für die unterschiedliche Ausgestaltung zu untersuchen ist. Zu überdenken ist weiterhin, wem die strikte Haftung auferlegt werden sollte, um den Gesetzeszweck zu verwirklichen. Selbst bei einer tatbestandsmäßigen Gefährdungshaftung bestehen einige Ausschlussgründe, die dem Geschädigten entgegen gehalten werden können. Um die Schutzfunktion der verschuldensunabhängigen Haftung zu verstärken, ist zu untersuchen, welche der Ausschlussgründe derzeit bestehen und ob diese dem Verkehrsopferschutz nicht entgegenwirken.

V. Der zu ersetzende Schaden und der Umfang der Leistungspflicht

Für den Verkehrsopferschutz wichtig ist ferner, welche Schäden von der KH-Versicherung im Rahmen der verschuldensunabhängigen Haftung übernommen werden und wie hoch die Versicherungsleistung ist. Daher ist zunächst zu klären, welche Schäden von der KH-Versicherung in beiden Ländern übernommen werden sowie nach welchen Regeln die Schäden berechnet werden, wobei insbesondere die Unterschiede und die Gemeinsamkeiten zwischen der KH-Versicherung und der verschuldensunabhängigen Haftung beim Schadensersatz zu untersuchen sind.

C. Methoden und Zielsetzung der Untersuchung

I. Methoden

1. Gesetzesauslegung

Bezüglich der Regulierung von Verkehrsunfällen besteht eine Vielzahl an Rechtsquellen, worunter nicht nur grundlegende Gesetze (Einzel- oder Sondergesetze) fallen, sondern auch die von der Regierung erlassenen Rechtsverordnungen, die in Verwaltungsvorschriften enthaltenen Zivilrechtsnormen sowie die vom Obersten Volksgericht erlassenen Auslegungen.[24] Diese Gesetzgebungsstruktur führt zur Verdoppelung von Vorschriften, gegenseitiger Widersprüchlichkeit und stofflicher Zergliederung.[25] Mithilfe von Auslegung soll der Sinn des Gesetzes ermittelt werden, wobei insbesondere die systematische Auslegung[26] und die historische Auslegung[27] von großer Bedeutung sind. Bei der systematischen Auslegung, vor allem auch bei der primärrechtskonformen Auslegung, wird die Stellung und Einordnung einer Vorschrift im Rahmen des speziellen Gesetzeswerks sowie der Gesamtrechtsordnung analysiert.[28] Zur Ermittlung der gesetzgeberischen Normvorstellung ist noch auf die Materialien, insbesondere die Veränderungen des

24 *Liang*, Das chinesische Zivilrecht: Sein gegenwärtiger Zustand und der Erlass eines Zivilgesetzbuches, AcP 194 (1994), S. 480 ff.

25 *Liang*, Das chinesische Zivilrecht: Sein gegenwärtiger Zustand und der Erlass eines Zivilgesetzbuches, AcP 194 (1994), S. 485.

26 *Köhler*, BGB AT, § 4, Rn. 16.

27 *Brox/Walker*, Allgemeiner Teil des BGB, Rn. 62.

28 *Wolf/Neuner*, Allgemeiner Teil des Bürgerlichen Rechts, § 4, Rn. 36.

Gesetzes, zurückzugreifen.[29] Dadurch sollen die Struktur des Ersatzsystems bei Verkehrsunfällen, insbesondere das Verhältnis zwischen dem Haftungsrecht und der KH-Versicherung, und die anzuwenden Zurechnungsprinzipien festgestellt werden.

2. Rechtsvergleichung

Derselbe Ausdruck kann in verschiedenen Gesetzen, natürlich auch in verschiedenen Ländern, unterschiedlich verstanden werden (sog. „Relativität der Rechtsbegriffe").[30] Die Bedeutung der Rechtsvergleichung geht aus der Formulierung *Rudolph v. Jherings* deutlich hervor:

„Die Frage von der Rezeption fremder Rechtseinrichtungen ist nicht eine Frage der Nationalität, sondern eine einfache Frage der Zweckmäßigkeit, des Bedürfnesses. Niemand wird von der Ferne holen, was er daheim ebensogut oder besser hat, aber nur ein Narr wird die aus dem Grunde zurückweisen, weil sie nicht auf seinem Krautacker gewachsen ist".[31]

In diesem Sinne kann die Rechtsvergleichung auch als Hilfsmittel für die Gesetzgebung bzw. Rechtsreform und auch als Auslegungsargument für die Rechtsanwendung nützlich sein, weil sie unterschiedliche Modelle für die Lösung von Rechtsproblemen zur Verfügung stellen kann.[32]

Die Übernahme (bis heute schon mehr als hundert Jahre lang) der modernen zivilrechtlichen Begriffe und des wissenschaftlichen Systems in China begann mit der Justizreform am Ende der Qing-Dynastie.[33] Nach der Konzeption des Gesetzgebers sollte China von Anfang an die deutschen zivilrechtlichen Theorien vollständig übernehmen,[34] aber was das tatsächlich übernommene Recht betrifft, ist dieses häufig eine Mischung von Normen verschiedener Länder in modifizierter Form.[35] Diese gemischte Rechtsrezeption führt bisweilen zu Unverständnis und Streitigkeiten über einige Grundprobleme, z. B. bei den Tatbeständen der Verschuldenshaftung oder den Zurechnungsgründen der verschuldensunabhängigen

29 *Wolf/Neuner*, Allgemeiner Teil des Bürgerlichen Rechts, § 4, Rn. 38.

30 *Wolf/Neuner*, Allgemeiner Teil des Bürgerlichen Rechts, § 4, Rn. 35.

31 *Jhering*, Geist des römischen Rechts, Erster Teil, 1955, S. 8 f.

32 *Zweigert/Kötz*, Einführung in die Rechtsvergleichung, S. 14.

33 *Sun*, Die Rezeption der westlichen Zivilrechtswissenschaft und ihre Auswirkung im modernen China, RabelsZ 71 (2007), S. 644.

34 *Sun*, Die Rezeption der westlichen Zivilrechtswissenschaft und ihre Auswirkung im modernen China, RabelsZ 71 (2007), S. 646.

35 *Bu*, Die Rezeption des ausländischen Rechts in China, in: Deutsche und europäische Elemente des chinesischen Rechts, S. 6.

Haftung. Obwohl das Ersatzsystem bei Verkehrsunfällen im chinesischen Recht einige Besonderheiten gegenüber dem deutschen Recht aufweist, kann das chinesische Recht durch Vergleichung mit deutschen Recht in dieser Hinsicht erheblich profitieren. Denn das deutsche Recht sieht ein hohes Schutzniveau im Bereich Verkehrsopferschutz vor, sodass zugunsten der Verkehrsopfer in China eine Rechtsvergleichung mit dem deutschen Recht sinnvoll erscheint. Diese Arbeit wird versuchen, anhand von Entscheidungen aus China sowie Theorien aus dem deutschen Recht die Systematik und dahinterstehenden Erwägungen des chinesischen Rechts herauszustellen.

Wegen der Struktur der juristischen Ausbildung beherrschen die meisten chinesischen Wissenschaftler nur die englische Sprache, so dass das amerikanische Recht in bestimmten Bereichen einen großen Einfluss ausübt.[36] Diese Rezeption findet sich zwar meistens im Bereich des Handels- und Gesellschaftsrechts, allerdings hat China im Bereich des Verkehrsunfallrechts auch einige Elemente der aus dem US-amerikanischen Recht stammenden No-fault-Versicherung übernommen. Die traditionelle KH-Versicherung im deutschen Recht kann deshalb als Vergleichsgegenstand zur Bewertung der gemischten Rezeption genutzt werden.

II. Ziele

Durch die Vergleichung soll zunächst herausgefunden werden, ob das deutsche Verkehrsunfallsrecht einschließlich der KH-Versicherung in China übernommen wurde.[37] Darüber hinaus gilt es, die Bedeutung der aufgrund der gemischten Rezeption missverstanden Rechtsbegriffe mit Hilfe des deutschen Rechts klarzustellen. Das Ziel der Arbeit besteht weiterhin darin, durch den Rechtsvergleich zwischen beiden Ländern die strukturellen Probleme bezüglich der Kombination der KH-Versicherung und der verschuldensunabhängigen Haftung in Hinblick auf den Verkehrsopferschutz zu lösen. Dahingehend werde ich versuchen, einige Vorschläge zur Weiterentwicklung der vorhandenen Systeme zu unterbreiten, insbesondere für das Chinesische Recht.

36 *Bu*, Die Rezeption des ausländischen Rechts in China, in: Deutsche und europäische Elemente des chinesischen Rechts, S. 5.

37 *Bu*, Die Rezeption des ausländischen Rechts in China, in: Deutsche und europäische Elemente des chinesischen Rechts, S. 8.

§ 1. Versicherungszwang und Verkehrsopferschutz

A. Die Einführung der KH-Versicherung

I. Deutschland

Mit der Industrialisierung Deutschlands im 19. Jahrhundert entstanden immer mehr Verkehrsunfälle, die enorme Schäden zur Folge hatten. In Deutschland wurde durch das Gesetz über den Verkehr mit Kraftfahrzeugen (KVG)[38] vom 3. Mai 1909 eine Gefährdungshaftung für den Halter eines Kraftfahrzeugs eingeführt. Aufgrund dessen ist der Bedarf für eine Haftungsabdeckung des potenziell Haftpflichtigen stetig größer geworden, so dass immer mehr Kraftfahrzeughalter eine Haftpflichtversicherung freiwillig abschlossen. Eine gesetzliche Versicherungspflicht wurde erst etwa 30 Jahre später durch das Gesetz über die Pflichtversicherung für Kraftfahrzeughalter (PflVG)[39] eingeführt, welches am 1.7.1940 in Kraft trat und seither die wichtigste Rechtsgrundlage für die Regulierung der KH-Versicherung in Deutschland bildet. In § 1 PflVG wird vorgeschrieben, dass der Halter eines Kraftfahrzeugs oder Anhängers mit regelmäßigem Standort im Inland dazu verpflichtet ist, für sich, den Eigentümer und den Fahrer eine KH-Versicherung abzuschließen und aufrechtzuerhalten.

II. China

1. Festland

Schon in den fünfziger Jahren gab es auf dem chinesischen Festland eine Kraftfahrtversicherung, die von *People's Insurance Company of China* (PICC) vertrieben wurde. Damals war die Kraftfahrtversicherung noch keine selbständige Versicherungsart, sondern wurde nur als eine Art von Zusatzversicherung der Kraftfahrzeugversicherung angesehen; die Rolle der Kraftfahrtversicherung für den Verkehrsopferschutz war sehr gering.[40] Wegen der veränderten Politikumgebung vertrieb PICC seit dem Jahr 1955 die freiwillige Kraftfahrtversicherung nicht mehr, weil die Meinung vertreten wurde, dass sie den Schädiger von der

38 RGBl. 1909, S. 437.

39 RGBl. I 1939, S. 2223.

40 *Xie*, Research on Legal System of Motor Vehicle Compulsory Liability Insurance, S. 93.

Haftpflicht freistelle und zur Steigerung von Verkehrsunfällen führen könne, weshalb die freiwillige Kraftfahrtversicherung als ein negatives Produkt der Kapitalistischen Gesellschaft betrachtet wurde.[41] Nach der Einführung der Politik der Reform und Eröffnung wurde der Bedarf an Versicherungen für Kraftfahrzeuge wiederentdeckt. Es entwickelte sich zunächst erneut eine Versicherung für Kraftfahrzeuge, die von ausländischen Botschaften in China abgeschlossen wurde. Der Wiederbetrieb der freiwilligen Kraftfahrtversicherung begann aber erst Anfang der 80er Jahre im letzten Jahrhundert. Durch die schnelle Entwicklung der Wirtschaft wurde immer mehr Wert auf die Kraftfahrtversicherung gelegt. Damals gab es aber keine allgemeine Versicherungspflicht für Kraftfahrzeuge, sondern nur einige spezielle Vorschriften in bestimmten Bereichen, die von verschiedensten Ministerien erlassen worden waren. Vor dem Inkrafttreten des CSVG waren insgesamt 25 provinzielle (in Provinzen, autonomen Gebieten, autonomen Städten) Rechtsverordnungen über die KH-Versicherung erlassen worden.[42]

Eine allgemeine Versicherungspflicht wurde erst durch den Erlass des chinesischen Straßenverkehrssicherheitsgesetz (CSVG)[43] eingeführt. In diesem Gesetz wurden die Rechtsverhältnisse regelt, die mit der Sicherheit des Straßenverkehrs in Zusammenhang stehen. Darin werden überwiegend Verhaltenspflichten zur Verkehrssicherheit für Verkehrsteilnehmer geregelt, hinzu kommen noch einige haftungsrechtliche Vorschriften. In § 17 CSVG wird die Einführung der KH-Versicherung und des Entschädigungsfonds als Gesetzgebungsziel gesetzt; darin wird vorgeschrieben, dass der Staat die KH-Versicherung durchführen und den Entschädigungsfonds errichten wird, konkrete Regulierungen werden aber der Rechtsverordnung überlassen. Von der Ermächtigung zum Erlass einer Rechtsverordnung zur konkreten Regulierung der KH-Versicherung hat die Zentralregierung am 21.3.2006 durch die Rechtsverordnung über die KH-Versicherung für Kraftfahrzeuge (CPflVV)[44] Gebrauch gemacht, die am 1.7.2006 in Kraft trat. In der CPflVV wird die KH-Versicherung ausführlich geregelt, die darin enthaltenen Vorschriften bilden die Grundlage der KH-Versicherung. Nach § 2 CPflVV ist der Eigentümer oder Verwalter eines Kraftfahrzeugs dazu verpflichtet, eine KH-Versicherung nach den Vorschriften des CSVG abzuschließen. Nach § 8 CSVG dürfen nur die beim zuständigen Polizeiamt eingetragenen Kraftfahrzeuge die Straßen befahren, dafür muss der Antragssteller gemäß § 5 Nr. 5 CSVG einen Nachweis für

41 *Zhou* (Hrsg.), Theorie und Praxis der KH-Versicherung, S. 21.
42 *Ke*, Studien zur obligatorischen KH-Versicherung, S. 94.
43 Bekanntmachungen des Ständigen Ausschusses des Nationalen Volkskongresses (NPCSC), Heft 11, 2003.
44 Bekanntmachungen des Staatsrats, Heft 3, 2006.

das Vorliegen einer KH-Versicherung einreichen, um das Kraftfahrzeug eintragen lassen zu können.

2. *Taiwan*

Die Entstehung der KH-Versicherung im chinesischen Taiwan kann auf die *Maßnahmen zum Abschluss der Unfallhaftpflichtversicherung für Kraftfahrzeuge*[45] im Jahre 1956 zurückgeführt werden, jedoch wurde in dieser Rechtsverordnung noch keine Versicherungspflicht festgelegt. Eine allgemeine Versicherungspflicht für Kraftfahrzeuge wurde erst durch § 57 TÖSG[46] von 1959 eingeführt, wonach eine Zulassung für Kraftfahrzeuge eine KH-Versicherung voraussetzte; die konkreten Regelungen über die KH-Versicherung wurden aber einer Rechtsverordnung überlassen. Die Versicherungspflicht wurde durch die Rechtsänderung der *Maßnahmen zum Abschluss der Unfallhaftpflichtversicherung für Kraftfahrzeuge* im Jahre 1960 konkretisiert, wobei sich diese Rechtsverordnung jedoch an dem Modell der freiwilligen Kraftfahrtversicherung orientierte und daher nicht selten Probleme beim Verkehrsopferschutz aufwies.[47]

Im neuen § 3 der *Maßnahmen zum Abschluss der Haftpflichtversicherung für Automobile* wurde vorgeschrieben, dass der Versicherungspflichtige dadurch von der Versicherungspflicht befreit werden konnte, dass er bestimmte Geldsummen zur Sicherstellung seiner Leistungsfähigkeit hinterlegt. Diese Vorschrift stammte ursprünglich aus dem amerikanischen Recht,[48] aber es fragte sich, ob eine solche Befreiungsmöglichkeit von der Versicherungspflicht durch Hinterlegung von Geldsummen eine Grundlage im TÖSG finden konnte. Der Zustand der Gesetzeswidrigkeit wurde erst dadurch beseitigt und legitimiert, dass das TÖSG ebenfalls einen ähnlichen Ersatz für die Versicherungspflicht durch Hinterlegung von Geldsummen für Transportunternehmer vorschrieb. Viele Transportunternehmer haben von dieser Ersatzmöglichkeit für die KH-Versicherung Gebrauch gemacht, um die Prämienkosten zu sparen. Die zu hinterlegenden Geldsummen richteten sich nach dem jeweiligen Transportunternehmen, nicht aber nach der Anzahl der Kraftfahrzeuge, weshalb die auf das jeweilige Kraftfahrzeug entfallende Geldsumme knapp bemessen war. Dieser Effekt steigerte sich mit der Erhöhung der Anzahl der abgesicherten Kraftfahrzeuge zusehends, so dass die hinterlegten Geldsummen für den Ersatz der eingetretenen Schäden

45 Bekanntmachung des taiwanischen Ministeriums für Verkehr vom 15. Juni 1956.
46 Bekanntmachung des taiwanischen Parlaments vom 27. Juni 1959.
47 *Jiang*, Obligatorische KH-Versicherung, S. 19.
48 *Jiang*, Obligatorische KH-Versicherung, S. 14.

häufig nicht ausreichten. Folglich konnte die Zahlungsfähigkeit durch die Hinterlegung von Geldsummen nicht sichergestellt werden, und die Schutzlücken beim Verkehrsopferschutz traten eindeutig hervor.

Da es weder im Gesetz noch in der Rechtsverordnung spezielle Vorschriften für die KH-Versicherung gab, wurden die allgemeinen Vorschriften über die freiwillige Haftpflichtversicherung auf die KH-Versicherung angewendet, für die das Trennungsprinzip galt. Einen Direktanspruch des Geschädigten gegen den KH-Versicherer gab es nicht. Um den Verkehrsopferschutz zu verbessern, hat sich der Gesetzgeber dafür entschieden, ein spezifisches Gesetz für die KH-Versicherung zu schaffen.[49] Das Gesetz über die KH-Versicherung (TAPflVG) wurde am 27. 12. 1996 erlassen, und es trat am 1.1.1998 in Kraft.[50] § 4 TAPflVG schreibt vor, dass der Eigentümer eines Autos einen Versicherungsvertrag nach diesem Gesetz abschließen muss, wobei diese Versicherungspflicht sogar für militärische Kraftfahrzeuge gilt. Unter Einfluss von Lobbyisten der Transportunternehmen wurde die Hinterlegung von Geldsummen als Ersatzmöglichkeit für die KH-Versicherung nach wie vor von der Regierung mit der Erwägung erlaubt, dass das TÖSG als Muttergesetz des TAPflVG diese Ersatzmöglichkeit noch nicht verboten habe. Der Gesetzgeber hat den Gesetzeskonflikt zwischen dem TÖSG und TAPflVG und die Schutzlücken wegen der Ersatzmöglichkeit der KH-Versicherung durch Hinterlegung von Geldsummen schließlich bemerkt und im Jahr 2002 diese Ersatzmöglichkeit in § 65 TÖSG aufgehoben.

B. Die Bedeutung des Umfangs der Versicherungspflicht für den Verkehrsopferschutz

Im Privatrecht herrscht der Grundsatz der Privatautonomie, wonach der Einzelne im Rahmen der Rechtsordnung frei darin ist, seine Lebensverhältnisse nach seinem Belieben, insbesondere durch Vertrag, zu gestalten. Eine wichtige Konkretisierung der Privatautonomie ist die Vertragsfreiheit, die sich aus der Abschlussfreiheit und der Gestaltungsfreiheit von Verträgen zusammensetzt. Das Prinzip der Abschlussfreiheit besagt, dass der Einzelne frei darin ist, ob und mit wem er einen Vertrag abschließt.[51] Die Abschlusspflicht als Gegenbegriff zur Abschlussfreiheit wird auch

49 *Jiang*, Obligatorische KH-Versicherung, S. 15.

50 Die englische Version des TAPflVG kann auf der Webseite des Taiwan Insurance Institute heruntergeladen werden: http://law.tii.org.tw/Eng/FLAWDAT0201.asp?No=1A0030007&lsid=FL006889&hasChar=True&btnType=0&rlType=23-05-2013 (zuletzt abgerufen am 20.8.2014).

51 *Brox/Walker*, BGB AT, Rn. 75.

Kontrahierungszwang genannt, der normalerweise nur Unternehmen gesetzlich auferlegt werden kann.[52] Manchmal wird aber auch Verbrauchern eine Abschlusspflicht vorgeschrieben, wofür die Abschlusspflicht der KH-Versicherung ein wichtiges Beispiel ist. Allerdings kann sich die Versicherungspflicht für Kraftfahrzeuge nur daraus rechtfertigen, dass sie für den Verkehrsopferschutz essentiell ist.

I. Die Sicherstellung der Zahlungsfähigkeit des Schadensersatzpflichtigen

In fast allen Rechtsordnungen wurden die Schäden aus Kraftfahrzeugunfällen ursprünglich lediglich durch das Haftungsrecht ausgeglichen. Um den Verkehrsopferschutz zu verbessern, ist das Zurechnungsprinzip der Unfallhaftung immer strenger worden. Im Jahre 1909 wurde dem Halter eines Kraftfahrzeugs in Deutschland, sofern es bei dessen Betrieb zum Unfall gekommen war, eine verschuldensunabhängige Gefährdungshaftung durch das Kraftverkehrsgesetz - heute StVG - auferlegt. Die Rechtslage in China ist zwar ein wenig komplizierter als die in Deutschland, doch ist die gleiche Tendenz auch dort deutlich ersichtlich. Wie *Kötz/Wagner* in ihrem Lehrbuch zum Deliktsrecht zum Ausdruck gebracht haben, „[nützt] auch die strengste Haftung [...] dem Verkehrsunfallopfer nichts, soweit der ersatzpflichtige Schädiger zahlungsunfähig ist".[53] Durch die KH-Versicherung erhält der Geschädigte einen weiteren zahlungsfähigen Schuldner neben dem Ersatzpflichtigen, wodurch die Zahlungsfähigkeit des Haftpflichtigen verstärkt wird.

Nur wenn die an einem Unfall beteiligten Kraftfahrzeuge obligatorisch haftpflichtversichert sind, kann dem Geschädigten eine sichere Ausgleichsquelle gewährleistet werden, weil der Eintritt des Versicherungsfalls unbestimmt ist. Ohne eine gesetzliche Versicherungspflicht kann das Vorliegen einer Versicherung nicht sichergestellt werden, in diesem Sinne ist der Umfang der der KH-Versicherung unterliegenden Kraftfahrzeuge für den Verkehrsopferschutz von entscheidender Bedeutung. Mit anderen Worten müssen so viele Kraftfahrzeuge wie möglich unter den Versicherungsschutz gefasst werden.

II. Die Bedeutung des Umfangs der Versicherungspflicht für den Leistungsumfang der KH-Versicherung

Um die möglichen Schutzlücken der KH-Versicherung beim Opferschutz zu schließen, wurde ein Entschädigungsfonds in beiden Ländern eingerichtet. Die

52 *Fikentscher/Heinemann*, Schuldrecht, § 20 Rn. 112.
53 *Kötz/Wagner*, Deliktsrecht, Rn. 567.

Bedeutung des Umfangs der Versicherungspflicht liegt in erster Linie darin, dass die Vorschriften über den Entschädigungsfonds nur dann eingreifen, wenn die Unfälle durch versicherungspflichtige Kraftfahrzeuge verursacht werden, was sich aus der systematischen Stellung der Vorschriften über den Entschädigungsfonds im PflVG ergibt. Je größer der Haftungsumfang der versicherungspflichtigen Kraftfahrzeuge ist, desto größer ist der Anwendungsbereich des Entschädigungsfonds. Darüber hinaus hat der Umfang der versicherungspflichtigen Kraftfahrzeuge auch Bedeutung bei der Feststellung des Entschädigungsumfangs durch den Entschädigungsfonds, weil sich alle Versicherungsunternehmen, die zum Angebot der KH-Versicherung befugt sind, am Entschädigungsfonds beteiligen müssen. Nach § 12 PflVG muss der Entschädigungsfonds im selben Umfang wie ein Versicherer an den Geschädigten Entschädigung erbringen, jedoch wird dieser Umfang auf die gesetzlichen Mindestversicherungssummen beschränkt. Im chinesischen Taiwan ist der Entschädigungsumfang des Entschädigungsfonds ebenfalls recht groß.

Im Vergleich dazu ist der Entschädigungsumfang des Entschädigungsfonds auf dem chinesischen Festland gemäß § 24 CPflVV relativ gering, wonach nur die Beerdigungskosten und die vollständigen oder teilweisen Rettungskosten vom Entschädigungsfonds übernommen werden, der Ersatz anderer Schäden ist jedoch aus dem Anwendungsbereich des Entschädigungsfonds ausgeschlossen. Im Vergleich zum Leistungsumfang in Deutschland und im chinesischen Taiwan ist der Verkehrsopferschutz auf dem chinesischen Festland offensichtlich zu knapp. Der Grund dafür könnte darin liegen, dass der Umfang der Versicherungspflicht auf dem chinesischen Festland nicht umfassend genug ist, so dass nicht genug Geld zusammenkommt. Das Gleiche gilt auch für den Umfang der Versicherungsleistung, da die jeweiligen gesetzlichen Versicherungssummen auf dem chinesischen Festland gleichfalls begrenzt sind.[54] Der Leistungsumfang der KH-Versicherung auf dem chinesischen Festland könnte aber dadurch erweitert werden, dass der Umfang der Versicherungspflicht erweitert wird.

C. Der Begriff des Kraftfahrzeugs im KH-versicherungsrechtlichen Sinne und die Versicherungspflicht

Obwohl die Versicherungspflicht große Bedeutung für den Verkehrsopferschutz hat, stellt sie zugleich eine Beschränkung der Grundrechte des Versicherungspflichtigen dar, so dass die Versicherungspflicht nach dem Verhältnismäßigkeitsprinzip

54 Ausführlich dazu § 5. Der zu ersetzende Schaden und der Umfang der Leistungspflicht.

zu beurteilen werden muss.[55] Insofern müssen angemessene Kriterien für die Definition der versicherungspflichtigen Kraftfahrzeuge entwickelt werden.

I. Der Begriff des Kraftfahrzeugs im KH-versicherungsrechtlichen Sinne

1. Der Begriff des Kraftfahrzeugs im KH-versicherungsrechtlichen Sinne im deutschen Recht

In Deutschland wird die Versicherungspflicht in § 1 PflVG vorgeschrieben, wonach der Halter eines Kraftfahrzeugs oder Anhängers mit regelmäßigem Standort im Inland dazu verpflichtet ist, für sich, den Eigentümer und den Fahrer eine KH-Versicherung abzuschließen und aufrechtzuerhalten. Folglich hängt der Umfang der zum Abschluss einer KH-Versicherung verpflichteten Kraftfahrzeuge im Wesentlichen vom Begriff des Kraftfahrzeugs ab, soweit das Gesetz keine Ausnahme vorschreibt. Der Begriff des Kraftfahrzeugs bestimmt sich nach § 2 Ziff. 1 FZV[56], wonach Kraftfahrzeuge nicht dauerhaft spurgeführte Landfahrzeuge sind, die durch Maschinenkraft bewegt werden. Dieser Begriff ist so umfangreich, dass fast alle motorisierten Fahrzeuge darunter fallen können. In § 3 Abs. 2 FZV werden Kraftahrzeuge in verschiedene Typen unterschieden, wie z. B. Pkw, Lkw, Krafträder, Fahrräder mit Hilfsmotor[57], sogar selbstfahrende Arbeitsmaschinen[58] usw., wobei auch die Abgrenzungsmerkmale ausführlich angegeben werden. Zum Abschluss der KH-Versicherung verpflichtet sind auch Anhänger, wenn sie den Vorschriften über das Zulassungsverfahren unterliegen.[59] Der Grund dafür könnte darin liegen, dass seit dem Inkrafttreten des 2. SchadRÄmdG auch dem Halter eines Anhängers eine Gefährdungshaftung auferlegt wurde, weil dem Geschädigten manchmal nur das Kennzeichen des Anhängers bekannt war.[60] Obwohl die Unterscheidung nach Kraftfahrzeugarten sowohl bei der Berechnung

55 *Hedderich*, Pflichtversicherung, S. 159 ff.

56 BGBl. I 2006 S. 139.

57 BGH, DAR 1969, 212.

58 OLG Düsseldorf, DAR 1983, 232.

59 Die Verbindung der Versicherungspflicht mit der Zulassungspflicht könnte daraus zu rechtfertigen sein, dass bestimmte Kraftfahrzeugarten relativ gesehen potentiell gefährlicher für andere Verkehrsteilnehmer sind, weshalb es notwendig ist, dass das Fahrzeug einem genehmigten Typ entsprechen oder eine Einzelgenehmigung erteilt sein muss. Die Erfüllung der Versicherungspflicht wird auch dadurch sichergestellt, dass bei der Zulassung ein Nachweis über die KH-Versicherung vorliegen muss.

60 *Looschelders*, Schuldrecht BT, Rn. 1446.

der Versicherungsprämien als auch bei der behördlichen Verwaltung der Fahrzeuge eine entscheidende Rolle spielen kann, hat sie jedoch grundsätzlich keine Auswirkungen auf die Feststellung der versicherungspflichtigen Kraftfahrzeuge. Ebenfalls nicht wichtig ist, woher die Antriebsenergie kommt. So ist es egal, ob es sich um eine Verbrennungsmaschine, einen Elektromotor oder eine Batterie handelt, die Kraft kann sogar von außen zugeführt werden.[61]

Der Vorteil des allgemeinen Begriffs des „Kraftfahrzeugs" liegt darin, dass bei der Bestimmung der Versicherungspflicht unnötige Schwierigkeiten wegen der Abgrenzung der Fahrzeugarten vermieden werden können. Es wird die Ansicht vertreten, dass die Versicherungspflicht auf dem Gedanken beruht, dass alle diese Kraftfahrzeuge die anderen Verkehrsteilnehmer allgemeinen Gefahren aussetzen. So ist es nicht mehr notwendig und gerechtfertigt, eine Versicherungspflicht für solche Fahrzeuge vorzuschreiben, denen keine allgemeine Gefährlichkeit für andere Verkehrsteilnehmer innewohnt.[62]

2. *Der Begriff des Kraftfahrzeugs im KH-versicherungsrechtlichen Sinne im Rechts des chinesischen Festlandes*

Bezüglich des Begriffs und Umfangs der Kraftfahrzeuge, die der KH-Versicherung unterliegen, kennt das CPflVV keine besonderen Vorschriften; es wird daher die Ansicht vertreten, dass sich der Umfang der versicherungspflichtigen Kraftfahrzeuge nach den Vorschriften des CSVG richten solle.[63] Daher ist der Begriff des Kraftfahrzeugs im CPflVV ebenso wie der im CSVG zu verstehen, was auch daher ableitbar ist, dass die CPflVV aufgrund der Ermächtigung des CSVG erlassen worden ist.

Unter einem Kraftfahrzeug versteht man nach § 119 Nr. 3 CSVG alle Fahrzeuge mit Rädern, die auf öffentlichen Wegen fahren und durch Maschinenkraft bewegt werden, gleichgültig, ob sie zur Beförderung von Menschen oder zum Transport von Waren oder sogar zur Bauarbeit benutzt werden. Nach dieser Definition sind Fahrzeuge mit Raupen ausgeschlossen, damit besteht auch keine Versicherungspflicht für solche Kraftfahrzeuge. Diese Ausgestaltung ist aber nicht unproblematisch, weil Fahrzeuge mit Raupen auch unter den Begriff des „Kraftfahrzeugs" fallen können. Der Grund für die Befreiung von der Versicherungspflicht könnte darin zu sehen sein, dass die Versicherungspflicht den Gebrauch

61 *Feyock/Jacobsen/Lemor*, Kraftfahrtversicherung, § 1 PflVG, Rn. 5.

62 *Bauer*, Die Kraftfahrtversicherung, Rn. 770.

63 *Zhang/Chen*, Comprehension and Application of the Regulation Regarding Compulsory Liability Insurance for Auto Road Traffic Accident, Law Press China, S. 11.

eines Kraftfahrzeugs auf öffentlichen Wegen und Plätzen voraussetzt.[64] Diese Voraussetzung liegt aber bei Kraftfahrzeugen mit Raupen regelmäßig nicht vor, weshalb eine Versicherungspflicht für Kraftfahrzeuge mit Raupen entbehrlich ist. Der Gesetzgeber hat auch eine Legaldefinition für nicht motorisierte Fahrzeuge in § 119 Nr. 4 CSVG ausdrücklich vorgesehen, für die ebenfalls keine Versicherungspflicht besteht,[65] so dass der Umfang der versicherungspflichtigen Fahrzeuge von der Definition der motorisierten Fahrzeuge abhängt.

Anders als die verschuldensunabhängige Haftung für den Haftpflichtigen eines Anhängers nach § 76 CSVG wird keine eigene Versicherungspflicht für den Eigentümer eines Anhängers in der CPflVV vorgeschrieben. Wenn der Anhänger unter dem gleichen Eigentümer eingetragen wird, treten keine Probleme auf, aber wenn dies nicht der Fall ist, ist es oftmals schwierig, das den Unfall verursachende Kraftfahrzeug festzustellen. Allerdings muss nach § 13 Abs. 1 der *Verordnung zur Einführung des CSVG* das Kennzeichen des Anhängers vor dem Zugfahrzeug und hinter dem Anhänger angebracht werden. Da eine eigene Versicherungspflicht für den Anhänger in Deutschland überwiegend der Erkennung des den Unfall verursachenden Zugfahrzeugs dient,[66] kann dieser Zweck aber auch durch die Vereinheitlichung der Kennzeichen des Anhängers und des Zugfahrzeugs erreicht werden; somit ist eine eigene Versicherungspflicht für den Anhänger unnötig.

3. *Der Begriff des Kraftfahrzeugs im KH-versicherungsrechtlichen Sinne im chinesischen Taiwan*

Das TAPflVG stellt keine Vorschriften über den Umfang der versicherungspflichtigen Autos direkt auf, sondern gibt nur eine Definition für den Begriff des Autos. Der Titel des Gesetzes beinhaltet ebenfalls den Begriff des „Autos" statt wie bspw. im deutschen Recht den Begriff des „Kraftfahrzeugs".[67] Diese Ausgestaltung hat jedoch unnötige Missverständnisse ausgelöst, weil man von einem Auto im alltäglichen Sprachgebrauch nur bezüglich solcher Fahrzeuge spricht, die mit vier Rädern versehen sind. Nach der Gesetzesbegründung sind Versicherungspflichtige dazu verpflichtet, für die dort definierten Autos eine KH-Versicherung abzuschließen.

64 *Feyock/Jacobsen/Lemor*, Kraftfahrtversicherung, § 1 PflVG, Rn. 9 f.

65 *Zhang/Chen*, Comprehension and Application of the Regulation Regarding Compulsory Liability Insurance for Auto Road Traffic Accident, S. 11.

66 *Heß/Höke* in Beckmann/Matusche-Beckmann (Hrsg.), Versicherungsrecht-Handbuch, § 29, Rn. 32.

67 Da der Begriff des „Autos" im Recht vom chinesischen Taiwan nur bei der Bestimmung der versicherungspflichtigen Fahrzeuge eine Bedeutung hat, wird er an anderen Stellen durch das „Kraftfahrzeug" ersetzt.

Die Definition des Autos in diesem Gesetz deckt sich also im Wesentlichen gerade mit dem Umfang der versicherungspflichtigen Kraftfahrzeuge.[68] Aufgrund der Ermächtigung des TAPflVG hat die Finanzaufsichtskommission am 1. Juni 2005 die *Verkündung über den Umfang der Automobile der KH-Versicherung und die KH-Versicherungspflichtigen Automobilearten* erlassen,[69] in deren § 2 der Umfang der versicherungspflichtigen Autos bestimmt wird, wobei aber der Inhalt der in dieser Vorschrift benannten Kraftfahrzeuge mit der gesetzlichen Definition des Autos nicht vollständig übereinstimmt. Vor der Gesetzesänderung des TAPflVG im Jahre 2005 wurde die Definition des Autos in § 3 TAPflVG a. F. geregelt, wonach Autos i. S. dieses Gesetzes die in § 2 Nr. 8 TÖSG bestimmten Automobile und andere die Straßen befahrende motorisierte Maschinen waren. Nach der Gesetzesreform wurde der Umfang der versicherungspflichtigen Autos in § 5 TAPflVG neu definiert, darin werden die Kraftfahrzeuge nun in drei Unterarten untergeteilt.

a. Autos i. S. v. § 2 Nr. 8 TÖSG

Autos i. S. v. § 5 Abs. 1 TAPflVG sind alle Autoarten, die von § 2 Abs. 8 TÖSG erfasst sind. Nach § 2 Nr. 8 TÖSG sind Autos solche Fahrzeuge, die durch einen Motor bewegt werden und nicht an Gleise und elektronische Überleitungen gebunden sind. § 5 Abs. 2 TAPflVG schreibt ergänzend vor, dass Motorräder in §§ 38, 49 dieses Gesetzes auch Autos im Sinne von § 2 Nr. 8 TÖSG sind. Zu Recht wird die Meinung vertreten, dass Motorräder nach der gesetzlichen Definition des Autos in § 2 Nr. 8 TÖSG schon als Auto bewertet werden können, obwohl im alltäglichen Leben unterschiedliche Begriffe gebraucht werden, was aber im rechtlichen Sinne keine praktische Rolle spielt. Deshalb hat dieser Absatz nur eine klarstellende Bedeutung.[70] Das wird auch daraus ersichtlich, dass bei der Feststellung der versicherungspflichtigen Autoarten nur Autos i. S. v. § 2 Nr. 8 TÖSG erwähnt werden. Es ist also festzustellen, dass § 5 Abs. 2 TAPflVG nur eine Wiederholung des § 5 Abs. 1 TAPflVG darstellt, was sich wohl daraus ergibt, dass der Begriff des „Autos“ zu eng ist.

b. Die die Straßen befahrenden motorisierten Kraftfahrzeuge

Nach § 5 Abs. 1 TAPflVG sind motorisierte Maschinen auch als Autos anzusehen. Nach der gesetzlichen Definition sind motorisierte Maschinen solche Maschinen,

---

68 *Jiang*, Obligatorische KH-Versicherung, S. 89.

69 Verkündung über den Umfang der Autos in der KH-Versicherung und die versicherungspflichtigen Autoarten, abrufbar unter: http://www.mvacf.org.tw/UpFile/KnowledgeFile/強制汽車責任保險汽車之範圍及應訂立強制汽車責任保險契約之汽車種類公告.pdf (zuletzt abgerufen am 20.8.2014).

70 *Jiang*, Obligatorische KH-Versicherung, S. 89.

die sich unabhängig von der Beförderung durch andere Fahrzeuge mit eigenem Motor- und Betriebssystem bewegen können, egal ob mit Rädern oder Raupenketten; unter diese Definition fallen folglich auch Raupen, sofern sie öffentliche Straßen nutzen. Hieran wird insofern Kritik geübt, als dass motorisierte Maschinen keine sachlichen Unterschiede gegenüber anderen Automobilen nach der gesetzlichen Definition in § 2 Nr. 8 TÖSG aufweisen, so dass sie infolgedessen gleichfalls unter § 5 Abs. 1 TAPflVG eingeordnet werden können.[71]

c. Andere motorisierte Landfahrzeuge

Mit der Rechtsreform im Jahr 2005 wurde noch ein weiterer Absatz 3 in § 5 TAPflVG eingefügt, worin vorgeschrieben wird, dass Autos i. S. d. TAPflVG neben der Aufzählung der Autoarten in Abs. 1 und Abs. 2 des § 5 TAPflVG auch andere motorisierte Landfahrzeuge umfassen, die über eine Beförderungsfunktion verfügen und nicht an Gleise gebunden sind. Deren Umfang und die zum Abschluss der KH-Versicherung verpflichteten Arten von Automobilen werden vom zuständigen Ministerium durch Verkündung bestimmt. Wichtig ist aber, dass bestimmte Fahrzeugarten von der Versicherungspflicht durch die Verkündung ausgenommen werden.

II. Die von der Versicherungspflicht befreiten Kraftfahrzeuge

1. Die von der Versicherungspflicht befreiten Kraftfahrzeuge in Deutschland

Befreit von der Versicherungspflicht sind in erster Linie langsam fahrende Kraftfahrzeuge. Nach § 2 Abs. 1 Nr. 6 Buchstabe a) PflVG sind Kraftfahrzeuge, die wegen ihrer Bauart eine Höchstgeschwindigkeit von 6 km/h nicht übersteigen können, nicht versicherungspflichtig. Im Unterschied zu § 2 Abs. 1 Nr. 6 Buchstabe b) PflVG hat diese Vorschrift eine absolut ausschließende Wirkung; der Grund dafür ist, dass solche Fahrzeuge wegen der niedrigen Geschwindigkeit nur als relativ gering gefährlich anzusehen sind. Erforderlich ist aber, dass die Begrenzung der Höchstgeschwindigkeit in der strukturellen Beschaffenheit der zugrunde liegenden Bauart liegen muss, eine nachträgliche Manipulation reicht deshalb nicht aus.[72] Ein anderer Grund könnte darin zu sehen sein, dass gemäß § 1 FZV das Zulassungsverfahren nur für Kraftfahrzeug mit einer baubedingten Höchstgeschwindigkeit von mehr als 6 km/h gilt, weswegen eine Überwachung der Erfüllung der Versicherungspflicht kaum möglich ist.[73]

---

71 *Jiang*, Obligatorische KH-Versicherung, S. 88.

72 OVG Münster DAR 11/95 S. 460.

73 *Feyock/Jacobsen/Lemor*, Kraftfahrtversicherung, § 2 PflVG, Rn. 5.

Befreit von der Versicherungspflicht sind ebenfalls selbstfahrende Arbeitsmaschinen und Stapler i. S. d. § 3 Abs. 2 S. 1 Nr. 1 Buchstabe a) FZV, wenn sie den Vorschriften über das Zulassungsverfahren nicht unterliegen und eine Höchstgeschwindigkeit von 20 Kilometer pro Stunde nicht übersteigen. Dem steht nicht entgegen, dass es die Möglichkeit einer technischen Veränderung gibt, um eine höhere Geschwindigkeit zu erzielen, sofern eine solche Manipulation nicht vorgenommen wird.[74] Darunter sind solche Fahrzeuge zu verstehen, die nach ihrer Bauart und anderen mit dem Fahrzeug fest verbundenen Einrichtungen nicht zur Beförderung von Personen oder Gütern, sondern ausschließlich zur Leistung von Arbeit, eingesetzt werden.[75] Dies rechtfertigt sich daraus, dass solche selbstfahrenden langsamen Arbeitsmaschinen und Stapler wegen ihres Nutzungszwecks tatsächlich am Straßenverkehr nur selten teilnehmen, und sie aufgrund der niedrigen Höchstgeschwindigkeit nur eine geringe Gefährlichkeit für andere Verkehrsteilnehmer aufweisen. Diese Ausnahmevorschrift hat allerdings nur eine bedingt ausschließende Wirkung, da die Befreiung von der Versicherungspflicht nur dann eingreift, wenn solche selbstfahrenden Arbeitsmaschinen und Stapler den Vorschriften über das Zulassungsverfahren nicht unterliegen.

Außerdem sind Anhänger gemäß § 2 Abs. 1 Nr. 6 Buchstabe c) PflVG von der Versicherungspflicht befreit, wenn die den Vorschriften über das Zulassungsverfahren nicht unterliegen. Die vom Zulassungsverfahren ausgenommenen Anhänger werden in § 3 Abs. 2 Nr. 2 FZV ausführlich benannt und orientieren sich grundsätzlich an der Geschwindigkeit und Häufigkeit der Teilnahme am Straßenverkehr im Hinblick auf ihren Nutzungszweck.

Zu beachten ist aber, dass der Umfang der von der KH-Versicherung befreiten Fahrzeuge mit dem Umfang der von der Gefährdungshaftung befreiten Kraftfahrzeuge nicht übereinstimmt. Nach § 8 Abs. 1 StVG gilt die Gefährdungshaftung nach § 7 StVG nicht für Kraftfahrzeuge oder mit einem solchen Fahrzeug verbundene Anhänger, die auf ebener Bahn nur mit einer Höchstgeschwindigkeit von weniger als 20 Kilometer pro Stunde fahren können.[76] Der Umfang der versicherungspflichtigen Kraftfahrzeuge ist deutlich größer als der Umfang der Kraftfahrzeuge, die der Gefährdungshaftung nach § 7 StVG unterliegenden. Der Grund für eine niedrigere Höchstgeschwindigkeit, die bereits die Versicherungspflicht auslöst,

---

74 BFH, VersR 1997, 1115; BFH, VersR 1997, 1525.

75 *Feyock/Jacobsen/Lemor*, Kraftfahrtversicherung, § 1 PflVG, Rn. 6.

76 Die Ausnahmevorschrift wird jedoch in der Literatur kritisiert, vgl. *Larenz/Canaris*, Schuldrecht II 2 § 84 III 1a; *Medicus/Lorenz*, Schuldrecht BT, Rn. 1370.

könnte darin liegen, dass der Anwendungsbereich der KH-Versicherung ausgeweitet werden soll, um den Versicherungsnehmer oder andere mitversicherte Personen außer der Gefährdungshaftung nicht auch anderen Schadensersatzpflichten aus allgemeinen deliktischen oder vertraglichen Ansprüchen auszusetzen.[77] Der Zweck einer angehobenen Höchstgeschwindigkeit für die Gefährdungshaftung könnte darin liegen, die mögliche individuelle strenge Gefährdungshaftung des Versicherten einzuschränken, weil die zu ersetzenden Schäden über der Versicherungssumme liegen könnten oder der Versicherer wegen irgendwelcher Gründen von dem Haftungspflichtigen Regress fordern kann.[78]

2. *Die von der Versicherungspflicht befreiten Kraftfahrzeuge im Recht des chinesischen Festlandes*

Im Vergleich zum deutschen Recht lassen sich die Vorschriften auf dem chinesischen Festland nicht derart einfach erfassen, da die versicherungspflichtigen Fahrzeuge im chinesischen Recht nicht einheitlich, sondern vielmehr durch die Festlegung bestimmter Kategorien und verschiedener Arten von Kraftfahrzeugen bestimmt werden, weil der Umfang der versicherungspflichtigen Kraftfahrzeuge mit dem Begriff und den Arten des Kraftfahrzeugs in Verbindung gesetzt werden. Wie oben bereits dargestellt wurde, ist der Umfang der versicherungspflichtigen Kraftfahrzeuge nach der gesetzlichen Definition in § 119 Nr. 4 CSVG zu beurteilen. Um den Anwendungsbereich der Gefährdungshaftung einzuschränken, hat sich der Gesetzgeber in § 119 Nr. 4 CSVG eine Definition für nicht motorisierte Fahrzeuge überlegt, wonach nicht motorisierte Fahrzeuge alle Verkehrsmittel sind, die von Menschen- oder Tierkraft angetrieben und auf den Straßen befindlich sind sowie solche Verkehrsmittel wie Behindertenrollstühle oder Elektrofahrräder, die zwar mit einer eingebauten Antriebsvorrichtung versehen sind, jedoch hinsichtlich Höchstgeschwindigkeit, Bauqualität und Außenmaßen den entsprechenden nationalen Standards für nicht motorisierte Fahrzeuge entsprechen.[79] Da Fahrzeuge, die von Menschen- oder Tierkraft angetrieben werden, ohnehin nicht unter die gesetzlich normierte Definition des Kraftfahrzeugs fallen können, ist es genau genommen nicht nötig, sie gesetzlich gesondert als „nicht motorisierte Kraftfahrzeuge“ zu normieren.

---

77 *Bauer*, Die Kraftfahrtversicherung, Rn. 807.

78 *Langheid/Wandt/Maier*, MK VVG Band 2, Kraftfahrtversicherung, Rn. 131.

79 Entsprechende Vorschriften können auf der Webseite von *Standardization Administration of the People's Republic of China (SAC)* heruntergeladen werden unter: http://www.sac.gov.cn (zuletzt abgerufen am 20.8.2014).

In der Praxis sind einige nationale Standards für die Versicherungspflicht relevant, die von entsprechenden Behörden erlassen worden sind. Zu nennen ist bspw. der Technikstandard für *Electric motorcycles and electric mopeds - General specifications* (GB/T 24158-2009), in dem eine mögliche Höchstgeschwindigkeit von 20 km/h festgeschrieben wird, wobei auch andere Abgrenzungsmerkmale festgelegt werden, wie z. B. das Gesamtgewicht und die äußeren Abmessungen hinsichtlich der zulässigen Höchstwerte bei der Größe der Fahrzeuge. Wegen der Unklarheit der Rechtsvorschriften ist die Versicherungsquote der Electric motorcycles and electric mopeds sehr gering,[80] obwohl solche Fahrzeuge unproblematisch unter die gesetzliche Definition des Kraftfahrzeugs fallen würden. In der Praxis wird sogar mehr als die Hälfte der Verkehrsunfälle durch solche „nicht motorisierten Fahrzeuge" herbeigeführt.[81] Unverständlich ist aber, warum im nationalen Technikstandard für Combustion-motor-driven wheelchairs (GB12995-2006) noch eine mögliche Höchstgeschwindigkeit von 50 km/h vorgeschrieben wird zusammen mit noch einigen anderen Abgrenzungsmerkmalen. Für eine Ausweitung der KH-Versicherung auf die Combustion-motor-driven wheelchairs spricht, dass zum einen aufgrund von Körperbehinderungen mit höherer Wahrscheinlichkeit ein Unfall verursacht wird als bei gesunden Menschen, deren Reflexe und Bewegungsfreiheit üblicherweise im Straßenverehr als Vorteil anzusehen sind; zum anderen verfügen erstere üblichweise über eine niedrigere Zahlungsfähigkeit, weswegen ein obligatorischer Versicherungsschutz für behinderte Menschen im Straßenverkehr grundsätzlich notwendig geworden ist.

Solche Abgrenzungsmerkmale könnten Bedeutung bei der Verwaltung von Kraftfahrzeugen und bei der Herausarbeitung industrieller Politik haben, weil die Eigentümer der Behindertenrollstühle eine Kraftstoffsubvention von der Regierung erhalten können, und die Branche der Elektrofahrräder auch viele Förderungsmaßnahmen vom Staat in Anspruch nehmen kann. Doch sollten solche Abgrenzungsmerkmale keine Auswirkungen auf die Versicherungspflicht haben, da sonst der Gesetzeszweck der KH-Versicherung beim Verkehrsopferschutz abhanden kommt. Außerdem können solche mit einer Antriebsvorrichtung versehenen Behindertenrollstühle und Elektrofahrräder unter die gesetzliche Definition für Kraftfahrzeuge fallen, weil sie im alltäglichen Sprachgebrauch auch als Kraftfahrzeug angesehen werden; daher widerspricht die gesetzliche Definition für nicht motorisierte Fahrzeuge dem alltäglichen Sprachgebrauch. Nach § 58 CSVG sollen motorisierte Rollstühle für Behinderte sowie Elektro-Fahrräder

80 *Liu/Li/Cao*, Studien zur chinesischen KH-Versicherung, S. 88.
81 *Liu/ Li/Cao*, Studien zur chinesischen KH-Versicherung, S. 131.

ausschließlich auf dem Radweg fahren und eine Höchstgeschwindigkeit von 15 km/h nicht überschreiten. Dieses Kriterium könnte als die Entscheidung über die allgemeine Gefährlichkeit der Kraftfahrzeuge für andere Verkehrsteilnehmer durch den Gesetzgeber angesehen werden, so dass diese Geschwindigkeitsgrenze als Kriterium zur Befreiung von der Versicherungspflicht betrachtet werden kann.

3. *Die von der Versicherungspflicht befreiten Kraftfahrzeuge im Recht des chinesischen Taiwan*

In § 5 Abs. 3 TAPflVG wird eine Auffangklausel für die versicherungspflichtigen „anderen motorisierten Landfahrzeuge" aufgestellt. Um eine Versicherungspflicht für alle Kraftfahrzeuge zu vermeiden, werden in § 1 Abs. 3 S. 2 der *Verkündung* einige Kraftfahrzeuge von der Versicherungspflicht ausgenommen, dazu zählen motorisierte Rollstühle und sonstige medizinisch verordneten motorisierten Hilfsgeräten nach der *Rechtsverordnung über medizinische Instrumente*[82] sowie Fahrräder mit Hilfsmotor und sonstige motorisierte Fahrräder nach der *Rechtsverordnung über Verwaltungssanktion für den Straßenverkehr*;[83] darunter fallen ebenso andere motorisierte Fahrzeuge, die eine Höchstgeschwindigkeit von 25 Stundenkilometern und ein Gewicht von 40 kg nicht übersteigen. Die Regelung des chinesischen Taiwans ähnelt somit stark der auf dem chinesischen Festland.

D. Die Sicherstellung der Versicherungspflicht

I. Der Versicherungspflichtige

Im Unterschied zum Sozialversicherungsrecht ist zur Begründung eines Privatversicherungsverhältnisses ein Vertrag zwischen dem Versicherungsnehmer und dem Versicherer erforderlich;[84] dieses Prinzip gilt auch für die Begründung der KH-Versicherung. Der Gesetzeszweck der Einführung einer Versicherungspflicht kann erst dann wahrgenommen werden, wenn die Versicherungspflicht auf eine bestimmte Person fällt. Bei der Bestimmung der Versicherungspflichtigen müssen zwei Aspekte berücksichtigt werden: Zum einen muss die Überwachung der

---

82 Abrufbar auf der Homepage des Ministeriums für Gesundheit und Wohlfahrt des chinesischen Taiwan unter: http://dohlaw.doh.gov.tw/Chi/FLAW/FLAWDAT0202.asp (zuletzt abgerufen am 20.8.2014).

83 Abrufbar auf der Homepage des Ministeriums für Transport des chinesischen Taiwan: http://www.motc.gov.tw/ch/home.jsp?id=5&parentpath=0 (zuletzt abgerufen am 20.8.2014).

84 Vgl. *Looschelders/Paffenholz*, Versicherungsvertragsrecht, Rn. 3.

Erfüllung der Versicherungspflicht sichergestellt werden können, insbesondere durch die Ausstellung und Überwachung der behördlichen Zulassung des Kraftfahrzeugs, und zum anderen sollte die Einheit zwischen dem Haftpflichtigen und dem Versicherungspflichtigen möglichst berücksichtigt werden.[85]

1. Deutschland

a. Der Halter als Versicherungspflichtiger

Die Feststellung der Versicherungspflichtigen hängt eng mit Rechtsnatur der KH-Versicherung zusammen. In Deutschland setzt die Leistungspflicht der KH-Versicherung grundsätzlich das Vorliegen der Haftpflicht des Versicherten voraus, daher ist es vernünftig, den Schadensersatzpflichtigen der Gefährdungshaftung nach § 7 StVG als den Versicherungspflichtigen zu bestimmen. In § 1 PflVG wird der Halter eines Kraftfahrzeugs als der gesetzlich Versicherungspflichtige bestimmt. Der Gesetzgeber ging davon aus, dass dem Halter eines Kraftfahrzeugs i. S. d. § 7 StVG, welches dreißig Jahre vor dem PflVG erlassen wurde, eine Gefährdungshaftung gesetzlich angelastet wurde, so dass es sachgerecht sei, auch den Halter zum Abschluss eines KH-Versicherungsvertrages zu verpflichten.[86] Dies ist insbesondere dahingehend zutreffend, dass es die Funktion der KH-Versicherung ist, dem Versicherten die wirtschaftlichen Nachteile wegen der Belastung aus Haftpflichtansprüchen abzunehmen und auf die Versicherung zu überwälzen.[87] Unter dem Halter ist derjenige zu verstehen, der das Kraftfahrzeug für eigene Rechnung in Gebrauch hat und die erforderliche Verfügungsgewalt über das Fahrzeug für einen solchen Gebrauch besitzt.[88] Für die Feststellung der Haltereigenschaft kommt es im Wesentlich auf das tatsächliche Herrschaftsverhältnis, nicht aber das rechtliche Herrschaftsverhältnis an, obwohl der Halter regelmäßig der im Kfz-Brief und -Schein eingetragene Eigentümer ist.[89]

b. Die von der Versicherungspflicht befreiten Kraftfahrzeughalter

Von der Versicherungspflicht befreit sind diejenigen in § 2 Abs. 1 Nr. 1-5 PflVG genannten Fahrzeughalter, worunter insbesondere die Bundesrepublik Deutschland, die Bundesländer, Gemeinden mit mehr als 100.000 Einwohnern, die Gemeinden- und Zweckverbände, denen ausschließlich Körperschaften des öffentlichen Rechts

85 *Jiang*, Obligatorische KH-Versicherung, S. 103.
86 *Bauer*, Die Kraftfahrtversicherung, Rn. 790.
87 *Wandt*, Versicherungsrecht, Rn. 1016.
88 BGHZ 116, 200; BGH, NJW 1983, 1492.
89 *Looschelders*, Schuldrecht BT, Rn. 1449. Weitere Ausführungen s. § 13.

angehören, und juristische Personen, die von einem Haftpflichtschadenausgleich i. S. d. § 1 Abs. 3 Nr. 3 VAG Deckung erhalten, fallen. Der Grund dafür ist darin zu sehen, dass deren Zahlungsfähigkeit bei diesen genannten Ausnahmen für außer Zweifel stehend gehalten wird.[90] Um den Geschädigten zu schützen, haben solche Kraftfahrzeughalter wie ein Versicherer bei Vorliegen einer KH-Versicherung für Schäden einzustehen, wenn die in § 1 PflVG bezeichnete Art von Schäden vom Fahrer oder sonstigen Mitversicherten verursacht wird. Man spricht daher von einem „Quasi-Versicherer".[91]

c. Dritter als Versicherungsnehmer

Die Versicherungspflicht für den Halter bedeutet nicht, dass der Halter eines Kraftfahrzeugs selbst den Versicherungsvertrag abschließen muss, sie bringt jedoch zum Ausdruck, dass der jeweilige Halter des Kraftfahrzeugs dafür verantwortlich ist, dass für das entsprechende Kraftfahrzeug gemäß § 1 PflVG ein Versicherungsschutz besteht.[92] Dieser Versicherungsschutz muss nicht nur zum Zeitpunkt der Zulassung vorliegen, sondern auch fortdauernd bestehen bleiben. Diese Verantwortung kann aber von anderen Personen dadurch erfüllt werden, dass sie einen Versicherungsvertrag für den Halter abgeschlossen. Diese Konstellation kommt in der Praxis sehr oft vor, z. B. aus Gründen der Prämienbemessung. Nach § 2 Abs. 2 KfzPflVV ist der Halter in der KH-Versicherung mitversichert, auch wenn er nicht selbst den Versicherungsvertrag abschließt. Allerdings darf sich der Halter nicht endgültig darauf berufen, dass er die gesetzliche Verantwortung schon auf einen Dritten übertragen hat, vielmehr muss er dafür Sorge tragen, dass ein Versicherungsschutz vor dem Ende des Gebrauchs des Kraftfahrzeugs weiter besteht. Obwohl die Haltereigenschaft nicht davon abhängt, auf welche Person das Kraftfahrzeug zugelassen ist, kann die Zulassung im Zweifel als eine widerlegbare Vermutung über die Haltereigenschaft angesehen werden.[93]

d. Haftung bei Nichterfüllung der Versicherungspflicht

Wenn keine KH-Versicherung für das einen Unfall verursachende Kraftfahrzeug besteht, können die Geschädigten sich an den Entschädigungsfonds gemäß § 12 PflVG wenden; nach der Entschädigung durch den Entschädigungsfonds gehen die Schadensersatzansprüche der Geschädigten auf den Entschädigungsfonds über. Die Geschädigten können sich aber auch auf haftungsrechtliche Ansprüche

90 *Kötz/Wagner*, Deliktsrecht, Rn. 567.
91 *Feyock/Jacobsen/Lemor*, Kraftfahrtversicherung, § 2 PflVG, Rn. 8.
92 *Bauer*, Die Kraftfahrtversicherung, Rn. 790.
93 *Geigel/Kaufmann*, Der Haftpflichtprozess, § 25, Rn. 35.

stützen. Im Außenverhältnis müssen alle Haftpflichtigen als Gesamtschuldner haften, aber im Innenverhältnis haftet nur der zum Zeitpunkt des Versicherungsfalles für die KH-Versicherung verantwortliche Halter, weil nur ihn die Verantwortung für den Abschluss und die Aufrechterhaltung der KH-Versicherung trifft. Der Halter hat auch den Mitversicherten von der möglichen Haftung freizustellen, aber nur im Rahmen des gesetzlichen Mindestschutzes.[94] In § 6 PflVG wird noch eine Strafe angesichts der Verletzung der Versicherungspflicht für denjenigen angedroht, der das Fahrzeug auf öffentliche Wege oder Plätze gebracht oder den Gebrauch gestattet hat.

2. *China*

Da die Situation hinsichtlich dieses Abschnitts auf dem chinesischen Festland mit der im chinesischen Taiwan im Wesentlichen identisch ist, wird auf eine getrennte Darstellung verzichtet. Der Ausgangspunkt ist, dass die Leistungspflicht der KH-Versicherung in China keine Schadensersatzpflicht voraussetzt, so dass die Verbindung der Versicherungsleistung mit der deliktischen Haftpflicht grundsätzlich keine Rolle spielt. Wichtig ist nur, dass die Ausgestaltung über den Versicherungspflichtigen eine hohe Versicherungsquote sicherstellen können sollte.

a. Eigentümer eines Kraftfahrzeugs als Versicherungspflichtiger

Nach dem eindeutigen Wortlaut des § 2 CPflVV ist der Eigentümer oder Verwalter eines Kraftfahrzeugs auf dem chinesischen Festland zum Abschluss der KH-Versicherung verpflichtet. Obwohl die im Registerbuch eingetragene Person (nomineller Eigentümer) in den meisten Fällen gleichzeitig der tatsächliche Eigentümer des Kraftfahrzeugs ist, ist diese Übereinstimmung nicht zwingend, da die Übereignung eines Kraftfahrzeugs nach § 24 *Sachenrechtsgesetz* nicht wie bei Grundstücken eine Eintragung im Registerbuch voraussetzt. Für das Eigentum an dem Kraftfahrzeug kommt es nicht darauf an, ob der Eigentümer sein Kraftfahrzeug schon beim Polizeiamt angemeldet hat.[95] Die Eintragung des Kraftfahrzeugs hat nur Bedeutung gegenüber einem gutgläubigen Dritten.[96] Eine ähnliche Vorschrift findet sich für den chinesischen Taiwan in § 6 Abs. 1 S. 1 TAPflVG, in dem der Eigentümer eines Kraftfahrzeugs im Regelfall als Versicherungspflichtiger der KH-Versicherung bezeichnet wird. Es stellt sich deshalb die Frage, wer

---

94 *Feyock/Jacobsen/Lemor*, Kraftfahrtversicherung, § 2 PflVG, Rn. 12 ff.

95 *Zhang/Chen*, Comprehension and Application of the Regulation Regarding Compulsory Liability Insurance for Auto Road Traffic Accident, Law Press China S. 6.

96 § 24 Sachenrechtsgesetz; vgl. auch *Bu*, Einführung in das Recht Chinas, § 14, Rn. 33.

zum Abschluss der KH-Versicherung verpflichtet ist, wenn der tatsächliche Eigentümer nicht ermittelt werden kann. § 6 Abs. 2 TAPflVG stellt klar, dass der im Registerbuch eingetragene Eigentümer (nomineller Eigentümer) als Versicherungspflichtiger vermutet wird, wenn für das betroffene Kraftfahrzeug noch keine KH-Versicherung abgeschlossen wurde. Diese Regelung entspricht der auf dem chinesischen Festland, wonach der im Registerbuch eingetragene nominelle Eigentümer als Versicherungspflichtiger angesehen wird.[97]

Fraglich ist aber, was unter dem Begriff des „Verwalters" des Kraftfahrzeugs zu verstehen ist, da das Gesetz keine Definition beinhaltet. In der Literatur wird die Meinung vertreten, dass unter dem Verwalter derjenige zu verstehen ist, der zwar kein Eigentümer ist, aber das Kraftfahrzeug aufgrund gesetzlicher Vorschriften oder vertraglicher Vereinbarung tatsächlich besitzt, darunter kann sogar der kurzfristige Verwahrer fallen.[98] Dieser Meinung ist aber nicht zuzustimmen, denn wie oben bereits dargestellt wurde, hat der Versicherungspflichtige für die endgültige Beschaffung und Aufrechterhaltung der KH-Versicherung Sorge zu tragen. Daher muss der Verwalter eine ähnliche Rechtsstellung wie der nominelle Eigentümer haben, da nur so die Erfüllung der Versicherungspflicht sichergestellt werden kann. Davon zu unterscheiden ist der Fall, in dem ein Dritter als Versicherungsnehmer auftritt. Anders als in Deutschland müssen alle chinesischen behördlichen Organe und Institutionen auch einen KH-Versicherungsvertrag für ihre Kraftfahrzeuge abschließen, allerdings sind solche Behörden nach §§ 53 ff. des chinesischen *Sachenrechtsgesetzes* keine Eigentümer der amtlichen Kraftfahrzeuge, sondern nur Verwalter des Staats- oder Kollektiveigentums.[99] Also sind unter dem Begriff des Verwalters unter anderem die das Staatseigentum „vertretenden" Behörden zu verstehen.

Auf dem chinesischen Festland wird aber auch die Ansicht vertreten, dass der Begriff des „Halters" aus dem deutschem Recht eingeführt und der Halter eines Kraftfahrzeugs als Versicherungspflichtiger bestimmt werden solle.[100] Eine solche Ansicht wird auch im chinesischen Taiwan vertreten.[101] Diese Ansichten sind nicht unproblematisch, weil der Zweck der gesetzlichen Regelung

97 *Zhang/Chen*, Comprehension and Application of the Regulation Regarding Compulsory Liability Insurance for Auto Road Traffic Accident, Law Press China S. 6.

98 *Liu/Yang/Guo*, Kommentar zur CPflVG, S. 6.

99 Über das Staatseigentum und Kollektiveigentum s. *Bu Yuanshi*, Einführung in das Recht Chinas, § 14, Rn. 34.

100 *Liu/Li/Cao*, Studien zur chinesischen KH-Versicherung, S. 141.

101 *Jiang*, Die obligatorische KH-Versicherung, S. 112.

über den Versicherungspflichtigen in erster Linie darin besteht, die Erfüllung der Versicherungspflicht sicherzustellen, daher muss der Versicherungspflichtige möglichst erkennbar sein. Insofern ist der im Registerbuch eingetragene nominelle Eigentümer im Zweifel als Versicherungspflichtiger am geeignetsten, weil der Begriff des „Halters" im Vergleich dazu viel flexibler und für die Feststellung des Versicherungspflichtigen nicht offenkundig genug ist.[102] Außerdem ist der Halter-Begriff dem chinesischen Recht fremd.

b. Die von der KH-Versicherung befreiten Versicherungspflichtigen

Auf dem chinesischen Festland sind nur Kraftfahrzeuge der Volksbefreiungsarmee und der chinesischen bewaffneten Volkspolizei von der KH-Versicherungspflicht befreit, da für die KH-Versicherung solcher Kraftfahrzeuge besondere Vorschriften gelten sollten. Diese besonderen Rechtsvorschriften für die KH-Versicherung solcher Kraftfahrzeuge wurden bisher jedoch noch nicht erlassen. Diese Ausgestaltung wird in der Literatur erheblich kritisiert,[103] weil die von solchen Kraftfahrzeugen verursachten Verkehrsunfälle nicht selten sind. In der Praxis haben schon einige Organisationen der Armee für die von ihnen verwalteten Kraftfahrzeuge freiwillige Haftpflichtversicherungen abgeschlossen. Es besteht daher die Notwendigkeit, für solche Kraftfahrzeuge auch eine Versicherungspflicht einzuführen. Im chinesischen Taiwan sind die Kraftfahrzeuge der Armee nach § 6 Abs. 1 S. 2 TAPflVG nur dann von der Versicherungspflicht befreit, wenn ein Krieg ausbricht und sie den Vorschriften der *Rechtsordnung über die Regulierung und Sanktionen der Kraftfahrzeuge der Armee* unterliegen.

In China ist es wesentlich leichter, vom KH-Versicherer als direkt von der den Unfall verursachenden Behörde Schadensersatz verlangen, weil mit erheblich mehr Hindernissen bei der Vollstreckung von Urteilstiteln gegen die Behörden zu rechnen ist. Daher kann eine Versicherungspflicht für Kraftfahrzeuge der Armee dem Geschädigten die Verwirklichung der Schadensersatzansprüche leichter machen. Ausgenommen werden sollten aber solche Kraftfahrzeuge, die nur als Waffen verwendet werden können und daher nur selten am öffentlichen Straßenverkehr teilnehmen. Für solche Fahrzeuge ist auch keine Versicherungspflicht notwendig, weil eine solche die Teilnahme am öffentlichen Straßenverkehr voraussetzt.[104] Der Grund für den Ausschluss der Versicherungspflicht liegt hier aber

---

102 Zur Feststellung der Haltereigenschaft vgl. *Larenz/Canaris*, Schuldrecht II, § 84 III 1b.

103 *Yu*, Eine vergleichende Untersuchung der KH-Versicherung zwischen dem Festland und Taiwan Chinas, China Legal Science, Heft 5, 2007, S. 117.

104 *Bauer*, Die Kraftfahrtversicherung, Rn. 808.

nicht bei den Eigenschaften des Eigentümers der Kraftfahrzeuge, sondern bei der allgemeinen Voraussetzung der Versicherungspflicht. Insofern ist die Befreiung von der Versicherungspflicht wegen der Eigenschaften des Versicherungspflichtigen grundsätzlich abzulehnen.

c. Rechtsfolge bei fehlender Versicherung

Nur wenn die Rechtspflicht mit Sanktionsmaßnahmen in Verbindung gesetzt wird, ist mit einer hohen Quote bezüglich der Erfüllung der Versicherungspflicht rechnen. Um die Versicherungspflicht zu gewährleisten, sind in § 49 TAPflVG einige Verwaltungsmaßnahmen vorgesehen, vor allem Bußgeld. In § 39 CPflVV werden ebenfalls Sanktionsmaßnahmen für die Verletzung der gesetzlichen Versicherungspflicht vorgeschrieben, insbesondere Bußgeld. Es stellt sich aber die Frage, wie das Verkehrsopfer geschützt werden kann, wenn keine KH-Versicherung besteht.

In diesem Fall können sich die Geschädigten zuerst an den Entschädigungsfonds wenden. Im chinesischen Taiwan bietet der Entschädigungsfonds den gleichen Schutz wie die KH-Versicherung an, während auf dem chinesischen Festland der Anwendungsbereich und Leistungsumfang des Entschädigungsfonds einschränkend gehandhabt wird, so dass eine Haftung für die Verletzung der Versicherungspflicht von großer Bedeutung für den Verkehrsopferschutz ist. In § 19 der *Auslegung zur Entscheidung der Verkehrsunfälle* wird vorgeschrieben, dass der Eigentümer eines Kraftfahrzeugs innerhalb der im CPflVV festgelegten gesetzlichen Versicherungssummen mit dem Fahrer als Gesamtschuldner haften muss, wenn er keine KH-Versicherung abgeschlossen hat. Das ist damit zu begründen, dass der Geschädigte im Normalfall von der KH-Versicherung einen Grundschutz bekommen kann. Wenn der Eigentümer eines Kraftfahrzeugs keine KH-Versicherung abgeschlossen hat, sollte der Geschädigte ebenso wie im Normalfall geschützt werden; diese Haftung innerhalb der gesetzlichen Versicherungssummen ist also von der Haftpflicht des Schädigers unabhängig.[105] Die Haftung des Eigentümers oder Verwalters bei der Verletzung der Versicherungspflicht gilt aber nicht für die Schäden der Mitversicherten, die sie wegen einer deliktischen Haftung an den Geschädigten gezahlt haben, weil der Mitversicherte kein Geschädigter i. S. d. KH-Versicherung ist.

---

105 *Xi*, Verständnis und Anwendung der *Auslegung zur Haftung der Verkehrsunfälle*, S. 246.

II. Kontrahierungszwang

1. Deutschland

a. KH-Versicherer

Nach § 5 Abs. 1 PflVG kann ein KH-Versicherungsvertrag nur bei einem Versicherungsunternehmen abgeschlossen werden, das im Inland zum Angebot von KH-Versicherungen befugt ist. Der Umfang der berechtigten Versicherungsunternehmen wurde unter dem Einfluss des Gemeinschaftsrechts allerdings erheblich erweitert. Zum Angebot einer KH-Versicherung sind alle Versicherungsunternehmen mit Sitz in einem Mitgliedstaat der EU befugt, die dort zum Betrieb der KH-Versicherung zugelassen sind und die die Ausübung der Tätigkeit in Deutschland rechtmäßig angezeigt haben.[106] Das hat aber auch dazu geführt, dass selbst die Zulassungsbehörden Schwierigkeiten haben, eine aktuelle Liste der berechtigten Versicherungsunternehmen zur Verfügung zu stellen. Daraus folgt, dass die Berechtigung der Versicherungsunternehmen für die Versicherungsnehmer nicht nachprüfbar ist.[107]

Es stellt sich deshalb die Frage, wie die Wirksamkeit von Verträgen zu beurteilen ist, wenn die Versicherungsunternehmen nicht zum Angebot einer KH-Versicherung berechtigt sind. Grundsätzlich sind Versicherungsverträge mit einem unberechtigten Versicherungsunternehmen privatrechtlich gültig, auch wenn solche Versicherungsunternehmen gegen öffentlich-rechtliche Verbote verstoßen. Die privatrechtliche Wirksamkeit derartiger Versicherungsverträge bedeutet aber nicht, dass diese Verträge die Versicherungspflicht mit den Rechtsfolgen, die bei Verletzung der Versicherungspflicht vorgesehen sind, bereits erfüllt haben. Bei schuldhafter Verletzung der Versicherungspflicht kommt eine Bestrafung nach § 6 PflVG in Betracht. Zu Gunsten der Verkehrsopfer stehen diesen außerdem nach § 12 Abs. 1 Nr. 2 PflVG Ansprüche aus dem Entschädigungsfonds zu, wenn die geschuldete Versicherungsleistung von unbefugten Versicherungsunternehmen nicht erlangt werden kann.[108]

b. Annahmepflicht

Ohne einen Annahmezwang auf Seiten des KH-Versicherers würde die Versicherungspflicht ausgehöhlt. Nach § 5 Abs. 2 PflVG sind die im Inland zum Angebot der KH-Versicherung befugten Versicherungsunternehmen dazu verpflichtet, den

---

106 *Feyock/Jacobsen/Lemor*, Kraftfahrtversicherung, § 5 PflVG, Rn. 1.
107 *Feyock/Jacobsen/Lemor*, Kraftfahrtversicherung, § 5 PflVG, Rn. 1.
108 *Feyock/Jacobsen/Lemor*, Kraftfahrtversicherung, § 5 PflVG, Rn. 3.

in § 1 genannten Personen nach den gesetzlichen Vorschriften eine Haftpflichtversicherung zu gewähren, soweit keine Ablehnungsgründe i. S. d. § 5 Abs. 4 PflVG vorliegen. Bereits der Wortlaut der Vorschrift macht klar, dass der Kontrahierungszwang für alle Versicherungsnehmer und für alle versicherungspflichtigen Fahrzeugarten gilt.[109] Obwohl § 5 Abs. 3 PflVG eine Annahmefiktion für den KH-Versicherer normiert, ist deren Anwendungsbereich sehr knapp gezogen. Eine Annahmefiktion existiert nur innerhalb der Mindestversicherungssumme, weil der Versicherer den darüber hinausgehenden Teil des Versicherungsantrags ablehnen kann.[110] Deshalb wird kritisiert, dass das Ziel der Einführung eines Kontrahierungszwangs nur unvollkommen erreicht wurde.[111]

2. *China*

a. Festland

aa. KH-Versicherer

Die KH-Versicherung kann nur bei einem Versicherungsunternehmen, das zum Angebot der KH-Versicherung gesetzlich befugt ist, abgeschlossen werden. Mit anderen Worten ist die Befugnis zum Betrieb der KH-Versicherung auf dem chinesischen Festland genehmigungspflichtig. Nach § 10 Abs. 2 CPflVV hat CIRC die zum Angebot einer KH-Versicherung berechtigten Versicherungsunternehmen öffentlich bekanntzugeben, wodurch die Nachprüfbarkeit der Befugnis der KH-Versicherer auf dem chinesischen Festland erleichtert wird. Seit dem 1. 5. 2012 können auch ausländische Versicherungsunternehmen mit der Genehmigung von CIRC die Befugnis zum Betrieb der KH-Versicherung erhalten.[112] Vorher regelte § 5 Abs. 1 CPflVV ausdrücklich, dass nur chinesischen Versicherungsunternehmen die Berechtigung zum Angebot der KH-Versicherung erteilt werden durfte.

bb. Annahmepflicht

§ 10 Abs. 1 CPflVV schreibt vor, dass die zum Angebot berechtigten KH-Versicherungsunternehmen den Antrag auf Abschluss einer KH-Versicherung nicht ablehnen oder verzögern dürfen. Diese Regelung zielt darauf ab, dass die Erfüllung der Versicherungspflicht für die Versicherungspflichtigen sichergestellt werden soll, da ein Kraftfahrzeug ohne Nachweis einer KH-Versicherung

---

109 *Langheid/Wandt/Maier*, VVG Band 2, Kraftfahrtversicherung, Rn. 4.

110 BGH, VersR 1986, 986 f.

111 *Bauer*, Die Kraftfahrtversicherung, Rn. 795.

112 Volkszeitung vom 19.6.2012.

nicht auf öffentlichen Straßen fahren darf. Ohne eine Annahmepflicht der KH-Versicherer kann nämlich der Gesetzeszweck hinsichtlich des Verkehrsopferschutzes nicht verwirklicht werden.[113]

Um die Durchsetzung der Annahmepflicht der Versicherungsunternehmen zu gewährleisten, sieht § 38 CPflVV einige Sanktionsmaßnahmen bei Verletzungen der Annahmepflicht vor, wenn auch nur im Rahmen verwaltungsrechtlicher Maßnahmen. Allerdings fehlt es an Regelungen, die über das Schicksal des beantragten KH-Versicherungsvertrags eine Aussage treffen, wenn der Versicherer den Antrag widerrechtlich nicht angenommen hat. In der Literatur wird dies als offensichtliche Gesetzlücke angesehen.[114] Nach § 12 CPflVV muss der Versicherungsnehmer schon bei Vertragsschluss alle Prämien vollständig bezahlen, so dass es dem KH-Versicherer lediglich möglich sein soll, den Antrag abzulehnen, wenn der Versicherungsnehmer die Prämienzahlungspflicht noch nicht erfüllt hat.[115] In § 11 CPflVV sind außerdem Anzeigepflichten für den Versicherungsnehmer festgehalten, die insbesondere die Art des Fahrzeugs, die Kennzeichennummer, Verwendungszwecke, den Namen des Eigentümers oder Verwalters sowie Angaben zu Unfällen vor dem Antrag betreffen. Bei Verletzung dieser Anzeigepflichten soll dem KH-Versicherer ebenfalls ein Recht zur Ablehnung des Antrags zustehen.[116]

Obwohl mittels einer ergänzenden Auslegung[117] im deutschen Recht auch eine angemessene Frist gesetzt werden kann, ist im Gesetz keine Annahmefrist festgelegt. Wenngleich die Methode der ergänzenden Auslegung gleichfalls in China anerkannt ist,[118] wird sie von den chinesischen Richtern noch nicht angewandt. Aus Gründen der Rechtssicherheit wäre die Festsetzung einer Frist für die Annahmefiktion im Gesetz begrüßenswert.

b. Taiwan

aa. KH-Versicherer

Nach § 8 Abs. 1 TAPflVG ist Versicherer im Sinne dieses Gesetzes ein Versicherungsunternehmen, das von der zuständigen Behörde die Genehmigung zum

---

113 *Zhang/Chen*, Comprehension and Application of the Regulation Regarding Compulsory Liability Insurance for Auto Road Traffic Accident, Law Press China, S. 94.

114 *Liu/Li/Cao*, Studien zur chinesischen KH-Versicherung, S. 140.

115 *Zhang/Chen*, Comprehension and Application of the Regulation Regarding Compulsory Liability Insurance for Auto Road Traffic Accident, Law Press China, S. 107.

116 *Zhang/Chen*, Comprehension and Application of the Regulation Regarding Compulsory Liability Insurance for Auto Road Traffic Accident, Law Press China, S. 101.

117 *Wolf/Neuner*, Allgemeiner Teil des Bürgerlichen Rechts, § 35, Rn. 66 ff.

118 *Zhang*, Die Auslegung und Lückenausfüllung von Verträgen, Journal of Southwest University of Nationalities, Heft 5, 1997.

Betrieb der KH-Versicherung erhalten hat. Da die KH-Versicherung im chinesischen Taiwan innerhalb der gesetzlichen Versicherungssummen von der haftungsrechtlichen Lage unabhängig ist,[119] war die Betriebsform der KH-Versicherung bei der Schaffung des TAPflVG dahingehend sehr umstritten, ob es sich bei der KH-Versicherung um eine öffentlich-rechtliche Betriebsweise wie bei der Sozialversicherung oder eine privatrechtliche Betriebsweise handeln sollte. Für eine öffentlich-rechtliche Betriebsweise spricht, dass damit ein besserer Verkehrsopferschutz und einheitliche Prämien erzielt werden könnten. Die Gegenansicht kritisierte daran, dass bei einer öffentlich-rechtlichen Betriebsweise mit geringerer Effizienz und daher höheren Versicherungsprämien zu rechnen sei.[120] Der Gesetzgeber hat sich schließlich für eine privatrechtliche Betriebsweise entschieden. Derzeit noch unklar ist die Frage nach der Wirksamkeit eines mit einem dazu nicht berechtigten Versicherungsunternehmen geschlossenen KH-Versicherungsvertrags. Allerdings kommt dieses Problem im chinesischen Taiwan bisher nur selten vor, weil zum einen die Anzahl der die KH-Versicherung anbietenden Versicherungsunternehmen im chinesischen Taiwan überschaubar ist und zum anderen die Zulassungsbehörden nach § 16 Abs. 2 TAPflVG bei der Zulassung des Fahrzeugs den Nachweis über die KH-Versicherung noch prüfen müssen.

Im chinesischen Taiwan schreibt § 18 TAPflVG einen allgemeinen Kontrahierungszwang für die KH-Versicherer dadurch vor, dass der KH-Versicherer nur dann zur Ablehnung eines Antrags auf Abschluss eines KH-Versicherungsvertrages berechtigt ist, wenn einer der gesetzlich abschließend geregelten Ablehnungsgründe vorliegt. Als gesetzliche Ablehnungsgründe werden nur die Nichtzahlung der Prämien und die Verletzung der Anzeigepflichten genannt. In der Gesetzesbegründung werden als Erwägungen vorgebracht, dass die Nichtzahlung der Prämien als Ablehnungsgrund der Absicherung der Zahlungsfähigkeit des KH-Versicherers dienen soll.[121] Die Literatur zweifelt diesen Ablehnungsgrund jedoch an, weil der Versicherungsvertrag nach der h. M. kein Realvertrag, sondern ein Konsensualvertrag ist.[122] Außerdem liege der Zweck der KH-Versicherung in erster Linie beim Verkehrsopferschutz.[123]

---

119 Siehe § 3. Direktanspruch und Geschädigte.

120 *Jiang*, Die obligatorische KH-Versicherung, S. 158.

121 Vgl. *Jiang*, Obligatorische KH-Versicherung, S. 271.

122 *Liu*, Das neue Versicherungsrecht: Theorien und Praxis des Versicherungsvertrages, S. 42.

123 *Shi/Lin*, Obligatorische KH-Versicherung, S. 78.

bb. Annahmefiktion

Wenn keine Frist zur Annahme des Antrages für den KH-Versicherer vorgeschrieben wird, kann es passieren, dass der KH-Versicherungsvertrag wegen der Verzögerung der Annahme durch den KH-Versicherer nicht rechtzeitig abgeschlossen werden kann. In § 18 Abs. 2 TAPflVG ist deshalb geregelt, dass der KH-Versicherer dem Versicherungsnehmer die Ablehnung innerhalb von 10 Tagen nach Eingang des Antrags schriftlich mitteilen muss, wenn er vom Recht der Ablehnung nach Abs. 1 Gebrauch machen will. Hat er diese Ankündigung unterlassen, so gilt der Antrag als angenommen. Um den KH-Versicherungsvertrag so früh wie möglich zustande zu bringen, wird in der Literatur vorgeschlagen, dass die Frist der Annahmefiktion schon mit dem Stellen des Antrages beginnen solle und nicht erst mit dem Zugang beim KH-Versicherer. Es wird sogar vorgeschlagen, die Frist auf 5 Tage zu reduzieren.[124]

III. Der Verkehrsopferschutz beim Fehlen einer KH-Versicherung

Trotz der umfassenden Versicherungspflicht für den Halter oder den Eigentümer des Kraftfahrzeugs kann es dennoch vorkommen, dass die verpflichtende KH-Versicherung nicht abgeschlossen wird. Es stellt sich sodann die Frage, gegen wen der Geschädigte einen Schadensersatzanspruch geltend machen kann.

1. Deutschland

a. Der Träger des Entschädigungsfonds

In solchen Fällen kann der Geschädigte seinen Direktanspruch gegen den „Entschädigungsfonds für Schäden aus Kraftfahrzeugunfällen“ geltend machen. Diese Funktion übernimmt der rechtsfähige Verein „Verkehrsopferhilfe e. V.“ mit Sitz in Hamburg. Nach § 13 PflVG ist der Entschädigungsfonds eine Anstalt öffentlichen Rechts, an der nach § 8 Abs. 1 PflVG alle Versicherer, die in Deutschland zum Angebot der KH-Versicherung berechtigt sind, teilnehmen müssen. Der Entschädigungsfonds haftet nach § 12 Abs. 1 S. 2 PflVG gegenüber dem Geschädigten nur dann, wenn dieser weder vom Halter, Eigentümer oder Fahrer eines Kraftfahrzeugs noch von einem Haftpflichtversicherer oder Verband von Haftpflichtversicherern Schadensersatz erhalten kann. Das bedeutet, dass der Entschädigungsfonds nur subsidiär als Schuldner haftet und nicht wie der Versicherer als Gesamtschuldner.[125] Jedoch beschränkt sich die Subsidiarität auf die in § 12 Abs. 1 S. 2-4 PflVG genannten Fälle.

---

124 *Jiang*, Obligatorische KH-Versicherung, S. 274.

125 *Yeh*, Der Verkehrsopferschutz und dessen Entwicklung, S. 118.

b. Anwendungsfälle

aa. Keine Ermittlung des den Schaden verursachenden Kraftfahrzeugs möglich

Es kommt nicht darauf an, ob der Fahrer bereits ermittelt worden ist, sondern nur darauf, ob das den Schaden verursachende Kraftfahrzeug ermittelt werden konnte. Der Geschädigte kann gegen den Versicherer seinen Direktanspruch geltend machen, wenn das Kraftfahrzeug am Unfallort verbleibt, auch wenn der Fahrer schon von der Unfallstelle geflohen ist.[126]

bb. Fehlen einer gesetzlich erforderlichen KH-Versicherung

Wenn die nach dem Gesetz erforderliche KH-Versicherung zugunsten des Halters, des Eigentümers und des Fahrers eines Kraftfahrzeus nicht besteht, kann der Geschädigte sich an den Entschädigungsfonds wenden. Erfasst werden auch die Fälle, in denen der Versicherungsvertrag wegen Beendigung oder Zeitablauf nicht mehr besteht.[127] In diesem Fall ist zu beachten, dass der Gesetzgeber den Anwendungsbereich des Entschädigungsfonds dadurch eingeschränkt hat, dass der Versicherer im Fall der Nachhaftung und des Prämienzahlungsverzugs auch noch Versicherungsleistungen erbringen muss.[128]

cc. Die widerrechtliche vorsätzliche Herbeiführung eines Verkehrsunfalls durch eine mitversicherte Person

In Deutschland ist die vorsätzliche Herbeiführung eines Verkehrsunfalls als Risikoausschluss ausgestaltet, so dass der Versicherer gegenüber dem Geschädigten nicht haftet.[129] Dahinter steht die Überlegung, dass der Versicherer in diesem Fall keine Deckung gewährt oder gewähren würde.[130]

dd. Die Insolvenzeröffnung über das Vermögen eines leistungspflichtigen Versicherers

Es ist auch notwendig, den Geschädigten im Falle der Insolvenz des KH-Versicherers zu schützen. In dieser Hinsicht löste der Entschädigungsfonds den Verein „Solidarhilfe“ seit 1995 ab.[131]

---

126 *Baumann*, Entschädigungsfonds, S. 14.

127 *Weber*, DAR 1987, 333, 340.

128 Vgl. § 2 Mitversicherte Personen der KH-Versicherung und Verkehrsopferschutz.

129 Ausführlich siehe § 2 Mitversicherte Personen der KH-Versicherung und Verkehrsopferschutz.

130 *Elvers*, in *Feyock/Jacobsen/Lemor*, Kraftfahrtversicherung, § 12 PflVG, Rn. 56.

131 *Elvers*, in *Feyock/Jacobsen/Lemor*, Kraftfahrtversicherung, § 12 PflVG, Rn. 59.

c. Der Umfang der Entschädigung

Angesichts der Rechtsnatur ist die Leistungspflicht des Entschädigungsfonds hinsichtlich des Umfangs und der Höhe der Entschädigung beschränkt. Nach § 12 Abs. 4 S. 1 PflVG haftet der Entschädigungsfonds wie ein leistungsfreier Versicherer nur im Rahmen der gesetzlichen Mindestversicherungssummen. Für die Fälle, in denen das den Schaden verursachende Kraftfahrzeug nicht ermittelt werden kann, gibt es besondere Leistungseinschränkungen: Zum einen wird für die Zahlung eines Schmerzensgeldes vorausgesetzt, dass eine besonders schwere Verletzung vorliegt,[132] also eine Verletzung, die zu einer dauernden und erheblichen Beeinträchtigung der körperlichen Funktionen führt.[133] Zum anderen wird ein Selbstbehalt in Höhe von 500 Euro für Sachschäden verlangt.

2. *China*

a. Festland

aa. Der Träger des Entschädigungsfonds

Schon beim Erlass des CSVG im Jahr 2003 wurde die Einführung des Entschädigungsfonds als Ziel des Gesetzes festgeschrieben, konkrete Regelungen gab es jedoch noch nicht. § 24 CPflVV bringt die Einführung des Entschädigungsfonds erneut als Ziel der Rechtsverordnung zum Ausdruck, wie genau dieser auszugestalten ist, bleibt allerdings noch offen. Ausführliche Regelungen über den Entschädigungsfonds wurden erst im Jahr 2009 durch die *Vorübergehenden Maßnahmen über die Verwaltung des Sozialrettungsfonds für Straßenverkehrsunfälle* von insgesamt fünf Ministerien (Ministerium für Finanzen, CIRC, öffentliche Sicherheit, Gesundheit, Landwirtschaft) gemeinsam erlassen. Nach § 3 der *Vorübergehenden Maßnahmen über die Verwaltung des Sozialrettungsfonds für Straßenverkehrsunfälle* ist allerdings keine einheitliche landesweite Einrichtung vorgesehen. Die konkrete Ausgestaltung wird vielmehr den Regierungen der Provinzen überlassen, wobei in vielen Provinzen bis heute kein Entschädigungsfonds eingerichtet wurde, wodurch von dem Entschädigungsfonds nicht viel erwartet werden kann.

bb. Anwendungsfälle

aaa. Nicht vorhandene KH-Versicherung eines Kraftfahrzeugs

Obwohl die Versicherungspflicht für den Eigentümer eines Kraftfahrzeugs bereits seit längerer Zeit eingeführt wurde, ist die Versicherungsquote noch relativ

132 *Elvers*, in *Feyock/Jacobsen/Lemor*, Kraftfahrtversicherung, § 12 PflVG, Rn. 89 ff.
133 LG Darmstadt, VersR 1980, 365.

niedrig geblieben. Das Nicht-Vorhandensein einer KH-Versicherung im engeren Sinne bedeutet, dass kein Versicherungsvertrag für das den Verkehrsunfall verursachende Kraftfahrzeug abgeschlossen wurde. Im weiteren Sinne werden auch solche Fälle erfasst, in denen der Versicherungsvertrag zwar abgeschlossen wurde, aber ungültig ist, gleichgültig, ob der Versicherer rechtmäßig vom Versicherungsvertrag zurückgetreten ist oder der Vertrag schon abgelaufen, der neue Vertrag aber noch nicht in Kraft getreten ist. Zugunsten des Geschädigten ist insofern eine weite Auslegung anzunehmen.[134]

bbb. Die Flucht des Schädigers

Der zweite Anwendungsfall des Entschädigungsfonds ist die Flucht des Schädigers (§ 24 Nr. 3 CPflVV, wiederholend in § 12 Nr. 3 der *Vorübergehenden Maßnahmen über die Verwaltung des Sozialrettungsfonds für Straßenverkehrsunfälle*). Es wird zu Recht darauf hingewiesen, dass der Gesetzgeber die Konstellation übersehen hat, in der das den Verkehrsunfall verursachende Kraftfahrzeug nach der Flucht wiedergefunden wird. Da die Flucht des Schädigers keinen Ausschlussgrund für die Versicherungsleistung darstellt und die Entschädigung an den Geschädigten bei der Flucht des Schädigers dem gesetzlichen Zweck des Entschädigungsfonds nicht entspricht, wird zu Recht vorgeschlagen, dass § 24 Nr. 3 CPflVV auf die Fälle beschränkt werden sollte, in denen das den Verkehrsunfall verursachende Fahrzeug nicht ermittelt werden kann.[135] Um eine mögliche Verzögerung bei der Erbringung der Versicherungsleistung wegen der Ermittlung des versicherten Kraftfahrzeugs zu vermeiden, ist es notwendig, eine Zeitgrenze für die Ermittlung festzusetzen.

ccc. Überschreitung der gesetzlichen Versicherungssummen der KH-Versicherung durch die entstandenen Rettungskosten

Der dritte Anwendungsfall des Entschädigungsfonds ist die Überschreitung der gesetzlichen Versicherungssummen der KH-Versicherung durch die Rettungskosten (§ 24 Nr. 1 CPflVV, wiederholend in § 12 Nr. 1 der *Vorübergehenden Maßnahmen über die Verwaltung des Sozialrettungsfonds für Straßenverkehrsunfälle*). Dahinter steht die Erwägung, dass die Versicherungsleistung für Rettungskosten bei Personenschäden durch die gesetzliche Versicherungssumme bei medizinischen Behandlungskosten beschränkt wird, die jedoch bei schweren Verletzungen

134 *Zhang/Chen* Comprehension and Application of the Regulation Regarding Compulsory Liability Insurance for Auto Road Traffic Accident, S. 217.

135 *Zhang/Chen*, Comprehension and Application of the Regulation Regarding Compulsory Liability Insurance for Auto Road Traffic Accident, S. 218.

nicht ausreicht. Vor diesem Hintergrund ist es notwendig, den Verkehrsopferschutz mithilfe des Entschädigungsfonds zu verbessern, beschränkt auf den Ersatz der Rettungskosten. Dies spiegelt sich auch in dem Problem wider, dass die Höchstsumme der KH-Versicherung für medizinische Behandlungskosten oftmals zu niedrig ist. Zu beachten ist aber, dass es keine Höchstsumme für die Entschädigung der Rettungskosten gibt, woran jedoch dahingehend Kritik geübt wird, dass die unbegrenzte Entschädigungspflicht für Rettungskosten durch den Entschädigungsfonds eigentlich nicht tragbar ist. Es wird zu Recht darauf hingewiesen, dass die Anspruchsgewährung aus dem Entschädigungsfonds indiziert, dass die KH-Versicherung nicht funktionieren kann, da es unvernünftig sei, die Aufgabe der KH-Versicherung auf den Entschädigungsfonds zu übertragen, der ursprünglich nur als Ergänzung zur KH-Versicherung dienen sollte.[136]

cc. Der Umfang der Entschädigung

Ganz anders als in Deutschland und im chinesischen Taiwan wird die Entschädigung durch den Entschädigungsfonds auf dem chinesischen Festland auf einen knappen Umfang beschränkt. Nach § 24 CPflVV werden nur die Beerdigungskosten bei Tötung sowie die vollständigen oder teilweisen Rettungskosten bei körperlicher Verletzung vom Entschädigungsfonds übernommen. Da bereits gesetzliche Versicherungssummen für die Versicherungsleistung festgeschrieben sind, sollte der Umfang der Entschädigung durch den Fonds auf diese gesetzlichen Höchstsummen erhöht werden.

b. Taiwan

aa. Der Träger des Entschädigungsfonds

§ 38 TAPflVG bringt zum Ausdruck, dass ein Entschädigungsfonds eingerichtet werden sollte, um allen Geschädigten bei Verkehrsunfällen eine grundlegende Sicherung nach diesem Gesetz gewährleisten zu können. Nach § 38 Abs. 1 TAPflVG ist der Entschädigungsfonds als privatrechtliche Stiftung organisiert.

bb. Anwendungsfälle

aaa. Keine Ermittlung des den Schaden verursachenden Kraftfahrzeugs möglich

Nach Angaben des taiwanischen Entschädigungsfonds machte diese Fallgruppe 58,6 % aller Anwendungsfälle des Entschädigungsfonds zwischen 1998 bis 2004 aus. Voraussetzung für eine Entschädigung ist lediglich, dass das den Verkehrsunfall verursachende Kraftfahrzeug nicht ermittelt werden kann, es kommt also

136 *Zhang/Chen*, Comprehension and Application of the Regulation Regarding Compulsory Liability Insurance for Auto Road Traffic Accident, S. 212.

nicht darauf an, ob der Fahrer des Fahrzeugs geflohen ist. Nach der Entschädigung kann der Fonds vom Versicherer Regress fordern, wenn das den Verkehrsunfall verursachende Kraftfahrzeug später ermittelt wird.[137]

bbb. Keine KH-Versicherung des den Schaden verursachenden Kraftfahrzeugs

Wenn das den Verkehrsunfall verursachende Kraftfahrzeug nicht versichert war, kann der Geschädigte keinen Versicherer in Anspruch nehmen, so dass die Entschädigung durch den Entschädigungsfonds für den Verkehrsopferschutz von großer Bedeutung ist. Dies setzt jedoch grundsätzlich voraus, dass das den Verkehrsunfall verursachende Kraftfahrzeug eigentlich versicherungspflichtig ist.

ccc. Herbeiführung eines Verkehrsunfalls durch eine unecht versicherte Person

§ 40 Abs. 1 Nr. 3 TAPflVG wurde erst mit der Rechtsreform im Jahr 2005 neu eingeführt,[138] wonach der Geschädigte seinen Direktanspruch nicht gegen den Versicherer, sondern gegen den Entschädigungsfonds geltend machen kann, wenn der Fahrer das versicherte Kraftfahrzeug ohne Zustimmung des Versicherungsnehmers gebraucht und damit den Verkehrsunfall herbeigeführt hat. Denn der Schwarzfahrer wird nach der Rechtsreform nicht mehr als Mitversicherter angesehen, während der Geschädigte vor der Rechtsreform seine Ansprüche gegen den Versicherer geltend machen konnte. Der Zweck der Modifikation liegt laut der Gesetzesbegründung darin, dass der Versicherte nicht in der Lage ist, den Verkehrsunfall zu vermeiden, so dass es ungerecht erscheint, den Schaden von seinem Versicherer regulieren zu lassen.[139]

ddd. Herbeiführung des Verkehrsunfalls durch nicht versicherungspflichtige Fahrzeuge

Wenn der Verkehrsunfall durch ein oder mehrere Fahrzeuge, die nicht versicherungspflichtig sind, herbeigeführt wird, bleibt der Entschädigungsfonds eintrittspflichtig, es sei denn, dass alle an dem Verkehrsunfall beteiligten Fahrzeuge nicht versicherungspflichtig sind.

cc. Umfang der Entschädigung

Soweit der Geschädigte wegen der oben genannten Konstellationen keine Versicherungsleistung vom Versicherer verlangen konnte, kann er gegen den

---

137 *Jiang*, Obligatorische KH-Versicherung, S. 511.

138 Kritik siehe § 2 Mitversicherte Personen der KH-Versicherung und Verkehrsopferschutz.

139 *Yeh*, Der Verkehrsopferschutz und dessen Entwicklung, S. 107.

Entschädigungsfonds innerhalb der gesetzlichen Versicherungssumme seinen Direktanspruch geltend machen. Der Umfang der Entschädigung ist identisch mit dem der Versicherungsleistung des Versicherers.

E. Zusammenfassung

Abschließend sind folgende Ergebnisse zur Beziehung zwischen Versicherungszwang und Verkehrsopferschutz festzuhalten:

1. Der Umfang der versicherungspflichtigen Kraftfahrzeuge ist nicht nur für den Verkehrsopferschutz, sondern auch für die Abwälzung der Haftpflicht des Versicherten sowie für die Versicherungswirtschaft von großer Bedeutung. Um solche Zwecke zu verwirklichen, sollten möglichst viele Kraftfahrzeuge in die KH-Versicherung einbezogen werden, was insbesondere in China relevant ist, weil die KH-Versicherung einige Aufgaben der Sozialversicherung übernehmen muss.[140]

2. Die Unterscheidung von Kraftfahrzeugarten hat grundsätzlich nur Bedeutung bei der Verwaltung der Kraftfahrzeuge und hinsichtlich der industriellen Politik, aber sie sollte keine Auswirkungen bei der Feststellung der versicherungspflichtigen Kraftfahrzeuge haben. Zu dieser Problematik bestehen jedoch nicht unerhebliche Unterschiede zwischen beiden Ländern. Die Situation im chinesischen Recht ist nicht derart klar wie jene im deutschen Recht, da die Versicherungspflicht in China nicht ausdrücklich geregelt ist. Vielmehr hat der Gesetzgeber die jeweilige Definition für Kraftfahrzeuge und für nicht motorisierte Fahrzeuge zwar explizit geregelt, dadurch aber Abgrenzungsprobleme bei der Feststellung der von der Versicherungspflicht befreiten Kraftfahrzeugtypen geschaffen. Diese Ausgestaltung hat auch zur Folge, dass viele Fahrzeuge nach der Legaldefinition als nicht motorisierte Fahrzeuge eingeordnet werden müssen und damit der Versicherungspflicht nicht unterliegen, obwohl sie eine relativ hohe Geschwindigkeit erreichen und damit erhebliche Gefahren für andere Verkehrsteilnehmer mit sich bringen. Die Lücken beim Verkehrsopferschutz treten damit offen hervor.

Im deutschen Recht werden die versicherungspflichtpflichtigen Kraftfahrzeuge ausdrücklich im Gesetz genannt. Die Bedeutung des Kraftfahrzeugs richtet sich nach dem alltäglichen Sprachgebrach, ist also nicht an konkreten Fahrzeugtypen orientiert. Der Vorteil des abstrakten Begriffs des Kraftfahrzeugs liegt darin, dass unnötige Streitigkeiten bei der Abgrenzung der konkreten Typen vermieden

140 Näheres s. Einleitung.

werden können. Die von der Versicherungspflicht befreiten Kraftfahrzeuge werden gleichfalls genauestens benannt. Zu beachten ist noch, dass der Umfang der versicherungspflichtigen Kraftfahrzeuge in Deutschland deutlich größer ist als der Umfang der Kraftfahrzeuge, die der Gefährdungshaftung nach § 7 StVG unterliegen. Der Grund für eine niedrige Höchstgeschwindigkeit, für die die Versicherungspflicht bereits greift, könnte darin zu sehen sein, dass der Anwendungsbereich der KH-Versicherung ausgeweitet werden soll.

Da die Versicherungspflicht auf dem Gedanken der allgemeinen Gefährlichkeit von Kraftfahrzeugen beruht, erscheint es sachgerechter, die Versicherungspflicht für bestimmte Kraftfahrzeuge direkt vorzuschreiben, anstatt den Umweg über den engen Begriff des „Autos" zu nehmen. Dies sollte auch für die Befreiung bestimmter Kraftfahrzeuge von der Versicherungspflicht gelten. Nur solche Fahrzeuge, die eine relativ niedrige mögliche Höchstgeschwindigkeit erreichen können und damit auch nur relativ niedrige Gefahren für andere Verkehrsteilnehmer mit sich bringen, sollten von der Versicherungspflicht befreit werden.

3. In Deutschland sind die zum Angebot einer KH-Versicherung berechtigten Versicherungsunternehmen wegen der Vereinheitlichung des Finanzmarkts europaweit relativ vielfältig, wodurch allerdings Probleme hinsichtlich der Überprüfung der Berechtigung der Versicherungsunternehmen und damit hinsichtlich der Wirksamkeit der Verträge mit einem unbefugten KH-Versicherer entstehen. Dagegen ist die Überprüfung der Berechtigung der KH-Versicherer in China wegen der Bekanntmachung in einer Liste durch die Behörden vereinfacht machbar. Nur wenn den KH-Versicherern zur Verwirklichung der Versicherungspflicht der Versicherungspflichtigen ein Kontrahierungszwang auferlegt wird, kann der Gesetzeszweck der KH-Versicherung vollständig verwirklicht werden. In dieser Hinsicht kann das Modell im chinesischen Taiwan als Vorbild dienen, weil dort eine allgemeine Annahmefiktion eingeführt wurde. Auch auf dem chinesischen Festland wird nun eine solche Frist hinsichtlich der Annahmefiktion gefordert.

4. Um die Schutzlücken der KH-Versicherung zu schließen, wurde ein Entschädigungsfonds in beiden Ländern errichtet, wobei die Unterschiede bei der strukturellen Ausgestaltung des Fonds jedoch groß sind. In Deutschland ist der Entschädigungsfonds als Anstalt des öffentlichen Rechts ausgestaltet, wogegen er im chinesischen Taiwan eine Stiftung des Privatrechts ist. Auf dem chinesischen Festland wird hingegen keine landesweit einheitliche Regelung über die Form des Entschädigungsfonds vorgesehen, empfehlungswert wäre aber auch hier die Form einer Stiftung des Privatrechts.

Die Unterschiede bei den Anwendungsfällen des Fonds in beiden Ländern sind ebenfalls nicht zu übersehen. Grundsätzlich sollte die Entschädigung durch den Entschädigungsfonds nur dann in Betracht kommen, wenn der Geschädigte keinen Versicherer in Anspruch nehmen kann. Allerdings ist in Deutschland die vorsätzliche Herbeiführung des Versicherungsfalls, im chinesischen Taiwan die Herbeiführung des Verkehrsunfalls durch einen Schwarzfahrer und auf dem chinesischen Festland die Entschädigung der Rettungskosten für die Personenschäden über der gesetzlichen Versicherungssumme der KH-Versicherung aus dem Fonds ausgenommen. Die Lücken der KH-Versicherung als solche sollten mit versicherungsrechtlichen Lösungen gelöst werden. Der Umfang der Entschädigung durch den Entschädigungsfonds auf dem chinesischen Festland ist zu gering und ebenso wie in Deutschland grundsätzlich auch auf die Höhe der Mindestversicherungssummen beschränkt. Im Gegensatz dazu kann der Geschädigte im chinesischen Taiwan vom Entschädigungsfonds den identischen Schutz erhalten wie er ihn vom Versicherer erhielte. Dennoch sollte der Geschädigte in jedem Fall Schutz im Rahmen der gesetzlichen Versicherungssummen in China bzw. der gesetzlichen Mindestversicherungssumme in Deutschland genießen können. Alle anderen Einschränkungen sollten aufgehoben werden.

§ 2. Mitversicherte Personen der KH-Versicherung und Verkehrsopferschutz

A. Anerkennung eines Befreiungsanspruchs des Versicherten gegen den Versicherer

I. Deutschland

In Deutschland ist die KH-Versicherung als eine Unterart der Haftpflichtversicherung ausgestaltet. Hinsichtlich der Frage, welchen Anspruch der Versicherte gegen den Versicherer geltend machen kann, wenn ein Versicherungsfall eintritt, hat sich die versicherungsrechtliche Theorie im Laufe der Zeit gewandelt. Früher wurde der Anspruch des Versicherungsnehmers als Anspruch auf eine Entschädigungszahlung gegen den Versicherer in Höhe des beim Geschädigten entstandenen Schadens angesehen.[141] In diesem Fall wird jedoch der Geschädigte der Gefahr ausgesetzt, dass sein Schadensersatzanspruch dadurch behindert wird, dass der Zahlungsanspruch des Versicherungsnehmers durch Verwertungsmöglichkeiten anderer Gläubiger gepfändet, an diese abgetreten oder verpfändet wird. Dieses Problem wurde erst durch die Anerkennung eines Befreiungsanspruches beseitigt. Man spricht auch von einer Freistellungsfunktion der KH-Versicherung.[142]

Wie Nr. A. 1. 1. 1 AKB 2008 schon zum Ausdruck gebracht hat, muss der KH-Versicherer Leistungen erbringen, um begründete Schadensersatzansprüche zu befriedigen und unbegründete Schadensersatzansprüche abzuwehren, wenn alle anderen Voraussetzungen erfüllt sind. Derjenige, dessen Haftpflicht von der KH-Versicherung abgedeckt wird, wird als Versicherter bezeichnet. Der Versicherte hat also aus dem KH-Versicherungsvertrag nur einen Anspruch auf Befreiungs- und Rechtsschutz gegen den Versicherer. Nur wenn der Versicherte selbst schon an den Geschädigten geleistet hat, kann er direkt vom Versicherer die Versicherungsleistung verlangen.[143] Die Befreiungsfunktion der KH-Versicherung wurde erst durch die Rechtsprechung des Reichsgerichts vom 9. Februar 1909 anerkannt.[144] Diese Erkenntnis ergab sich jedoch nicht aus dem Wortlaut des Gesetzes, sondern wurde aus dem Wesen der KH-Versicherung hergeleitet.[145]

---

141 *Bauer*, Die Kraftfahrtversicherung, Rn. 749.

142 *Armbrüster*, Privatversicherungsrecht, Rn. 1650.

143 BGH, VersR 1992, 568.

144 RGZ 70, 257.

145 *Bauer*, Die Kraftfahrtversicherung, Rn. 749.

II. China

1. Festland

In § 65 Abs. 4 CVVG wird die KH-Versicherung gesetzlich definiert, wonach diese eine Versicherungsart ist, die die Haftpflicht der versicherten Personen gegenüber Dritten zum Gegenstand hat. Nach der h. M. hat die KH-Versicherung zwei Funktionen, nämlich eine Befreiungsfunktion für den Versicherten und eine Schutzfunktion für den Geschädigten.[146] Jedoch greifen nach § 76 Abs. 1 Hs. 1 CSVG die deliktsrechtlichen Regeln nur dann ein, wenn die Schäden über den gesetzlichen Versicherungssummen der KH-Versicherung liegen. Da die Leistungspflicht des KH-Versicherers innerhalb der gesetzlichen Versicherungssumme nach § 76 CSVG nicht von der Haftungspflicht der versicherten Personen abhängt,[147] gibt es daher keine Notwendigkeit für den Geschädigten, sich hinsichtlich des Ersatzes der Schäden, die innerhalb der gesetzlichen Versicherungssumme der KH-Versicherung liegen, auf die deliktsrechtlichen Regeln zu berufen. Deswegen ist die Befreiungsfunktion für den Versicherten nicht derart ersichtlich wie im deutschen Recht. Stellt man sich aber vor, dass es keine KH-Versicherung gäbe, müsste der Versicherte die Haftung aus eigener Tasche übernehmen, so dass die KH-Versicherung insofern für den Haftpflichtigen auch eine mittelbare Befreiungsfunktion hat. Es kommt auch nicht selten vor, dass der Haftpflichtige zuerst selbst dem Geschädigten den entstandenen Schaden ersetzt hat und anschließend vom Versicherer die Versicherungsleistung verlangt. In diesem Fall ist die Befreiungsfunktion der KH-Versicherung zweifelsfrei vorhanden.

a. Der Anspruch auf Entschädigungszahlung des Versicherten gegen den Versicherer

Was für einen Anspruch die versicherte Person aus dem KH-Versicherungsvertrag gegen den Versicherer geltend machen kann, lässt sich nicht aus § 65 Abs. 4 CVersG ableiten. Wie das überholte Verständnis bezüglich des Anspruchs des Versicherten gegen den Versicherer im deutschen Recht[148] wurde der Anspruch des Versicherten früher auch als Anspruch auf Entschädigungszahlung verstanden. Dieses Ergebnis ergibt sich aus § 28 CPflVV, wonach der Versicherte nach dem Eintritt des Unfalls durch das versicherte Kraftfahrzeug berechtigt ist, vom Versicherer die Erbringung der Versicherungsleistung zu verlangen. In der Literatur wird der Anspruch des Versicherten aus der KH-Versicherung ebenfalls oft

146 *Han/Han*, Das neue Versicherungsrecht, S. 292.

147 Dazu § 3. Direktanspruch und Geschädigte.

148 Vgl. *Hedderich*, Pflichtversicherung, S. 277.

als Anspruch auf Entschädigungszahlung eingeordnet.[149] Das Landesgericht Shaoguan vertrat in einer Entscheidung die gleiche Ansicht, nämlich dass der Versicherer nicht mehr an den Geschädigten Entschädigung zu leisten habe, nachdem er dem Versicherten gegenüber schon die Versicherungsleistung erbracht habe, auch wenn der Versicherte den Geschädigten noch nicht befriedigt habe.[150] Diese Ausgestaltung hat jedoch viele Nachteile hinsichtlich des Verkehrsopferschutzes. Für ausführliche Analysen kann insofern auf die entsprechende Literatur im deutschen Recht verwiesen werden.[151]

b. Anerkennung eines Befreiungsanspruchs für den Versicherten gegen den Versicherer

Dem Schutzbedürfnis der Geschädigten bezüglich der KH-Versicherung wurde in der Rechtsreform des Versicherungsgesetzes im Jahr 2008 Rechnung getragen. In § 65 Abs. 2 CVVG wird nun angeordnet, dass der Versicherer an den Geschädigten direkt die Versicherungsleistung erbringen muss, wenn die Schadensersatzpflicht der versicherten Person schon festgestellt worden ist und der Versicherte die direkte Erbringung an den Geschädigten verlangt. Aus dem Wortlaut folgt, dass dem Versicherten gegen den Versicherer ein Anspruch auf Befreiung von der Schadensersatzpflicht zusteht, aber nur unter der Bedingung, dass die Schadensersatzpflicht schon festgestellt wurde. Die Schadensersatzpflicht des Versicherten kann dadurch bestimmt werden, dass der konkrete Umfang der Schadensersatzpflicht durch Gerichtsurteil oder Beschlüsse freiwilliger Gerichtsbarkeiten festgestellt wird; oder ein Vergleichsvertrag über den Umfang der Schadensersatzpflicht zwischen dem Versicherten und dem Dritten von den Versicherern akzeptiert wird.[152] Solange der Anspruch des Geschädigten gegen den Versicherer noch vom Willen des Versicherten abhängt, liegt noch keine Umwandlung des Anspruchs des Versicherten auf Freistellung gegen seinen Versicherer vor, da noch die Möglichkeit besteht, dass der Versicherte den Anspruch auf die Versicherungsleistung selbst geltend macht.

Um dieses Problem zu vermeiden, wird die Geltendmachung des Anspruchs auf Entschädigungszahlung durch den Versicherten im CVVG dadurch eingeschränkt, dass der Versicherer nach § 65 Abs. 3 CVVG nicht an den Versicherten leisten darf, wenn der Versicherte dem Geschädigten den Schaden noch nicht ersetzt hat. In einem Urteil des Amtsgerichts Xindu Sichuan wurde der Versicherer

149 *Wen* (Hrsg.), Versicherungsrecht, S. 241.
150 Das Oberste Volksgericht (Hrsg.), People's Judicature Case, Heft 2, 2010, S. 32.
151 *Bauer*, Die Kraftfahrtversicherung, Rn. 749; RGZ 70, 257.
152 *An*, Kommentar zum Versicherungsrecht, S. 107.

verurteilt, dem Geschädigten den restlichen Schaden zu ersetzen, als es dem Versicherten an der erforderlicher Zahlungsfähigkeit fehlte und er den restlichen Schaden nicht ersetzen konnte, obwohl der Versicherer die Versicherungsleistung zuvor schon - allerdings widerrechtlich – an den Versicherten ausgezahlt hatte.[153] Diesem Ergebnis ist nicht vollständig zuzustimmen, denn grundsätzlich muss der Versicherer dem Geschädigten den restlichen Schaden zwar ersetzen, soweit der Umfang des Schadens schon festgestellt worden ist. Allerdings ergibt sich aus dem Wortlaut des § 65 Abs. 3 CVVG, dass die Zahlungsunfähigkeit des Versicherten keine Voraussetzung für eine Auszahlung darstellt.

Ein Anspruch des Geschädigten auf Entschädigungszahlung gegen den Versicherer findet sich in § 65 Abs. 2 S. 2 CVVG und zwar unter der Bedingung, dass es der Versicherte unterlassen hat, die Auszahlung der Versicherungsleistung direkt an den Geschädigten zu verlangen. Nach systematischer Auslegung setzt der Anspruch des Geschädigten auf Versicherungsleistung gegen den Versicherer weiterhin voraus, dass die Ersatzpflicht der versicherten Person schon festgestellt worden ist, soweit das Gesetz nicht etwas anderes vorschreibt. Es ist aber nicht zu rechtfertigen, dass die Geltendmachung des Anspruchs auf Entschädigungszahlung durch den Geschädigten davon abhängig gemacht wird, dass der Versicherte ein Zahlungsverlangen zugunsten des Geschädigten unterlassen hat, wenn die Schadensersatzpflicht des Versicherten bereits festgestellt worden ist. Denn nach § 65 Abs. 3 CVVG kann der Versicherte grundsätzlich eine Auszahlung an sich selbst nicht verlangen. Die Voraussetzung eines unterlassenen Zahlungsverlangens seitens des Versicherten macht diesbezüglich keinen Sinn, sondern kann vielmehr dazu führen, dass die Verwirklichung der Ersatzansprüche des Geschädigten verzögert wird. Es spricht folglich viel dafür, diese überflüssige Voraussetzung aufzuheben.

In der Literatur wird der Anspruch auf Entschädigungszahlung des Geschädigten gegen den Versicherer nach § 65 Abs. 2 CVVG als Direktanspruch angesehen, wobei aber darauf hingewiesen wird, dass der Gesetzgeber die unterschiedlichen Aufgaben beim Verkehrsopferschutz zwischen der freiwilligen KH-Versicherung und der obligatorischen KH-Versicherung nicht hinreichend beachtet hat. Denn für einen Direktanspruch des Geschädigten gegen den Versicherer sollte nicht vorausgesetzt werden, dass die Haftpflicht der versicherten Person bei der Ausübung des Anspruchs schon festgestellt wurde.[154] Zu betonen

---

153 National Judges College (Hrsg.), Fälle chinesischer Gerichte aus dem Jahr 2013 – Verkehrsunfälle, S. 92.

154 *Chen*, Vorschläge zur Gesetzgebung des chinesischen KH-Versicherungsrechts, Science of Law, Heft 5, 2011, S. 194.

ist, dass im CVVG grundsätzlich nur die allgemeine Haftpflichtversicherung geregelt wird, nicht aber die spezifische Ausgestaltung der KH-Versicherung. Daher ist es nicht überzeugend, einen Direktanspruch aus § 65 Abs. 2 CVVG herzuleiten.

2. *Taiwan*

Im TVVG gibt es keinen ähnlichen Wortlaut, aus dem ein Befreiungsanspruch des Versicherten abgeleitet werden könnte. Denn § 90 TVVG stellt nur klar, dass der Versicherer die Versicherungsleistung zu erbringen hat, wenn der Versicherte einem Dritten gegenüber zum Schadensersatz verpflichtet ist und dieser Anspruch schon geltend gemacht worden ist. Auf die Frage, an wen der Versicherer die Versicherungsleistung erbringen soll, wird erst in § 94 Abs. 1 TVVG eingegangen, wonach der Versicherer dem Versicherten die Versicherungsleistung weder vollständig noch teilweise erbringen darf, bevor der Versicherte nicht dem Geschädigten den durch den Versicherungsfall entstandenen Schaden ersetzt hat. Dieser Regelung ist zu entnehmen, dass dem Versicherten aus der KH-Versicherung grundsätzlich kein Anspruch auf Entschädigungszahlung, sondern nur ein Anspruch auf Haftpflichtbefreiung zusteht. Dadurch kann vermieden werden, dass der Versicherte eine vom Versicherer bereits an ihn selbst ausgezahlte Versicherungsleistung nicht an den Geschädigten weitergibt.[155] Wenn die Haftpflicht des Versicherten bereits festgestellt worden ist, kann der Geschädigte seinen Anspruch innerhalb der gesetzlichen Versicherungssumme direkt gegen den Versicherer geltend machen, wodurch seine Rechtsstellung erheblich verbessert wird. § 95 TVVG schreibt weiterhin vor, dass der Versicherer auf Verlangen des Versicherten hin die Versicherungsleistung direkt an den Geschädigten erbringen kann. Für diesen Fall wird auch nicht vorausgesetzt, dass die Haftpflicht des Versicherten bereits festgestellt worden ist.[156] Aus der KH-Versicherung steht dem Geschädigten gemäß § 25 Abs. 1 TAPflVG noch ein Direktanspruch gegen den Versicherer zu.

Wie auf dem chinesischen Festland hängt die Leistungspflicht des KH-Versicherers im chinesischen Taiwan auch nicht vom Vorliegen einer Haftpflicht des Versicherten ab. Die Leistungspflicht der KH-Versicherung entfällt vielmehr nur dann, wenn ein gesetzlicher Ausschlussgrund vorliegt.[157] Es stellt sich jedoch die Frage, ob die KH-Versicherung eine selbständige Befreiungsfunktion für die

155 *Zheng/Liu*, Versicherungsrecht, S. 119.
156 *Zheng/Liu*, Versicherungsrecht, S. 119.
157 *Yeh*, Der Verkehrsopferschutz und dessen Entwicklung, S. 133.

versicherte Person hat, also ob der Schutz des Versicherten auch ein Ziel des TAPflVG ist; hierüber schweigen der Gesetzestext und die Gesetzesbegründung.

Obwohl der Versicherer im chinesischen Taiwan nicht mit dem Versicherten gegenüber dem Geschädigten als Gesamtschuldner haftet, wird der Schadensersatzanspruch des Geschädigten gegen den Versicherten nicht durch den Direktanspruch gegen den Versicherer ausgeschlossen; vielmehr hat der Geschädigte die Freiheit, sich seinen Anspruchsgegner auszusuchen. Die Möglichkeit eines doppelten Ersatzanspruches hat der Geschädigte aber nicht,[158] denn § 32 TAPflVG schreibt vor, dass die Leistung des KH-Versicherers an den Geschädigten als Erfüllung der Haftpflicht der versicherten Person angesehen wird. Wenn der Versicherer also schon Schadensersatz an den Geschädigten geleistet hat, ist der Versicherte berechtigt, sich seine Haftpflicht entsprechend anrechnen zu lassen. Insofern hat die KH-Versicherung tatsächlich auch die Funktion, den Versicherten von seiner Haftpflicht zu befreien.

B. Der Umfang der mitversicherten Personen

I. Deutschland

1. Versicherungsnehmer als Versicherte

Der Versicherungsvertrag ist im Wesentlichen ein schuldrechtlicher Vertrag.[159] Berechtigter und Verpflichteter sind in erster Linie die an einem Versicherungsvertrag beteiligten Vertragsschließenden, nämlich der Versicherer und der Versicherungsnehmer, weil das Schuldverhältnis als eine Sonderverbindung grundsätzlich nur zwischen dem Gläubiger und dem Schuldner besteht. Normalerweise können Dritte keine Rechte aus dem Schuldverhältnis geltend machen, was als das Prinzip der Relativität des Schuldverhältnisses bezeichnet wird.[160]

Dieses Prinzip entspricht der alltäglichen Lebenserfahrung, dass nämlich der Versicherungsnehmer einen KH-Versicherungsvertrag abschließt, weil er daran ein eigenes Interesse hat. Der Gegenstand der KH-Versicherung ist gerade das Interesse, das der Versicherungsnehmer daran hat, dass sein Vermögen nicht durch haftungsrechtliche Ansprüche Dritter belastet wird.[161] Also stellt die KH-Versicherung normalerweise eine Eigenversicherung dar. Dieses Bedürfnis wird

---

158 *Shi/Lin*, Obligatorische KH-Versicherung, S. 95.

159 *Medicus/Lorenz*, Schuldrecht BT, Rn. 1036.

160 *Looschelders*, Schuldrecht AT, Rn. 29.

161 BGH, NJW 1958, 1872.

im Verhältnis zwischen der Auferlegung einer Gefährdungshaftung in § 7 StVG und einer Versicherungspflicht in § 1 PflVG zum Ausdruck gebracht. In diesem Fall ist der Versicherungsnehmer unbedingt von der KH-Versicherung versichert.

2. Der Umfang der mitversicherten Personen

a. Überblick über den Vertrag zugunsten Dritter

Obwohl am Grundsatz der Relativität der Schuldverhältnisse in der Regel festzuhalten ist, besteht in manchen Konstellationen dennoch das Bedürfnis, auch einem an dem Vertrag nicht beteiligten Dritten den Leistungsanspruch einzuräumen. Dies Bedürfnis kann durch einen Vertrag zugunsten Dritter erfüllt werden, an dem drei Parteien beteiligt sind. Diese Rechtsfigur ist durch einen eigenen Leistungsanspruch des Dritten gegenüber dem Schuldner gekennzeichnet.[162] Die Beziehung der Beteiligten kann der Struktur nach in drei Rechtsverhältnisse unterteilt werden. Das sog. Deckungsverhältnis besteht zwischen dem Gläubiger und dem Schuldner und ist die Grundlage des Vertrages zugunsten Dritter;[163] die Rechtsbeziehung zwischen Gläubiger und Drittem wird als Valutaverhältnis bezeichnet. Meist wird es hier einen Rechtsgrund dafür geben, warum der Gläubiger eine andere Personen in den Vertrag mit einbeziehen möchte, wobei u.a. eine Schenkung (§ 516 BGB) oder Schuldentilgung in Betracht kommen. Das Fehlen eines solchen Rechtsgrunds hat grundsätzlich aber keine Auswirkung auf das Deckungsverhältnis.[164] Hinsichtlich des Verhältnisses zwischen Schuldner und Drittem spricht man vom sog. Vollzugsverhältnis.[165]

b. Die KH-Versicherung als Vertrag zugunsten Dritter

Obwohl der Versicherungsnehmer oft gleichzeitig Halter und Eigentümer des Kraftfahrzeugs ist, besteht für eine solche Personenidentität aber keine Notwendigkeit, weil es für die Haltereigenschaft nicht auf die Eigentümerstellung und die Eintragung im Fahrzeugbrief ankommt.[166] Es kommt häufig vor, dass ein Dritter als Versicherungsnehmer für den Halter einen Versicherungsvertrag abschließt.[167] In diesem Fall ist nicht der Halter Versicherungsnehmer des Versicherungsvertrags und hat daher nach dem Prinzip der Relativität der Schuldverhältnisse auch keinen

162 Vgl. *Looschelders*, Schuldrecht AT, Rn. 1045.
163 *Looschelders*, Schuldrecht AT, Rn. 1053 ff.
164 *Jauernig/Stadler*, § 328 BGB, Rn. 10.
165 *Looschelders*, Schuldrecht AT, Rn. 1057 ff.
166 *Looschelders*, Schuldrecht BT, Rn. 1449.
167 *Feyock/Jacobsen/Lemor*, Kraftfahrtversicherung, § 1, Rn. 4.

vertraglichen Anspruch auf Haftpflichtbefreiung gegen den KH-Versicherer. Da für die KH-Versicherung in Deutschland das Prinzip der Akzessorietät gilt,[168] ist es für den Geschädigten aber von großer Bedeutung, den Halter des Kraftfahrzeugs in die KH-Versicherung einzubeziehen, weil den Halter eines Kraftfahrzeugs gem. § 7 StVG eine Gefährdungshaftung trifft.

Im Zusammenhang mit dem Gebrauch eines Kraftfahrzeugs können nicht nur den Halter, sondern auch andere Personen Schadensersatzansprüche treffen, insbesondere der vom Halter personenverschiedene Fahrer, der nach § 18 StVG für vermutetes Verschulden haftet. Da es in der Praxis nicht selten vorkommt, dass der Halter einen Fahrer für den Betrieb des Fahrzeuges einstellt, besteht im Interesse des Geschädigten und auch des in Anspruch Genommenen das Bedürfnis, solche Personen in den Schutzbereich des KH-Versicherungsvertrages einzubeziehen; man spricht insofern von mitversicherten Personen. In den oben genannten Fällen stellt die KH-Versicherung einen Vertrag zugunsten Dritter i. S. v. § 328 Abs. 1 BGB dar. Hier ist mit dem „Dritten" nicht der Geschädigte, sondern die mitversicherte Person gemeint, die dann auch einen Versicherungsschutz genießt.[169] Hiervon abzugrenzen ist der Begriff des „Dritten" i. S. d. Direktanspruchs gegen die KH-Versicherung.[170]

Um den möglichen Geschädigten begünstigen zu können, muss der Umfang der mitversicherten Personen groß gezogen werden, damit die KH-Versicherung nicht nur eine Eigenversicherung des Versicherungsnehmers, sondern zugleich auch eine Versicherung für fremde Rechnung ist.[171] In § 2 KfzPflVV sind potentiell mitversicherte Personen einer KH-Versicherung ausführlich aufgeführt, worunter der Halter, Eigentümer, Fahrer, Beifahrer, Omnibusschaffner und Arbeitgeber oder öffentlicher Dienstherr des Versicherungsnehmers fällt, wenn das versicherte Kraftfahrzeug mit Zustimmung des Versicherungsnehmers für dienstliche Zwecke gebraucht wird.

Früher wurde nur der berechtigte Fahrer in die KH-Versicherung einbezogen, der unberechtigte Fahrer wurde hingegen ausgeschlossen,[172] weil es an einem Rechtsgrund für die Einbeziehung des unberechtigten Fahrers in den Versicherungsvertrag fehlte. Um die möglichen Schutzlücken im Interesse des

---

168 BGH, VersR 1979, 256; OLG Koblenz, VersR 2000, 1436.

169 *Bauer*, Die Kraftfahrtversicherung, Rn. 867.

170 Vgl. § 3. Direktanspruch und Dritte.

171 *Güllemann*, Ausgleich von Verkehrsunfallschäden im Licht internationaler Reformprojekte, S. 113.

172 *Güllemann*, Ausgleich von Verkehrsunfallschäden im Licht internationaler Reformprojekte, S. 110.

Geschädigten zu schließen, können heutzutage auch der unberechtigte Halter oder der Dieb unter A. 1. 2 a AKB 2008[173] und der unberechtigte Fahrer unter den Versicherungsschutz gemäß A. 1. 2 c AKB 2008 fallen.[174]

Wie bereits ausgeführt wurde, steht dem Versicherten im Vollzugsverhältnis beim Vertrag zugunsten Dritter ein eigener Leistungsanspruch gegen den Versicherer zu, der bei der KH-Versicherung in einem Befreiungsanspruch gegen den Versicherer verkörpert ist. Dies hat auch Nr. F. 2 S. 1 AKB 2008 zum Ausdruck gebracht, wonach die mitversicherten Personen dazu berechtigt sind, im eigenen Namen Versicherungsansprüche direkt gegenüber dem Versicherer selbständig geltend zu machen, z. B. also Klage auf Freistellung zu erheben. Gegenüber dem Versicherer haben der unberechtigte Halter und der unberechtigte Fahrer wegen der Verletzung der Obliegenheiten, das versicherte Kraftfahrzeug nicht unbefugt zu gebrauchen, keinen oder nur einen beschränkten Anspruch auf Versicherungsschutz.[175]

II. China

1. Festland

a. Der Versicherungsnehmer als Versicherter

Versicherte Personen sind nach der Legaldefinition in § 42 Abs. 2 CPflVV der Versicherungsnehmer und der von diesem gebilligte rechtmäßige Fahrer des versicherten Kraftfahrzeugs, so dass der Versicherungsnehmer bei der Feststellung des Umfangs der mitversicherten Personen eine entscheidende Rolle spielt. Unter dem Versicherungsnehmer ist gemäß § 10 Abs. 2 CVVG derjenige zu verstehen, der mit dem Versicherer den Versicherungsvertrag abgeschlossen hat und der zur Zahlung der Prämien vertragsgemäß verpflichtet ist. In § 2 CPflVV wird aber auch eine Definition für den Versicherungsnehmer der KH-Versicherung gegeben, wonach Versicherungsnehmer der Eigentümer oder Verwalter eines Kraftfahrzeugs ist, der mit dem Versicherer den KH-Versicherungsvertrag abgeschlossen hat und zur Zahlung der Prämien vereinbarungsgemäß verpflichtet ist. Es ist folglich offensichtlich, dass der Gesetzgeber der CPflVV den konkreten Versicherungsnehmer mit dem Versicherungspflichtigen verwechselt hat. Wie an anderer Stelle bereits dargestellt wurde, dient die Bestimmung des Versicherungspflichtigen nur zur Sicherstellung der endgültigen Verantwortung der

173 KG Berlin, VersR 1989, 905.

174 *Bauer*, Die Kraftfahrtversicherung, Rn. 868.

175 *Bauer*, Die Kraftfahrtversicherung, Rn. 863.

Beschaffung und Aufrechterhaltung der KH-Versicherung, nicht aber zur konkreten Feststellung der Vertragspartei.[176] Die Verpflichtung zum Abschluss eines KH-Versicherungsvertrages kann auch dadurch erfüllt werden, dass ein Dritter als Versicherungsnehmer für den Versicherungspflichtigen einen Versicherungsvertrag abschließt.[177] Ob der Versicherungsnehmer als Versicherter angesehen wird, hängt entscheidend davon ab, ob er das versicherte Kraftfahrzeug tatsächlich gebraucht und damit einen Verkehrsunfall herbeiführen kann, weil die Leistung der KH-Versicherung auf dem chinesischen Festland nur die verschuldensunabhängige Haftung deckt und den Eintritt eines Unfalls voraussetzt.[178]

b. Der vom Versicherungsnehmer gebilligte rechtmäßige Fahrer als Versicherter

Eine KH-Versicherung ist häufig nicht nur eine Eigenversicherung des Versicherungsnehmers, sondern oftmals auch Versicherung für fremde Rechnung.[179] Nach der Legaldefinition kann der vom Versicherungsnehmer gebilligte rechtmäßige Fahrer auch vollständigen Versicherungsschutz genießen; dieser Regelung kommt dann große Bedeutung zu, wenn der Versicherungsnehmer nicht zugleich der Fahrer des Kraftfahrzeugs ist. Die Zustimmung zur Benutzung durch den Fahrer kann ausdrücklich oder konkludent erfolgen. Für die Annahme einer konkludenten Erklärung entscheidend sind die gegenseitigen Beziehungen sowie Gewohnheiten zwischen dem Versicherten und dem Fahrer des Kraftfahrzeugs.[180]

Es stellt sich jedoch die Frage, wessen Haftpflicht durch die KH-Versicherung entfällt, wenn der Fahrer nur Angestellter des Versicherungsnehmers oder eines Mitversicherten ist. Diese Frage betrifft aber nur das Innenverhältnis zwischen Versichertem und Versicherer, weil der Fahrer in dieser Konstellation nach der Legaldefinition als mitversicherte Person angesehen wird; daher sollte diese Frage erst im Zusammenhang mit der Rechtsnatur des Direktanspruchs gestellt werden,[181] weil diese Problematik insbesondere die Rechtsnatur der KH-Versicherung auf dem chinesischen Festland betrifft.

Für den Umfang der Zustimmung gilt das sog. „initial permission principle", wonach der Fahrer mitversichert ist, soweit dieser beim Erhalt des Kraftfahrzeugs vom Versicherungsnehmer bereits dessen Zustimmung zur Nutzung hatte und

176 Vgl. § 1. Versicherungszwang und Verkehrsopferschutz.
177 *Li*, Obligatorische KH-Versicherung, S. 69.
178 § 3. Direktanspruch und Dritte.
179 *Wandt*, Versicherungsrecht, Rn. 1102.
180 *Li*, Obligatorische KH-Versicherung, S. 91.
181 § 3. Direktanspruch und Dritte.

diese zur Zeit des Unfalls noch bestand, außer wenn das Gesetzt etwas anderes vorschreibt.[182] Da in § 22 Abs. 1 Nr. 2 CPflVV nur der Dieb und der Räuber erwähnt werden, ist der berechtigte Fahrer grundsätzlich auch befugt, einem Dritten die Zustimmung zur Nutzung zu erteilen. Angesichts des Ausschlusses von Vermögensschäden im Fall von unberechtigten versicherten Personen sollte eine solche Befugnis dem berechtigten Fahrer eingeräumt werden.

2. *Taiwan*

a. Der Versicherungsnehmer als Versicherter

Der Versicherte im chinesischen Taiwan ist in erster Linie auch der Versicherungsnehmer des KH-Versicherungsvertrages. Das Gesetz sieht für den Versicherungsnehmer eine Legaldefinition in § 9 Abs. 1 TAPflVG vor, wonach der Versicherungsnehmer derjenige ist, der gemäß § 6 TAPflVG den Antrag auf Vertragsschluss gestellt hat und damit zur Zahlung der Prämien verpflichtet ist. Es wird zu Recht darauf hingewiesen, dass die Formulierung „gemäß § 6 TAPflVG" aufgehoben werden sollte, weil für den Versicherungsvertrag nur der tatsächliche Versicherungsnehmer relevant ist, nicht aber der Versicherungspflichtige nach § 6 TAPflVG.[183] Probleme können auftreten, wenn der tatsächliche Eigentümer mit dem nominellen Eigentümer des Kraftfahrzeugs nicht identisch ist, weil die Übertragung des Eigentums des Kraftfahrzeugs gemäß § 761 Abs. 1 TBGB keine Eintragung im Register voraussetzt. Ob der tatsächliche Eigentümer in diesem Fall als Versicherter angesehen werden kann, hängt davon ab, ob der Versicherungsnehmer (der nominelle Eigentümer) ihm die Befugnis zum Gebrauch des versicherten Kraftfahrzeugs eingeräumt hat. Für diese Beschränkung des Versicherungsnehmers auf den nominellen Eigentümer des Kraftfahrzeugs gibt es keine sachlichen Gründe.

b. Der vom Versicherungsnehmer gebilligte Fahrer als Versicherter

Im chinesischen Taiwan wird der Begriff der versicherten Person wie auf dem chinesischen Festland auch im Gesetz ausdrücklich definiert. Nach § 9 Abs. 2 TAPflVG sind der Versicherungsnehmer und andere Personen, die mit Zustimmung des Versicherungsnehmers das versicherte Automobil in Gebrauch haben oder verwalten, durch die KH-Versicherung versichert. Nach der Legaldefinition ist derjenige, der ohne gültige Zustimmung des „Versicherungsnehmers" das versicherte Kraftfahrzeug benutzt, kein echter Versicherter, hat er also auch keinen

182 *Li*, Obligatorische KH-Versicherung, S. 96.
183 *Jiang*, Obligatorische KH-Versicherung, S. 169.

Anspruch auf Haftpflichtfreistellung gegen den Versicherer. Aber nach § 40 Abs. 1 Nr. 3 TAPflVG reicht es für die Entschädigung durch den Entschädigungsfonds schon aus, dass der Unfall von einem Benutzer des Kraftfahrzeugs herbeigeführt wird, der keine Zustimmung von „einer versicherten Person“ (nicht vom „Versicherungsnehmer“) erhalten hat. Es wird daher die Ansicht vertreten, dass die Zustimmung des gebilligten und befugten Benutzers für die Bestimmung der versicherten Personen schon ausreicht. Nach dieser Auffassung sind unbefugte Benutzer nur Diebe und Räuber sowie Schwarzfahrer.[184] Im chinesischen Taiwan ist auch fraglich, wessen Haftpflicht durch die KH-Versicherung befreit wird, wenn der Fahrer nur Angestellter des Versicherungsnehmers oder eines anderen Versicherten, insbesondere eines Transportunternehmers, ist. Die Antwort auf diese Frage wird in § 3 dieser Arbeit ausführlich dargestellt.[185]

Die Aufforderung zur Zustimmung des Versicherungsnehmers bzgl. des Fahrers als versicherter Person wurde erst durch die Rechtsreform im Jahr 2005 eingeführt. Diese neue Regelung wurde aber überwiegend negativ bewertet, weil sie keinen Fortschritt im Vergleich zum alten Recht brachte. Sie stellte vielmehr einen Rückschritt dar, weil nach altem Recht der Versicherungsnehmer und alle anderen Personen, die durch den Gebrauch oder die Verwaltung des versicherten Kraftfahrzeugs den Verkehrsunfall herbeigeführt hatten, jedenfalls von der KH-Versicherung versichert waren. Es gab keine Unterscheidung dahingehend, ob der Benutzer oder Verwalter des Kraftfahrzeugs zum Gebrauch befugt war oder nicht. Die Erweiterung der mitversicherten Personen kam dem Verkehrsopferschutz zugute.[186] Aber es gibt auch Befürworter der Rechtsänderung, die ausgeführt haben, dass der unbefugte Fahrer eigentlich kein echter Versicherter sei, weil er ursprünglich keinen Befreiungsanspruch gegen den Versicherer hatte.[187]

C. Verkehrsopferschutz beim gestörten Versicherungsverhältnis

I. Deutschland

1. Ausgangspunkt

§ 116 VVG schreibt vor, dass der Versicherer im Verhältnis der Gesamtschuldner nach § 115 Abs. 1 S. 4 VVG zueinander dann allein verpflichtet ist, wenn der

184 *Jiang*, Obligatorische KH-Versicherung, S. 170.
185 § 3. Direktanspruch und Dritter.
186 *Jiang*, Obligatorische KH-Versicherung, S. 168.
187 *Yeh*, Studien zum Versicherungsrecht I, S. 262.

Versicherer dem Versicherungsnehmer aus dem Versicherungsverhältnis zur Leistung verpflichtet ist; man spricht auch von einem gesunden Versicherungsverhältnis.[188] Dem Geschädigten wird in 115 § VVG ein Direktanspruch gegen den Versicherer eingeräumt, durch den die Rechtsstellung des Geschädigten erheblich verbessert wird. Für Einzelheiten diesbezüglich kann auf den nächsten Abschnitt verwiesen werden. Durch die Befriedigung des Direktanspruchs des Geschädigten erfüllt der Versicherer dann zugleich seine Befreiungspflicht gegenüber dem Versicherungsnehmer aufgrund des KH-Versicherungsvertrags.[189] Es stellt sich jedoch die Frage, ob der Geschädigte auch geschützt wird, wenn das Versicherungsverhältnis gestört ist.

Um den Verkehrsopferschutz zu stärken, wurden viele Regelungen der allgemeinen Haftpflichtversicherung modifiziert, was sich bspw. in der Erweiterung des Umfangs der mitversicherten Personen bei der KH-Versicherung widerspiegelt. § 117 Abs. 1 VVG schreibt den Ausschluss von Einwendungen des Versicherers gegenüber dem Geschädigten vor. Danach haftet der Versicherer zusammen mit dem ersatzpflichtigen Versicherungsnehmer gegenüber dem Geschädigten als Gesamtschuldner, auch wenn der Versicherer gegenüber dem Versicherungsnehmer oder anderen mitversicherten Personen im Innenverhältnis ganz oder teilweise leistungsfrei ist; man spricht auch von einem kranken Versicherungsverhältnis.[190] Dieses wird als „Ausdruck der sozialstaatlichen Inanspruchnahme der Privatversicherung“ bezeichnet.[191] Die Leistungspflicht des Versicherers nach § 117 Abs. 3 S. 2 VVG entfällt nur dann, wenn der Dritte Ersatz seines Schadens von einem Schadensversicherer oder von einem Sozialversicherungsträger erlangen kann.

Nach der Entschädigung des Geschädigten erwirbt der Versicherer zwar einen Ausgleichsanspruch nach § 426 Abs. 1 BGB i. V. m. § 116 Abs. 1 S. 2 VVG gegen den Haftpflichtigen, wobei dieser Anspruch für den Versicherer aber erhebliche Belastungen bzw. Risiken bei der Durchsetzung beinhaltet. Der Gesetzeszweck liegt in der Verbesserung der Rechtsstellung des Verkehrsopfers, da „der Versicherer [...] bei Inanspruchnahme durch den Dritten in Vorlage treten [muss] und [...] mit dem Risiko der Uneinbringlichkeit der Rückgriffsforderung belastet [wird]“.[192]

188 *Schneider*, in *Langheid/Wandt* (Hrsg.), MünchKomm VVG, § 116, Rn. 7.
189 *Feyock/Jacobsen/Lemor*, VVG § 116, Rn. 8.
190 *Schimikowski*, Versicherungsvertragsrecht, Rn. 169.
191 *Rolfs*, Das Versicherungsprinzip im Sozialversicherungsrecht, S. 51.
192 *Schneider*, in *Langheid/Wandt* (Hrsg.), MünchKomm VVG, § 115, Rn. 7.

2. *Der Verkehrsopferschutz bei Obliegenheitsverletzungen durch unberechtigte Fahrer*

a. Fallgruppen

aa. Prämienzahlungsverzug

Nach § 1 Abs. 2 VVG ist die Pflicht zur Zahlung der Prämie die vertragliche Hauptleistungspflicht des Versicherungsnehmers. Unter der Prämie ist das Entgelt des Versicherungsnehmers für das Leistungsversprechen des Versicherers zu verstehen. Da die Zahlungsfähigkeit des Versicherers in besonderem Maße vom zuverlässigen Zahlungseingang des Versicherungsnehmers abhängt, sieht das Gesetz strikte Rechtsfolgen für die Verletzung der Zahlungspflicht vor. Ist der Versicherungsfall eingetreten und die Erstprämie zu diesem Zeitpunkt schuldhaft noch nicht bezahlt, so ist der Versicherer von seiner Leistung befreit. Dies wird als das Einlösungsprinzip bezeichnet.[193] Nach § 38 Abs. 2 VVG hat die Nicht-Zahlung der Folgeprämie ebenfalls die Leistungsfreiheit des Versicherers zur Folge, wenn der Versicherungsfall nach Ablauf einer vom Versicherer zu setzenden Nachfrist eintritt und der Versicherungsnehmer sich im Zeitpunkt des Eintritts des Versicherungsfalls noch in Verzug befindet.

bb. Die Nachhaftung des Versicherers

Der Fall der Nachhaftung des Versicherers ist nicht unter dem Begriff der Störung des Versicherungsverhältnisses einzuordnen, weil der Versicherungsvertrag zum Zeitpunkt des Versicherungsfalls schon nicht mehr besteht.[194] Jedoch handelt es sich bei der Nachhaftung gleichfalls um einen Fall, in dem dem Geschädigten abweichend von allgemeinen Regeln ausnahmsweise der Versicherungsschutz erhalten bleibt. Die Vertragspartei wird nach den allgemeinen Regeln von der Leistungspflicht befreit, wenn der Vertrag aus irgendeinem Grund bereits beendet worden ist. Da es bei der Kfz-Zulassungsstelle einige Zeit dauert, das nicht (mehr) versicherte Fahrzeug aus dem Straßenverkehr zu ziehen, besteht in diesem Zeitraum die Gefahr, dass der Geschädigte von einem nicht versicherten Kraftfahrzeug erfasst wird. In § 117 Abs. 2 VVG ist deshalb eine sog. Nachhaftung für die Dauer eines Monats ab dem Zeitpunkt, zu dem der Versicherer die Kfz-Zulassungsstelle über das Nichtbestehen des Versicherungsverhältnisses oder der Beendigung des Versicherungsverhältnisses informiert hat, vorgesehen.

---

193 *Armbrüster*, Privatversicherungsrecht, Rn. 1470.

194 *Yeh*, Der Verkehrsopferschutz und dessen Entwicklung, S. 183.

b. Der Umfang der Versicherungsleistung bei Obliegenheitsverletzungen durch unberechtigte Fahrer

In den oben genannten Fällen kann der Geschädigte den Entschädigungsfonds in Anspruch nehmen.[195] Der Gesetzgeber hat den Anwendungsbereich des Entschädigungsfonds bewusst eingeschränkt, da dieser nach der Gesetzesbegründung nur die wesentlichen Lücken schließen soll, die nach Einführung der KH-Versicherung beim Verkehrsopferschutz noch verbleiben.[196]

Um den Geschädigten zu schützen, wird der Durchgriff der Leistungsfreiheit des Versicherers im Verhältnis zum Versicherten auf den Geschädigten ausgeschlossen, so dass der Geschädigte nach § 117 Abs. 1 VVG zur Geltendmachung des Direktanspruchs gegen den Versicherer weiter berechtigt ist. Der Umfang der Versicherungsleistung wird aber in diesem Fall auf die gesetzlichen Mindestversicherungssummen beschränkt, gleichzeitig kann sich der Versicherer allerdings auf das Verweisungsprivileg nach § 117 Abs. 3 S. 2 VVG gegenüber dem Geschädigten berufen. In diesen beiden Fällen hat der Versicherungsnehmer jedoch keinen Anspruch auf Versicherungsschutz. Nach der Entschädigung an den Geschädigten kann der Versicherer vom Versicherungsnehmer in vollem Umfang Regress fordern. Die Nachhaftung wird ebenso durch die gesetzlichen Mindestversicherungssummen beschränkt und gegenüber dem Geschädigten kann sich der Versicherer auf das Verweisungsprivileg nach § 117 Abs. 3 S. 2 VVG berufen. Einen Anspruch auf Versicherungsschutz hat der Versicherungsnehmer oder die mitversicherte Person auch nicht. Daher ist der Versicherer auch dazu berechtigt, den Versicherungsnehmer für die während der Dauer der Nachhaftung erbrachten Aufwendungen in Regress zu nehmen.

3. Der Verkehrsopferschutz bei Obliegenheitsverletzungen durch unberechtigte Fahrer

a. Obliegenheitsverletzungen des Versicherungsnehmers

aa. Überblick über die Obliegenheiten

Wenn das Versicherungsverhältnis nicht gestört ist, ist der Versicherer im Verhältnis zum Versicherten allein verpflichtet. In diesem Fall hat der Versicherer keinen Regressanspruch gegen den Versicherten, weil die Verpflichtung zur Freistellung gerade die Hauptpflicht des Versicherers i. R. d. KH-Versicherung bildet.[197] Im

195 Vgl. § 1. Versicherungszwang und Verkehrsopferschutz.

196 BT-Drucks. IV/2252, S. 24.

197 Zum Pflichtenkatalog des Versicherers bei der KH-Versicherung s. *Armbrüster*, Privatversicherungsrecht, Rn. 1650 ff.

Privatversicherungsrecht gilt das Äquivalenzprinzip, wonach die vom Versicherungsnehmer zu zahlenden Prämien grundsätzlich dem kollektivierten Risiko entsprechen müssen.[198] Da die Erkennbarkeit des Umfangs des tatsächlichen Risikos und potentielle Änderungen während der Vertragslaufzeit sowie die Einflussmöglichkeit auf die Risikoverwirklichung grundsätzlich in der Sphäre des Versicherungsnehmers liegen,[199] ist ein Kooperationsgebot zur Erreichung eines effizienten Versicherungsschutzes erforderlich. Dieses Gebot ergibt sich vor allem aus dem Grundsatz von Treu und Glauben (§ 242 BGB) und aus der Rücksichtnahmepflicht nach § 241 Abs. 2 BGB.[200]

Das Äquivalenzprinzip setzt voraus, dass der Versicherungsnehmer die vertraglich vereinbarten Verhaltensregeln beachtet, die vor allem durch Obliegenheiten konkretisiert werden, und sich redlich verhält. Wichtige Obliegenheiten sind insbesondere die Betriebs- und-Zulassungsvorschriften in der Straßenverkehrs-Zulassungs-Ordnung (StVZO). Grundsätzlich umfasst der Begriff des Versicherungsnehmers in § 116 Abs. 1 S. 2 VVG auch die mitversicherten Personen,[201] so dass auch diese die vom Versicherungsnehmer zu erfüllenden Obliegenheiten zu beachten haben, gleichgültig, ob sie sich aus dem VVG ergeben oder im Versicherungsvertrag festgeschrieben sind. Zu beachten ist, dass durch die Rechtsreform im Jahr 2008 das „Alles-oder-Nichts-Prinzip“ als ein allgemeines Prinzip aufgehoben und ein nach dem Verschuldensgrad abgestuftes Sanktionssystem eingeführt wurde. Danach bleibt die Versicherungspflicht des Versicherers bei einfacher Fahrlässigkeit des Versicherungsnehmers unberührt, bei grober Fahrlässigkeit kann die Leistung aber ggf. gekürzt und bei Vorsatz des Versicherten ausgeschlossen werden.[202]

bb. Die Obliegenheiten vor dem Eintritt des Versicherungsfalls

Nach § 5 KfzPflVV können vor dem Eintritt des Versicherungsalls als Obliegenheiten nur die folgenden Verpflichtungen vereinbart werden:

1. Das Fahrzeug zu keinen anderen als den im Versicherungsvertrag angegebenen Zwecken zu verwenden;
2. Das Fahrzeug nicht zu behördlich nicht genehmigten Fahrveranstaltungen zu verwenden, bei denen es auf die Erzielung einer Höchstgeschwindigkeit ankommt;

---

198 *Armbrüster*, Privatversicherungsrecht, Rn. 223.

199 *Wandt*, Versicherungsrecht, Rn. 147.

200 BGH, NJW 2012, 2184.

201 *Feyock/Jocobsen/Lemor*, Kraftfahrtversicherung, § 117 VVG, Rn. 10.

202 Vgl. *Wandt*, Versicherungsrecht, Rn. 563.

3. Das Fahrzeug nicht unberechtigt zu gebrauchen oder wissentlich gebrauchen zu lassen;
4. Das Fahrzeug nicht auf öffentlichen Wegen und Plätzen zu benutzen oder benutzen zu lassen, wenn der Fahrer keine vorgeschriebene Fahrerlaubnis hat;
5. Das Fahrzeug nicht zu führen oder führen zu lassen, wenn der Fahrer infolge des Genusses alkoholischer Getränke oder anderer berauschender Mittel dazu nicht sicher in der Lage ist.

Der Zweck der Einschränkung der Obliegenheitsvereinbarung vor dem Eintritt des Versicherungsfalls liegt im öffentlichen Interesse an einem ausreichenden Verkehrsopferschutz, in der Beibehaltung des bisherigen Niveaus des Versicherungsschutzes und in der Erhöhung der Verkehrsdisziplin und Verkehrssicherheit durch zusätzliche Obliegenheiten vor dem Eintritt des Versicherungsfalles.[203]

cc. Die Obliegenheiten während und nach dem Schadensfall

Ganz anders als die Obliegenheiten vor dem Versicherungsfall besteht keine umfassende Regelung für die Obliegenheiten nach dem Eintritt des Versicherungsfalles. Der Grund dafür ist, dass als Rechtsfolge einer Obliegenheitsverletzung stets der teilweise oder vollständige Verlust des Versicherungsschutzes durch die Parteien vereinbart wird, so dass es nicht erforderlich ist, eine gesetzliche Normierung vorzunehmen. In Nr. E.1 AKB 2008 werden zunächst Obliegenheiten, die für alle Versicherungsarten gelten, geregelt; dazu zählen die Anzeigepflicht, die Aufklärungspflicht und die Schadensminderungspflicht. In Nr. E.2 AKB 2008 werden einige spezielle Obliegenheiten für die KH-Versicherung genannt, wozu die Pflicht zur Anzeige bei direkter Inanspruchnahme des Versicherungsnehmers gehört, ebenso wie die Pflicht zur Anzeige von Kleinschäden oder gerichtlich geltend gemachter Ansprüche sowie die Pflicht zur Erteilung der Prozessführungsbefugnis und zur Einlegung von Rechtsbehelfen.

Unredliche Handlungen des Versicherten sollen für den Geschädigten aber keine Nachteile nach sich ziehen. Diesem Schutzbedürfnis des Geschädigten kommt das Gesetz in § 3 Nr. 3 PflVG nach, wonach der Versicherer im Außenverhältnis gegenüber dem Geschädigten trotz einer Obliegenheitsverletzung einer mitversicherten Person zur Erbringung der Versicherungsleistung verpflichtet bleit, wenn auch nur im Rahmen der gesetzlichen Mindestversicherungssumme. *Möller* bezeichnet diese Konstellation als „überobligationsmäßige[n], supervertragliche[n]

203 *Jocobsen*, in *Feyock/Jocobsen/Lemor*, Kraftfahrtversicherung § 5 KfzPflVV Rn. 1.

Direktanspruch".[204] Der Versicherer kann gegen die versicherte Person in den Grenzen der §§ 5, 6 KfzPflVV Regress nehmen.

dd. Einschränkungen des Regresses gegen die versicherte Person

Gemäß § 5 Abs. 3 KfzPflVV, Nr. D. 3. 3. S. 3 AKB 2008 ist die Befreiung von der Leistungspflicht des Versicherers im Fall der Verletzung einer Obliegenheit vor dem Versicherungsfall oder der Verletzung der Gefahrstandspflicht gegenüber dem Versicherungsnehmer und anderen mitversicherten Person auf je 5.000 Euro beschränkt. Im Fall der Verletzung einer nach dem Versicherungsfall zu erfüllenden Obliegenheit ist die Leistungsfreiheit gegenüber dem Versicherungsnehmer und anderer mitversicherten Person nach Nr. E. 6. 3 AKB 2008 auf je 2.500 Euro beschränkt. Bei besonders schwerwiegenden vorsätzlich begangenen Verletzungen einer Aufklärungs- oder Schadensminderungspflicht wird die Mindestsumme wiederum auf 5.000 Euro erhöht. Obwohl die Grenze der Leistungsfreiheit des Versicherers gegenüber dem Versicherungsnehmer und mitversicherten Personen auf den ersten Blick mit dem Verkehrsopferschutz nichts tun hat, steht die Beschränkung des Versicherungsleistungsumfangs an den Geschädigten mit diesem Schutzgedanken in Zusammenhang.

b. Die Vorsätzliche Herbeiführung des Versicherungsfalls durch den Versicherten

Nach § 103 VVG haftet der Versicherer nicht, wenn der Versicherungsnehmer vorsätzlich und widerrechtlich den beim Dritten eingetretenen Schaden herbeigeführt hat. In diesem Fall spricht man von einem Risikoausschluss.[205] Der Begriff des Vorsatzes ist ebenso zu verstehen wie im Haftungsrecht. Es gibt zwei Formen des Vorsatzes, nämlich direkten und bedingten Vorsatz. Anders als bei § 823 BGB muss sich der Vorsatz hier jedoch nicht nur auf die Tathandlung, sondern auch auf die Schadensfolgen beziehen, selbst wenn der Täter diese Folgen nicht in allen Einzelheiten vorhergesehen und in seinen Willen aufgenommen haben muss. Es ist ausreichend, dass er sich die Folgen lediglich in ihren Grundzügen vorgestellt hat.[206] Obwohl § 103 VVG nur vom Versicherungsnehmer spricht, gilt dieser Risikoausschluss im Rahmen der Fremdversicherung auch für die mitversicherten Personen.

---

204 *Möller*, ZVersWiss 1972, 219, 226.

205 *Schimikowski*, Versicherungsvertragsrecht, Rn. 257.

206 *Beckmann/Matusche-Beckmann*, Versicherungsrechts-Handbuch, § 29 Kraftfahrtversicherung, Rn. 54.

Wenn eine mitversicherte Person, insbesondere der mit dem Versicherungsnehmer nicht identische Fahrer, den Versicherungsfall vorsätzlich herbeigeführt hat, stellt sich die Frage, ob der Geschädigte aufgrund der Gefährdungshaftung des vom Fahrer verschiedenen Halters bzw. Versicherungsnehmers direkt gegen den Versicherer vorgehen kann. Dies wurde in der Praxis bejaht[207] und damit begründet, dass sich der Versicherungsnehmer durch die KH-Versicherung gerade auch gegen solche Risiken absichern will, die aus der Überlassung des Fahrzeugs an einen Dritten resultieren.[208] Es fragt sich jedoch, ob es sachliche Gründe dafür gibt, dass der Geschädigte noch vollständigen Versicherungsschutz genießen kann, wenn der Versicherungsfall von einer mitversicherten Person vorsätzlich und widerrechtlich herbeigeführt wurde. Denn wenn der Unfall vom Versicherungsnehmer selbst vorsätzlich und widerrechtlich verursacht wurde, kann sich der Geschädigte ausschließlich an den Entschädigungsfonds wenden. Die Leistungspflicht des Entschädigungsfonds ist jedoch nur subsidiär vorgesehen und in ihrem Umfang begrenzt.[209] In der Tat hat das OLG Frankfurt also einen Direktanspruch des Geschädigten gegen den Versicherer zugelassen, als der mitversicherte Fahrer den Schaden vorsätzlich herbeigeführt hat.[210] Obwohl diese Entscheidung aufgrund der Abweichung von § 115 Abs. 1 S. 2 VVG heftig kritisiert wurde,[211] erscheint es aus rechtspolitischer Sicht nicht unzweifelhaft, die vorsätzliche Herbeiführung des Versicherungsfalls generell als Risikoausschluss bei der KH-Versicherung auszugestalten, weil der Direktanspruch das Kerninstrument für den Verkehrsopferschutz ist. Die vorsätzliche Herbeiführung des Versicherungsfalls durch den Versicherten kann nämlich auch unter den Begriff der Obliegenheitsverletzung fallen. Die Interessen des Versicherers können durch Einräumung eines Regressanspruchs gegen den Versicherten ausreichend berücksichtigt werden.

c. Die Einschränkung der Versicherungsleistung

aa. Verweisungsprivileg

Nach § 117 Abs. 3 S. 2 hat der Versicherer bei einem „kranken" Versicherungsverhältnis oder im Fall der Nachhaftung nicht zu leisten, wenn und soweit der Geschädigte in der Lage ist, den Schadensersatzanspruch gegen einen anderen Schadensversicherer oder einen Sozialversicherungsträger geltend zu machen;

---

207 OLG Nürnberg, VersR 2001, 634 = ZfS 2000, 542, m. Anm. *Rixecker.*

208 *Von Bühren/Römer*, Anwaltshandbuch Verkehrsrecht, Teil 7, Rn. 270.

209 *Bauer*, Die Kraftfahrtversicherung, Rn. 1027 ff.

210 OLG Frankfurt, VersR 1997, 224.

211 *Lemcke,* r+s 1996, 483; *Langheid,* VersR 1997, 348; *Lorenz,* VersR 1997, 349.

man spricht von einer subsidiären Haftung.[212] Nach § 3 PflVG darf der Versicherer den Dritten jedoch nicht auf die Möglichkeit verweisen, Ersatz seines Schadens von einem anderen Schadensversicherer oder von einem Sozialversicherungsträger zu erlangen, wenn das den Unfall verursachende Fahrzeug den Bau- und Betriebsvorschriften der StVZO nicht entsprach oder von einem unberechtigten bzw. ohne vorgeschriebene Fahrerlaubnis fahrenden Fahrer geführt wurde.

bb. Die Beschränkung auf Mindestversicherungssummen

Wenn einer der oben genannten Fälle vorliegt, muss der Versicherer dem Geschädigten trotz Leistungsfreiheit gegenüber dem Versicherungsnehmer oder einer mitversicherten Person die Versicherungsleistung erbringen, wobei der Versicherer gemäß § 117 Abs. 3 S. 1 VVG nur im Rahmen der amtlich festgesetzten Mindestversicherungssummen und der von ihm übernommenen Gefahr haftet. „Dieser Bestimmung liegt die Überlegung zugrunde, dass der Geschädigte nur erwarten könne, dass die gesetzlich vorgeschriebene KH-Versicherung bestehe und nur diesem Vertrauen schützt ihn die auf die Mindestversicherungssummen beschränkte Forthaftung des „kranken" Versicherers".[213] Denkbar ist aber, dass der Umfang der Versicherungsleistung beim gestörten Versicherungsverhältnis dadurch auf den normalen Standard erhöht werden kann, dass die Beschränkung auf den Umfang des Regressanspruchs angehoben wird, da die Interessen des Versicherten schon durch den Verzicht auf das „Alles-oder-Nichts-Prinzip" berücksichtig werden.

II. China

1. *Fallgruppen des gestörten Versicherungsverhältnisses im Recht des chinesischen Festlandes*

a. Die Herbeiführung des Verkehrsunfalls durch eine unecht versicherte Person

Das Erfordernis einer Zustimmung des Versicherungsnehmers als Voraussetzung für die Mitversicherung des Fahrers könnte Einfluss darauf haben, ob der Geschädigte von der KH-Versicherung eine Leistung erhalten kann. Das hängt davon ab, ob eine solche Zustimmung wirksam erteilt wurde. Das Zustimmungserfordernis

212 Feyock/*Jocobsen*/Lemor, Kraftfahrtversicherung § 117 VVG, Rn. 17.

213 BGH, VersR 1975, 559, 560.

schadet also nicht nur den Interessen des Geschädigten, der bei fehlender Zustimmung gerade keine Versicherungsleistung erhält, sondern auch dem gerechtfertigten Vertrauen des potentiell Mitversicherten auf Versicherungsschutz, denn die Leistungspflicht des Versicherers hängt in solchen Fällen von der willkürlichen Zustimmung des Versicherungsnehmers ab. Außerdem kann das Erfordernis einer solchen Zustimmung zu unnötigen Streiten führen. In der Praxis wird der Begriff des unberechtigten Fahrers eng ausgelegt, damit nur solche Fahrer darunter fallen können, die von § 22 Abs. 1 Nr. 2 CPflVV erfasst sind,[214] der nur den Dieb und den Räuber nennt. Bei Schwarzfahrten durch einen unbefugten Dritten kann dieser auch unter die Legaldefinition fallen, weil er weder eine wirksame Zustimmung vom Versicherungsnehmer noch einer von diesem ermächtigten Person erhalten hat.[215]

b. Die Herbeiführung des Verkehrsunfalls durch eine unberechtigt versicherte Person

Anders als die unecht versicherte Person hat die unberechtigt versicherte Person ursprünglich zwar einen Befreiungsanspruch gegen den Versicherer erhalten, diesen aber im Innenverhältnis zum Versicherer wegen der Verletzung von Obliegenheiten oder vorsätzlicher Herbeiführung des Verkehrsunfalls wieder verloren. Die entsprechenden Vorschriften finden sich in § 22 Abs. 1, Abs. 3 CPflVV. Aus der Formulierung „den Eintritt des Verkehrsunfalls durch eine der genannten Konstellationen“ in § 22 Abs. 2 CPflVV kann auch abgeleitet werden, dass ein Kausalzusammenhang zwischen der Obliegenheitsverletzung und dem Eintritt des Verkehrsunfalls bestehen muss.

aa. Rechtswidriger Fahrer

Der Fahrer kann großen Einfluss auf die Verkehrssicherheit ausüben, schließlich werden die meisten Verkehrsunfälle durch ein Fehlverhalten des Fahrers herbeigeführt. Um die Verkehrssicherheitssituation zu verbessern und damit Verkehrsunfälle möglichst gering halten zu können, werden dem Fahrer eines Kraftfahrzeugs viele Verhaltensanforderungen gesetzlich vorgeschrieben. Solche Vorschriften finden sich vornehmlich im CSVG, aber auch in zahlreichen Rechtsverordnungen. Wenn der Fahrer eines Kraftfahrzeugs eine Verkehrssicherheitsvorschrift verletzt hat, kann von einem sich rechtmäßig verhaltenden Fahrer keine Rede sein. Einem

---

214 *Chen*, Difficult Litigation Cases' Judgment Essences and References in Motor Vehicle and Traffic Accidents, S. 183.

215 *Chen*, Difficult Litigation Cases' Judgment Essences and References in Motor Vehicle and Traffic Accidents, S. 191.

derart weitreichenden Verständnis kann jedoch nicht zugestimmt werden, weil der Umfang der mitversicherten Personen sonst erheblich eingeschränkt werden würde, was dem Verkehrsopferschutz schadet. Wie im Fall einer unecht versicherten Person wird der Begriff des rechtswidrigen Fahrers in der Praxis auf solche Fahrer beschränkt, die keinen gültigen Führerschein besitzen oder alkoholische Getränke oder ähnliche Mittel genossen haben.[216] Dieses enge Verständnis beruht darauf, dass in § 22 Abs. Nr. 1 CPflVV nur diese beiden Varianten erwähnt werden.

bb. Die vorsätzliche Herbeiführung des Versicherungsfalls durch einen Versicherten

Auf dem chinesischen Festland wird die vorsätzliche Herbeiführung des Versicherungsfalls durch den Versicherten nicht wie im deutschen Recht als Risikoausschluss ausgestaltet, weil der Versicherer auch zur Vorausleistung der Rettungskosten verpflichtet ist, wenn der Versicherte den Versicherungsfall vorsätzlich herbeigeführt hat. Das liegt daran, dass der Hauptzweck der KH-Versicherung im Verkehrsopferschutz besteht. Daher gilt das Prinzip, dass der Versicherer bei vorsätzlicher Herbeiführung des Versicherungsfalls durch die versicherte Person nicht zur Versicherungsleistung verpflichtet ist, nicht für die KH-Versicherung, weil die allgemeine Haftpflichtversicherung im Gegensatz zur KH-Versicherung in erster Linie den Interessen der versicherten Person dient.[217] Wie bereits ausgeführt wurde, haben Obliegenheitsverletzungen der versicherten Person nur zur Folge, dass die versicherte Person den Befreiungsanspruch gegen den Versicherer abhängig von der Schwere der Obliegenheitsverletzungen verliert, aber der Direktanspruch des Geschädigten gegen den Versicherer bestehen bleibt. Der Grund ist darin zu sehen, dass sich die Obliegenheitsverletzungen in diesem Fall nur auf den Befreiungsanspruch der versicherten Person gegen den Versicherer auswirken. Der Befreiungsanspruch der versicherten Person und der Direktanspruch des Geschädigten stehen zwar in einem engen Verhältnis zueinander, sie sind aber dennoch voneinander zu unterscheidende Ansprüche. Auch die Rechtsfolge der vorsätzlichen Herbeiführung des Verkehrsunfalls durch eine versicherte Person ist entsprechend auf die verantwortliche versicherte Person zu beschränken, weil hier der Vorsatz nur die versicherte Person trifft. Der Geschädigte muss weiterhin durch die KH-Versicherung vor Schäden aus Verkehrsunfällen geschützt werden, was damit zu rechtfertigen ist, dass die

---

216 *Zhang/Chen*, Comprehension and Application of the Regulation Regarding Compulsory Liability Insurance for Auto Road Traffic Accident, S. 323.

217 *Zou*, Studien zur Haftpflichtversicherung, S. 93.

Versicherungsleistung der KH-Versicherung den Eintritt eines „Verkehrsunfalls" voraussetzt. Ob ein „Unfall" vorliegt, beurteilt sich nach den Umständen auf Seiten des Dritten, nicht aber der versicherten Person. Nach dieser Ansicht liegt ein „Unfall" auch noch vor, wenn der Schaden von der versicherten Person vorsätzlich verursacht wurde, so dass der Versicherer weiter zur Versicherungsleistung verpflichtet ist.[218] Ob der Direktanspruch des Geschädigten verkürzt oder ausgeschlossen wird, hängt davon ab, ob der Geschädigte Obliegenheiten in Bezug auf seinen Direktanspruch verletzt hat oder nicht.[219]

Ein anderer Grund für die Ablehnung der vorsätzlichen Herbeiführung des Verkehrsunfalls als Risikoausschluss ist darin zu sehen, dass der Entschädigungsfonds auf dem chinesischen Festland nach § 24 CPflVV nur zur Entschädigung der Beerdigungskosten sowie vollständigen oder teilweisen Rettungskosten für Personenschäden verpflichtet ist. Das reicht aber für den Verkehrsopferschutz nicht aus.[220]

c. Stellungnahme zum Ersatzumfang im Fall der unecht und unberechtigt versicherten Person

aa. Vollständiger Regress des Versicherers als Ausgangspunkt

Modifizierungen zugunsten des Geschädigten beim gestörten Versicherungsverhältnis stellen für den Versicherer erhebliche Belastungen bzw. Risiken dar, so dass den Versicherern Möglichkeiten gegeben werden müssen, um ihre eigenen Interessen durchzusetzen.[221] Nach geleisteter Entschädigung an den Geschädigten kann der Versicherer gemäß § 22 CPflVV in Höhe des Geleisteten gegen die unecht bzw. unberechtigt versicherte Person vorgehen.

bb. Personenschäden

Nach § 22 Abs. 1 CPflVV muss der Versicherer Rettungskosten im Voraus leisten, wenn einer der oben genannten Fälle vorliegt, und er kann nach der Erfüllung der Vorausleistung an den Geschädigten bei der unberechtigt versicherten Person Regress nehmen. Allerdings bleibt die Frage offen, ob der Versicherer neben der Vorausleistung der Rettungskosten noch zur Versicherungsleistung verpflichtet ist. Es wird die Ansicht vertreten, dass der Gesetzgeber der CPflVV damals davon

218 *Xie*, Research on Legal System of Motor Vehicle Compulsory Liability Insurance, S. 148.

219 § 3. Direktanspruch und Dritte.

220 Vgl. § 1. Versicherungszwang und Verkehrsopferschutz.

221 *Han/Yi*, Versicherungsleistung bei arglistiger Herbeiführung des Verkehrsunfalls, Science of Law, Heft 10, 2010, S. 132.

ausging, dass der Versicherer neben der Vorausleistung der Rettungskosten nicht mehr zur Versicherungsleistung verpflichtet sein sollte.[222] Der Grund dafür könnte darin liegen, dass der Gesetzgeber die Risiken des Versicherers durch unberechtigt versicherte Person einschränken wollte.[223] Wenn aber der Umfang der Versicherungsleistung im Falle der unberechtigten versicherten Person auf die Rettungskosten beschränkt sein soll, wird der Geschädigte erheblich benachteiligt. Deshalb haben in der Praxis die Gerichte nicht selten angenommen, dass die Versicherungsleistung für Personenschäden nicht dadurch ausgeschlossen wird, dass in § 22 Abs. 1 CPflVV nur die Verpflichtung zur Vorausleistung der Rettungskosten hervorgehoben wird.[224] Dieses Ergebnis lässt sich auch daraus ableiten, dass in § 22 Abs. 2 CPflVV nur Vermögensschäden ausdrücklich ausgeschlossen werden. Andere Autoren vertreten hingegen, dass die Versicherungsleistung des Versicherers an den Geschädigten gemäß § 22 Abs. 1 CPflVV nur auf die Rettungskosten beschränkt ist.[225]

Das Oberste Volksgericht hat durch den Erlass der *Auslegung zur Haftung bei Verkehrsunfällen* zu dieser Frage Stellung bezogen. § 2 der *Auslegung zur Haftung bei Verkehrsunfällen* stellt klar, dass der Versicherer auch Versicherungsleistungen für Personenschäden erbringen muss, wenn der Fahrer ohne Zustimmung des Versicherungsnehmers das Fahrzeug geführt hat. Dies gilt jedoch nicht für den Fall, dass der Fahrer das Kraftfahrzeug durch Diebstahl und Raub erlangt hat. Doch muss der Geschädigte selbst in solchen Fällen dem Versicherungsschutz unterstellt werden, weil der Umfang der Entschädigung durch den Entschädigungsfonds auf dem chinesischen Festland zu gering ist.[226] Außerdem können die Interessen des Versicherers durch einen vollständigen Regressanspruch gegen den Schädiger und die Beschränkung des Leistungsumfangs durch die gesetzlichen Versicherungssummen ausreichend berücksichtigt werden. § 18 der *Auslegung zur Haftung bei Verkehrsunfällen* enthält zudem die Regelung, dass der Versicherer innerhalb der gesetzlichen Versicherungssummen der KH-Versicherung zur Versicherungsleistung verpflichtet ist, wenn der Geschädigte

222 *China Legal Publishing House* (Hrsg,), Kommentar zur CPflVV, S. 54.

223 *Zhang/Chen*, Comprehension and Application of the Regulation Regarding Compulsory Liability Insurance for Auto Road Traffic Accident, S. 165.

224 Landgericht Xuzhou (2010) Nr. 1505; Landgericht Xuancheng (2009) Nr. 382, in *Chen*, Difficult Litigation Cases' Judgment Essences and References in Motor Vehicle and Traffic Accidents, S. 183.

225 The Insurance Association of China (Hrsg.), The Annual Report of The Typical Insurance Cases (Volume 2), S. 246 ff.

226 § 1. Versicherungszwang und Verkehrsopferschutz.

einen Personenschaden wegen eines der dort genannten Fälle der unberechtigt versicherten Person erlitten hat.

cc. Vermögensschäden

Da § 76 CSVG nur eine Leitlinie für die KH-Versicherung aufstellt, ist darin keine Regelung für den Fall der unberechtigt versicherten Person enthalten. Zu beachten ist aber, dass in § 76 CSVG keine Unterscheidung zwischen dem Ersatz von Personen- und Vermögensschäden gemacht wird, sondern der Ersatz der Vermögensschäden im Fall der unberechtigten versicherten Person in § 22 Abs. 2 CPflVV ausdrücklich ausgeschlossen wird. Dahinter steht die Überlegung, dass der Schädiger die Haftung selbst tragen muss, wenn er den Schaden durch rechtswidrige Handlungen verursacht hat, da nur so eine gewisse Sanktionswirkung erzielt werden kann.[227]

Es ist aber streitig, was unter dem Begriff der Vermögensschäden zu verstehen ist. Einige Autoren meinen, dass mit dem Begriff der Vermögensschäden in § 22 Abs. 2 CPflVV tatsächlich Sachschäden gemeint sind, so dass in diesem Sinne der Begriff der Vermögensschäden dem Begriff der Personenschäden gegenüber stehe, weil der Vermögensschaden in § 76 CSVG als Gegenbegriff zum Personenschaden verwendet wird. Die Gegenansicht meint hingegen, dass der Begriff der Vermögensschäden weiter zu verstehen sei, wonach alle Schäden, die keine immateriellen Schäden sind, von diesem Begriff erfasst seien. Als Grund wird § 1 der *Auslegung zum Ersatz von Personenschäden* genannt, der beinhaltet, dass der Geschädigte Ersatz für Vermögensschaden und immaterielle Schäden verlangen kann, wenn das Leben, die Gesundheit oder der Körper verletzt wird. Diese Ansicht wurde vom Obersten Volksgericht in einer Entscheidung bzgl. einer Vorlagefrage des OLG Anhui bestätigt.[228] Da der Ersatz aller Schäden einschließlich Personenschäden, Vermögensschäden und sogar immaterieller Schäden im Wesentlichen durch Geldzahlung erfolgen wird,[229] ist insoweit ein derart weiter Begriff der Vermögensschäden abzulehnen. Denn der gesetzliche Zweck des Verkehrsopferschutzes würde ansonsten ausgehöhlt, so dass der Begriff des Vermögensschadens auf Sachschäden zu reduzieren ist. Dieses Ergebnis wird gleichfalls durch eine systematische Auslegung erreicht, weil die vom Versicherer zu erstattenden Rettungskosten aus § 22 Abs. 1 CPflVV auch unter die Vermögensschäden im weiteren Sinne fallen können.

---

227 *China Legal Publishing House* (Hrsg,), Kommentar zur CPflVV, S. 55.

228 The Insurance Association of China (Hrsg.), The Annual Report of The Typical Insurance Cases (Volume 2), S. 257.

229 *Wang*, Deliktsrecht, S. 177.

Aus rechtspolitscher Sicht ist der Ausschluss der Sachschäden auch nicht unproblematisch.

Die Einschränkung der Versicherungsleistung bei unberechtigt versicherten Person wird von Juristen heftig kritisiert, weil der Geschädigte in diesen Fällen nur geringfügigen Schadensersatz von der KH-Versicherung erhalten kann.[230] In der Praxis wird der Ausschluss der Vermögensschäden in § 22 Abs. 2 CPflVV von einigen Gerichten nicht beachtet. Es kommt nicht selten vor, dass dem Geschädigten der volle Versicherungsschutz für alle Schäden einschließlich der Vermögensschäden wie im sonstigen Regelfall zugestanden wird.[231] Es wird folgerichtig vorgeschlagen, dass der KH-Versicherer die vollständige Versicherungsleistung allenfalls erbringen muss, wenn der Unfall durch den Gebrauch des versicherten Kraftfahrzeugs verursacht wird, ohne Rücksicht darauf, ob der Fahrer des Kraftfahrzeugs mit Zustimmung des Versicherungsnehmers das Fahrzeug führte oder einen gültigen Führerschein besaß, damit der Geschädigte rechtzeitig vollständigen Versicherungsschutz erhalten kann.[232] Dies rechtfertigt sich daraus, dass das Fehlverhalten der unberechtigt versicherten Person nur Nachteile für seinen eigenen Befreiungsanspruch gegen den Versicherer nach sich zieht, nicht aber den Direktanspruch des Geschädigten gegen den Versicherer beeinflussen sollte. Außerdem wird der Umfang der Versicherungsleistung für Vermögensschäden (auch im engeren Sinne) gemäß § 23 CPflVV durch die gesetzlichen Versicherungssummen beschränkt. Schließlich kann der Versicherer nach geleisteter Entschädigung an den Geschädigten von der unberechtigt versicherten Person im Umfang der geleisteten Versicherungsleistung uneingeschränkt Regress fordern.

2. *Taiwan*

a. **Der Verkehrsopferschutz bei einer unecht versicherten Person**

Um die möglichen Lücken beim Verkehrsopferschutz zu schließen, ist der Geschädigte nach § 40 Abs. 1 Nr. 3 TAPflVG dazu berechtigt, seinen Direktanspruch gegen den Entschädigungsfonds geltend zu machen, wenn das den Unfall verursachende Kraftfahrzeug ohne gültige Zustimmung von einer versicherten Person gebraucht wurde. Das beruht auf der Überlegung, dass der Geschädigte nur

230 *Li*, Über die Erweiterung der mitversicherten Personen des chinesischen KH-Versicherungsrechts, Finanz und Ökonomie, Heft 6, 2006, S. 45.

231 *Han/Yi*, Versicherungsleistung bei arglistischer Herbeiführung des Verkehrsunfalls, Science of Law, Heft 10, 2010, S. 121.

232 *Ke*, Research on Legal System of Motor Vehicle Compulsory Liability Insurance, S. 156.

gegen den Versicherer einen Direktanspruch geltend machen kann, wenn der Verkehrsunfall von einem befugten Benutzer (echte versicherte Person) herbeigeführt wurde. Wurde der Verkehrsunfall hingegen von einem unbefugten Benutzer (unechte versicherte Person) verursacht, kann sich der Geschädigte gemäß § 40 Abs. 1 Nr. 3 TAPflVG nur an den Entschädigungsfonds wenden. In dieser Vorschrift weicht die Formulierung jedoch erkennbar von der Legaldefinition des Versicherten in § 9 Abs. 2 TAPflVG ab. Die Erweiterung der KH-Versicherung auf unechte versicherte Personen zielt ausschließlich darauf ab, dass der Geschädigte nicht dadurch benachteiligt wird, dass die endgültige Schadensersatzpflicht weiterhin vom Schädiger selbst getragen wird. Gemäß § 42 Abs. 2 TAPflVG kann der Entschädigungsfonds nach der Entschädigung vom unecht Versicherten in Höhe der geleisteten Entschädigung Regress fordern.

Da der Entschädigungsfonds nach § 40 Abs. 1 Nr. 3 TAPflVG Entschädigung im gleichen Umfang wie die KH-Versicherung leisten muss, wird diese Ausgestaltung von einigen Autoren insofern kritisiert, als dass sie die Funktion des Entschädigungsfonds derart erweitert habe, dass der Entschädigungsfonds dieselbe Stellung habe wie eine KH-Versicherung. Das entspräche jedoch nicht dem gesetzlichen Zweck des Entschädigungsfonds, so dass vorgeschlagen wird, die alte Regelung beizubehalten. Nach dieser Ansicht konnte der Versicherer auch den unechten Benutzer des Kraftfahrzeugs in Regress nehmen.[233] Andererseits wird die Meinung vertreten, dass es keine große Bedeutung habe, ob der Dritte vom Versicherungsnehmer ermächtigt worden sei und damit als mitversicherte Person angesehen werden kann, weil der Geschädigte sich sonst an den Entschädigungsfonds wenden kann.[234]

b. Der Verkehrsopferschutz bei einer unberechtigt versicherten Person

Da der Fahrer als Versicherter großen Einfluss auf den Eintritt eines Verkehrsunfalls nehmen kann, ist es notwendig, einige Fehlverhaltensweisen des Fahrers durch Androhung des Ausfalls des Versicherungsschutzes zu verhindern. § 29 TAPflVG listet fünf Arten von Fehlverhalten auf:

- Nr. 1. Der Versicherte fährt nach dem Genuss von Alkohol oder ähnlichen Mitteln das versicherte Kraftfahrzeug, und der Gehalt von Alkohol beim Ausatmen und im Blut übersteigt den erlaubten Standard.
- Nr. 2. Der Versicherte fährt nach dem Genuss von Drogen, Halluzinogenen, Betäubungsmitteln oder ähnlichen Mitteln das versicherte Kraftfahrzeug.

233 *Jiang*, Obligatorische KH-Versicherung, S. 170.
234 *Shi/Lin*, Obligatorische KH-Versicherung, S. 44.

Nr. 3. Der Versicherte hat den Versicherungsfall vorsätzlich herbeigeführt.

Nr. 4. Der Versicherte hat eine Straftat begangen und bei der durch Flucht ausgelösten gesetzlichen Verfolgung den Versicherungsfall herbeigeführt.

Nr. 5. Der Versicherte hat § 21 oder § 21 a der *Rechtsverordnung über die Strafmaßnahmen wegen der Verletzung von verkehrsverwaltungsrechtlichen Vorschriften* verletzt.[235]

Zu beachten ist zuerst, dass die vorsätzliche Herbeiführung des Versicherungsfalls durch den Versicherten wie auf dem chinesischen Festland auch nicht als Risikoausschluss behandelt wird. Das ist damit zu begründen, dass der Hauptzweck der KH-Versicherung im Verkehrsopferschutz liegt und nicht wie bei der freiwilligen Haftpflichtversicherung in der Befreiung von der Haftpflicht der versicherten Person. Aus Sicht des Geschädigten erscheint es ungerechtfertigt, dass er bei fahrlässiger Herbeiführung des Versicherungsfalls noch Schutz von der KH-Versicherung erhalten kann, nicht aber bei Vorsatz des Versicherten.[236] Es wird zu Recht darauf hingewiesen, dass es sich beim Fall der unberechtigt versicherten Person in § 29 TAPflVG in der Tat nur um eine Obliegenheitsverletzung der versicherten Person nach deutschem Recht handelt.[237]

Der Versicherer kann sich gemäß § 29 TAPflVG beim Versicherten in Höhe der geleisteten Versicherungsleistung schadlos halten, wenn er die Versicherungsleistung schon an den Geschädigten erbracht hat. Nach der Gesetzesbegründung hat die Einräumung des Regressanspruchs folgende Ziele: Erstens soll eine doppelte Entschädigung des Geschädigten vermieden werden, weil der Geschädigte neben dem Versicherer auch den Versicherten verklagen kann; Zweitens soll der Versicherte, dem ein Fehlverhalten zur Last fällt, die endgültige Haftpflicht tragen.[238] Nach der h. M. greift diese Vorschrift nur dann ein, wenn ein Kausalzusammenhang zwischen dem Fehlverhalten des Versicherten und dem Eintritt des Verkehrsunfalls besteht, weil der Risikoausschluss in der freiwilligen Haftpflichtversicherung auch nur dann gilt, wenn die Verwirklichung des ausgeschlossenen Risikos für den Versicherungsfall kausal ist.[239]

---

235 Die Rechtsverordnung schreibt vor, dass der Fahrer bei der Fahrt über einen entsprechenden gültigen Führerschein verfügen muss.

236 *Liu*, Das neue Versicherungsrecht: Theorien und Praxis des Versicherungsvertrages, S. 344.

237 *Yeh*, Studien zum Versicherungsrecht I, S. 253, Fn. 3.

238 *Shi/Lin*, Obligatorische KH-Versicherung, S. 173.

239 *Shi/Lin*, Obligatorische KH-Versicherung, S. 175; vgl. *Yeh*, Studien zum Versicherungsrecht I, S. 200.

D. Zusammenfassung

1. Die Bedeutung der Anerkennung eines Befreiungsanspruchs zugunsten des Versicherten

Früher wurde der Anspruch des Versicherten gegen den Versicherer im Rahmen der KH-Versicherung als Anspruch auf Entschädigungszahlung angesehen. Dies ergab sich daraus, dass der Hauptzweck der KH-Versicherung im Schutz des Versicherten lag und das Festhalten am Grundsatz der Relativität des Vertrages im Vordergrund stand. Jedoch hat diese Ausgestaltung zur Folge, dass der Geschädigte bei der Durchsetzung des Schadenersatzes mit vielen Hindernissen konfrontiert wird. Um Nachteile für den Geschädigten zu vermeiden, die sich aus dem Prinzip der Akzessorietät ergeben, ist der Anspruch der versicherten Personen von einem Entschädigungsanspruch auf Geldzahlung in einen Befreiungsanspruch durch die Rechtsprechung in beiden Ländern umgewandelt worden. Unterschiede bestehen nur in der Regelungsweise, denn das deutsche Recht hat bei der Beschreibung der Leistung des Versicherers den Charakter des Befreiungsanspruchs des Versicherten unmittelbar zum Ausdruck gebracht; dagegen hat der Gesetzgeber in China den gleichen Gedanken dadurch klargestellt, dass der Versicherer vor der Entschädigung des Geschädigten die Versicherungsleistung nicht an den Versicherten erbringen darf.

2. Der Kreis der mitversicherten Personen

Der Schadensersatz durch die KH-Versicherung kommt erst dann in Betracht, wenn der Verkehrsunfall durch eine mitversicherte Person herbeigeführt worden ist, so dass der Umfang der mitversicherten Personen beim Verkehrsopferschutz eine sehr wichtige Rolle spielt. In Deutschland baut die KH-Versicherung auf dem Grundsatz „die Versicherung folgt der Haftung" auf. Um den Direktanspruch des Geschädigten leichter begründen zu können, wird der Umfang der mitversicherten Personen erweitert; darunter können somit alle Personen fallen, die durch den Gebrauch des Kraftfahrzeugs haftbar gemacht werden können. Eine gesetzliche Definition des Versicherten gibt es in Deutschland nicht, was dadurch bedingt ist, dass der Umfang der mitversicherten Personen nur im Verhältnis zwischen Versicherer und der versicherten Person eine Bedeutung hat.

Im Gegensatz dazu beinhaltet das Gesetz sowohl im chinesischen Taiwan als auch auf dem chinesischen Festland eine Legaldefinition für den Versicherten. Im chinesischen Taiwan werden nur der Versicherungsnehmer und solche Fahrer, die vom Versicherungsnehmer zum Gebrauch des versicherten Kraftfahrzeugs ermächtigt wurden, als versicherte Personen angesehen. Aus § 40 Abs. 1 Nr. 3

TAPflVG ist jedoch zu entnehmen, dass die Zustimmung einer versicherten Person zum Gebrauch des versicherten Kraftfahrzeugs für die Eigenschaft der mitversicherten Person ausreicht. Der Umfang der mitversicherten Personen auf dem chinesischen Festland ist noch enger, weil nach der Legaldefinition die Eigenschaft der versicherten Person zusätzlich voraussetzt, dass der Fahrer sich „rechtmäßig" verhalten muss; diese Voraussetzung wird jedoch in der Literatur bezweifelt.[240]

3. *Der Verkehrsopferschutz beim gestörten Versicherungsverhältnis*

a. Der Verkehrsopferschutz bei einer unecht versicherten Person

Der Eintritt des Versicherungsschutzes setzt voraus, dass der Schädiger entweder selbst Versicherungsnehmer ist oder der jeweilige Versicherungsnehmer ihn in den Schutzbereich des Vertrages einbezogen hat. Der Befreiungsanspruch der versicherten Person muss also eine vertragliche Grundlage haben, wonach der Verursacher keinen Anspruch auf Freistellung gegen den Versicherer hat, wenn das Vertragsverhältnis schon beendet ist oder der Schädiger nicht in den Schutzbereich des Versicherungsvertrages einbezogen wurde. Im Interesse des Geschädigten wird das Entgegenhalten von Einwendungen des Versicherers gegen die versicherte Person gegenüber dem Geschädigten ausgeschlossen.

Die Nachhaftung des Versicherers hat im deutschen Recht die Zeitgrenze des Bestehens des Vertragsverhältnisses durchbrochen, ebenso wie bei Prämienverzug des Versicherungsnehmers. Die Nachhaftung gilt grundsätzlich auch für den Fall, dass der Schädiger ohne Wissen und Wollen des Versicherungsnehmers mit dem versicherten Kraftfahrzeug den Verkehrsunfall herbeigeführt hat, allerdings wird die Versicherungsleistung in solchen Fällen gemäß Nr. D. 3. 3 AKB 2008 auf die Mindestversicherungssummen beschränkt. Da solche Schädiger in materieller Sicht keinen Befreiungsanspruch gegen den Versicherer haben sollten, kann der Versicherer nach geleisteter Entschädigung an den Geschädigten in vollem Umfang vom Haftpflichtigen Regress fordern.

Nach den Regelungen im chinesischen Taiwan ist der Fahrer eines Kraftfahrzeugs nach der Legaldefinition des Versicherten gar kein echter Versicherter, wenn er zum Gebrauch des versicherten Kraftfahrzeugs nicht vom Versicherungsnehmer ermächtigt wurde. Dennoch kann der Geschädigte seinen Direktanspruch gegen den Versicherer geltend machen, auch wenn der Unfall von einem nicht versicherten Fahrer herbeigeführt wurde. Obwohl der vom Versicherungsnehmer nicht ermächtigte Fahrer im chinesischen Taiwan nach der Rechtsreform im Jahr 2005 nicht mehr als mitversicherte Person angesehen wird, steht dem Geschädigten ein

---

240 *Li*, Obligatorische Kfz-Haftpflichtversicherung, S. 88.

Direktanspruch gegen den Entschädigungsfonds zu, der im gleichen Umfang wie ein KH-Versicherer Entschädigung leisten muss. Insofern hat die Aufforderung zur Zustimmung des Versicherungsnehmers seitens des Fahrers nur Bedeutung für eventuelle Regressansprüche.

Die Rechtssituation auf dem chinesischen Festland ist noch widersprüchlicher. Nach § 76 CSVG werden Personen- und Vermögensschäden grundsätzlich gleich behandelt, so dass beide im Rahmen der KH-Versicherung ersatzfähig sind. Nach § 22 Abs. 1 Nr. 2 CPflVV hat der Versicherer jedoch nur die Rettungskosten bei Personenschäden im Voraus zu leisten, wenn der Schädiger das versicherte Kraftfahrzeug gestohlen oder geraubt erhalten hat. Viele Gerichte beachten diese Vorschrift in der Praxis allerdings nicht, sondern bejahen die Ersatzpflicht für Personenschäden grundsätzlich gänzlich. Hinsichtlich der Behandlung des Ersatzes von Vermögenschäden sind die Gerichtsentscheidungen allerdings nicht einheitlich. § 2 der *Auslegung zur Haftung bei Verkehrsunfällen* bestätigt die Ersatzpflicht der KH-Versicherung bei Personenschäden, wenn es sich um eine Schwarzfahrt handelt, wobei diese Regelung jedoch nicht für die Fälle gilt, in denen der Fahrer das versicherte Kraftfahrzeug durch Diebstahl oder Raub erlangt hat. Der Ersatz von Vermögensschäden ist weiter ausgeschlossen. Zugunsten des Verkehrsopferschutzes ist aber die Ersatzpflicht sowohl für Personen- als auch für Vermögensschäden in allen Fällen zu bejahen, was dem Rechtsgedanken des § 76 CSVG entspricht. Den Interessen des Versicherers wird durch die Einräumung eines Regressanspruchs und die Begrenzung durch die gesetzliche Versicherungssumme bei Vermögensschäden ausreichend Rechnung getragen.

b. Der Verkehrsopferschutz bei einer unberechtigt versicherten Person

In Deutschland kann der Geschädigte seinen Direktanspruch auch dann noch gegen den Versicherer geltend machen, wenn die versicherte Person Obliegenheiten verletzt hat; die Versicherungsleistung wird jedoch auf die Mindestversicherungssummen beschränkt. Nach geleisteter Entschädigung kann der Versicherer vom Versicherungsnehmer oder der mitversicherten Person Regress fordern, wobei der Regressanspruch des Versicherers in seinem Umfang beschränkt wird. Die vorsätzliche Herbeiführung des Verkehrsunfalls wird in Deutschland als Risikoausschluss angesehen, so dass der Geschädigte auch den Direktanspruch gegen den Versicherer verliert und sich an den Entschädigungsfonds wenden muss. Der Anspruch des Geschädigten gegen den Entschädigungsfonds ist jedoch nur subsidiär und in der Höhe auf die gesetzlichen Mindestversicherungssummen beschränkt.

Obliegenheitsverletzungen werden auf dem chinesischen Festland als Fall der unberechtigt versicherten Personen behandelt, weil nur die vom Versicherungsnehmer ermächtigen Fahrer unter die Legaldefinition für den Versicherten fallen können. Darunter ist auch der Fall der vorsätzlichen Herbeiführung des Verkehrsunfalls durch eine versicherte Person zu fassen. Da eine gesetzliche Definition keine Bedeutung für den Verkehrsopferschutz hat und unnötiges Unverständnis hervorruft, wurde auf eine Legaldefinition verzichtet. Obwohl der Versicherer im Fall der Verletzung von Obliegenheiten nach § 22 Abs. 1 CPflVV nur die Rettungskosten im Voraus zu leisten hat, schreibt § 18 der *Auslegung zur Haftung bei Verkehrsunfällen* die Ersatzpflicht bei Personenschäden vor; der Ersatz für Vermögensschäden ist aber nach wie vor ausgeschlossen. Aus den gleichen Gründen wie im Fall der Herbeiführung des Verkehrsunfalls durch eine unecht versicherte Person sollten Vermögensschäden aber in den Schutzbereich der KH-Versicherung einbezogen werden.

Im chinesischen Taiwan werden die Verletzung von Obliegenheiten sowie die vorsätzliche Herbeiführung des Verkehrsunfalls ebenfalls gleich behandelt. In diesen beiden Fällen kann der Geschädigte seinen Direktanspruch gegen den Versicherer geltend machen. Insofern hat der Umfang der mitversicherten Personen keine Bedeutung für den Verkehrsopferschutz, sondern nur hinsichtlich des Regresses gegenüber unecht oder unberechtigt versicherten Personen.

4. *Eigene Stellungnahme*

Der Verkehrsopferschutz ist die Kernaufgabe der KH-Versicherung, so dass der Geschädigte in jedem Fall vollständigen Versicherungsschutz genießen können sollte, wenn der Schädiger nicht vom Versicherungsnehmer ermächtigt wurde oder wegen der Verletzung von Obliegenheiten bzw. vorsätzlicher Herbeiführung des Verkehrsunfalls den Befreiungsanspruch vollständig oder teilweise verloren hat. Die Interessen des Versicherers können durch die Einräumung eines Regressanspruchs gegen den Haftpflichtigen berücksichtigt werden, so dass insofern der Umfang der mitversicherten Personen für den Geschädigten bedeutungslos sein sollte.

§ 3. Direktanspruch und Dritter

A. Die Bedeutung eines Direktanspruchs für den Geschädigten

I. Die Schutzfunktion der KH-Versicherung für den Geschädigten

Anfangs wurde hinsichtlich des Zwecks der KH-Versicherung die Ansicht vertreten, dass diese ausschließlich dem Schutz des Versicherungsnehmers dienen sollte. *Molt* hat sich sogar wie folgt geäußert: „Die Förderung der Interessen der Versicherten ist die einzige Aufgabe, die sich der Stuttgarter Verein in der KH-Versicherung gestellt hat.“[241] Dies wird als Theorie vom sog. egoistischen Zweck der KH-Versicherung bezeichnet.[242] Die KH-Versicherung kann bei Gewährleistung der Zahlungsfähigkeit des Schädigers dem Schutz des Geschädigten mittelbar zugutekommen, wobei diese Funktion damals als ungewollte Nebenwirkung der KH-Versicherung angesehen wurde.[243] Mit der Entwicklung der KH-Versicherung ist aber die Schutzfunktion des Geschädigten immer mehr in den Mittelpunkt gerückt. Daher wurden viele Regelungen der allgemeinen KH-Versicherung im Interesse des Verkehrsopferschutzes modifiziert, z. B die Schadensersatzpflicht des Versicherers trotz Leistungsfreiheit gegenüber der versicherten Person und am Relevantesten die Einführung eines Direktanspruchs des Geschädigten gegen den Versicherer.

II. Die Bedeutung des Direktanspruchs bei der beschleunigten Durchsetzung des Ersatzanspruchs des Geschädigten

Mit der Umwandlung des Anspruchs des Versicherten aus der KH-Versicherung von einem Anspruch auf Entschädigungszahlung in einen Befreiungsanspruch wird der Geschädigte davor geschützt, dass der Versicherte dem Geschädigten die vom Versicherer erhaltene Versicherungsleitung nicht weiterleitet. Im chinesischen Recht hingegen wird nämlich vorgeschrieben, dass der Versicherer die Versicherungsleistung vor der Entschädigung des Geschädigten nicht an den

241 Vgl. *Güllemann*, Ausgleich von Verkehrsunfallschäden im Licht internationaler Reformprojekte, S. 113; *Kurt*, Der soziale Gedanke in der Haftpflichtversicherung, S. 5.

242 Vgl. *Otto*, Neue Wege in der Kraftfahrzeughaftpflichtversicherung, S. 3 f.

243 Vgl. *Sieg*, Ausstrahlungen der Haftpflichtversicherung, S. 58 ff.

Versicherten erbringen darf.[244] Die Geltendmachung des Schadensersatzanspruchs gegen den Versicherer bei einer freiwilligen Haftpflichtversicherung setzt voraus, dass die Haftpflicht des Versicherten bereits feststeht. Vor diesem Zeitpunkt kann der Geschädigte nicht gegen den Versicherer vorgehen, sondern muss zunächst den Versicherten verklagen und gegen diesen einen vollstreckbaren Titel erwirken. Wenn der Versicherer dann die Erbringung der Versicherungsleistung verweigert, muss der Geschädigte noch einen weiteren Prozess führen, um den Deckungsanspruch des Versicherungsnehmers gegen den Versicherer zu pfänden und sich zur Einziehung überweisen zu lassen. Auch *Armbrüster* merkt an, dass „[d]ieser Weg [...] für den Geschädigten im Vergleich zum Direktanspruch erheblich umständlicher und langwieriger [ist].“[245] Die Einräumung eines Direktanspruchs zugunsten des Geschädigten habe den Vorteil, „dass das Gericht in einem einheitlichen Prozess die Haftungs- und Deckungsfragen prüft und der Geschädigte auf diese Weise relativ rasch einen vollstreckbaren Titel gegen den KH-Versicherer erhält“.[246] Unter einem Direktanspruch oder „action directe“ wird ein unmittelbarer und originärer schuldrechtlicher Ersatzanspruch des Geschädigten gegen den Haftpflichtversicherer des Haftpflichtigen verstanden, welcher kraft Gesetzes entsteht und neben den Schadensersatzanspruch des Geschädigten gegen den Haftpflichtigen tritt.[247]

III. Die besondere Bedeutung des Direktanspruchs bei der Sicherstellung einer rechtzeitigen medizinischen Behandlung bzw. Rettung des Geschädigten

Die rechtzeitige Entschädigung hat eine große Bedeutung für den Geschädigten, insbesondere bei Personenschäden. Je mehr Sozialvorsorge dem Opfer gewährleistet wird, desto geringer ist der Bedarf an einem „Grundschutz“ durch eine Privatversicherung für das Opfer.[248] In Deutschland werden die meisten durch Verkehrsunfälle verursachten materiellen Personenschäden zunächst durch die

244 In Deutschland ergibt sich diese Einschränkung aus dem Wesen der KH-Versicherung, in China wird diese Einschränkung gesetzlich bestimmt (§ 65 Abs. 3 CVVG; § 94 Abs. 1 TVVG).

245 *Armbrüster*, Privatversicherungsrecht, Rn. 1691.

246 *Armbrüster*, Privatversicherungsrecht, Rn. 1691.

247 *Mansel*, Direktansprüche gegen den Haftpflichtversicherer: anwendbares Recht und internationale Zuständigkeit, S. 2.

248 *Yeh*, Der Verkehrsopferschutz und dessen Entwicklung, S. 3.

gesetzliche Krankenversicherung gedeckt,[249] für die das Sach- und Dienstleistungsprinzip gilt. Danach richtet sich der Anspruch des Versicherten gegen die Krankenkasse grundsätzlich nicht auf eine Erstattung der Kosten für die Inanspruchnahme von gesundheitsbezogenen Dienst- und Pflegeleistungen, Arzneien, Heil- und Hilfsmitteln, sondern auf die Verschaffung von Naturalleistungen. Der Zweck dieses Prinzips besteht darin, den Versicherten von der Last zu befreien, die Behandlungskosten vorstrecken zu müssen.[250]

Seit dem 11.8.1994 ist im chinesischen Taiwan die Volkskrankenversicherung durch das TVKVG eingeführt worden, nach dessen § 31 Abs. 1 der Versicherer eintrittspflichtig ist, wenn der Versicherte wegen Krankheit, Verletzung, Schwangerschaft oder Entbindung Bedarf an ärztlichen Behandlungen oder Untersuchungen hat. Auch Verkehrsunfallschäden werden von der Volkskrankenversicherung umfasst, allerdings ist ein Selbstbehalt für den Versicherten allgemein vorgesehen. Der Selbstbehalt für Arztbesuche beträgt nach § 33 Abs. 1 TVKVG mindestens 20 % der gesamten ärztlichen Gebühren, für einen Krankenhausaufenthalt gemäß § 35 Abs. 1 TVKVG je nach der Zeitdauer des Aufenthalts und der Art der Krankheit zwischen 5 % und 30 % der stationären Gebühren.[251] Nach geleisteter Entschädigung steht der Volkskrankenversicherung ein Regressanspruch gegen den KH-Versicherer zu.

Nach § 30 Abs. 1 Nr. 2 des CSverG werden die medizinischen Behandlungskosten grundsätzlich nicht von der Grund-Krankenversicherung übernommen, wenn ein Dritter für die Schäden verantwortlich gemacht werden kann. Nach § 30 Abs. 2 des CSverG hat die Grund-Krankenversicherung diese Kosten aber zu übernehmen, wenn der Haftpflichtige nicht zahlen kann oder sich nicht feststellen lässt, obwohl die medizinischen Behandlungskosten von einem Dritten getragen werden müssen. Nachdem die Grund-Krankenversicherung Entschädigung geleistet hat, ist sie dazu berechtigt, bei dem verantwortlichen Dritten Regress zu nehmen. Die Ersatzpflicht der Grund-Krankenversicherung setzt folglich voraus, dass der verantwortliche Dritte nicht zahlt oder nicht ermittelt werden kann. Das bedeutet, dass der Geschädigte grundsätzlich zunächst selbst die Behandlungskosten aufzubringen hat, was allerdings nachteilig für arme bzw. schwer geschädigte Personen ist, weil die Behandlungskosten oftmals sehr hoch sind und sie diese selbst nicht tragen können. Außerdem müssen die entsprechenden Beiträge auf dem chinesischen Festland schon vor der Erbringung der medizinischen

249 *Yeh*, Der Verkehrsopferschutz und dessen Entwicklung, S. 7.

250 *Muckel/Oeorek*, Sozialrecht, § 8, Rn. 63.

251 Vgl. *Yeh*, Der Verkehrsopferschutz und dessen Entwicklung, S. 19.

Dienstleistung entrichtet werden, da die Krankenhäuser ansonsten grundsätzlich die Rettung ablehnen. Aufgrund dessen haben sich bereits viele Todesfälle ereignet. Zusammenfassend spielt der Direktanspruch des Geschädigten gegen den Versicherer bei der Sicherstellung einer rechtzeitigen medizinischen Behandlung bzw. Rettung des Geschädigten eine entscheidende Rolle.

B. Die Einführung des Direktanspruchs für den Geschädigten gegen den Versicherer

I. Deutschland

Seit dem 1. Oktober 1965 wurde dem Geschädigten ein Direktanspruch gegen den KH-Versicherer in § 16 PflVG a. F. eingeräumt. Die Rechtsänderung diente in erster Linie der Anpassung an das Europäische Übereinkommen vom 20. April 1959 über die obligatorische KH-Versicherung für Kraftfahrzeuge (Straßburger Abkommen), wonach der Geschädigte den Versicherer direkt in Anspruch nehmen und auch Klage gegen ihn erheben kann. Mit der Reform zum VVG im Jahr 2008 ist der Direktanspruch des Geschädigten in § 115 VVG aufgenommen worden.

II. China

1. Direktanspruch des Geschädigten gegen den Versicherer im Recht des chinesischen Festlandes?

Wegen der unklaren und widersprüchlichen Rechtslage auf dem chinesischen Festland ist höchst umstritten, ob dem Geschädigten gegen den Versicherer ein Direktanspruch eingeräumt wird. In der Praxis sind die Ansichten verschiedener Gerichte ebenfalls nicht einheitlich. Einige Gerichte verneinen einen Direktanspruch des Geschädigten vollständig, während andere Gerichte einen Direktanspruch des Geschädigten anerkennen; wieder andere Gerichte haben einen Direktanspruch des Geschädigten jedenfalls mittelbar anerkannt.[252] Es ist also erforderlich, die genaue Rechtslage zu ermitteln.

a. Der Anspruch des Versicherten gegen den Haftpflichtversicherer

§ 28 Abs. 1 CPflVV schreibt vor, dass der Versicherte nach Eintritt des Straßenverkehrsunfalles dazu berechtigt ist, vom KH-Versicherer die Versicherungsleistung

252 *Chen*, Difficult Litigation Cases' Judgment Essences and References in Motor Vehicle and Traffic Accidents, S. 750.

zu verlangen. § 31 Abs. 1 CPflVV sieht weiter vor, dass der Versicherer nach seiner Wahl die Leistung entweder an den Versicherten oder den Geschädigten erbringen kann. Nach diesen beiden Paragraphen sind nur die versicherten Personen berechtigt, vom KH-Versicherer die Versicherungsleistung zu verlangen, nicht aber der Geschädigte. Daraus ist zu entnehmen, dass die KH-Versicherung vom Gesetzgeber nur als allgemeines Vertragsverhältnis angesehen und damit nur wenig Wert auf den Verkehrsopferschutz gelegt wird.[253] Unverständlich ist aber, warum dem Versicherer das Recht eingeräumt wird, den Gläubiger seiner Versicherungsleistung selbst zu bestimmen. In jedem Fall besteht kein besonderes Bedürfnis, den Versicherer besonders zu schützen, so dass diese Ausgestaltung heftig kritisiert wurde.[254] Die Regelung in § 28 Abs. 1 CPflVV weiche vom Gedanken des § 76 CSVG ab, weil der Hauptzweck der KH-Versicherung im Verkehrsopferschutz liege und die CPflVV als Rechtsverordnung nach § 79 des Gesetzgebungsgesetzes nicht von den Vorschriften des CSVG als übergeordnetes Gesetz abweichen dürfe.[255]

b. Der Grundgedanke des § 76 CSVG

In der Literatur wird teilweise die Ansicht vertreten, dass der Direktanspruch des Geschädigten aus dem CSVG abgeleitet werden könne. Nach § 76 CSVG muss der KH-Versicherer den Schaden des Geschädigten innerhalb der gesetzlichen Versicherungssummen der KH-Versicherung unabhängig vom Schadensersatzanspruch gegen den Schädiger ersetzen. Der KH-Versicherer muss also die Versicherungsleistung innerhalb der gesetzlichen Versicherungssummen der KH-Versicherung direkt an den Geschädigten nach den Vorschriften der CPflVV erbringen,[256] womit der Gesetzgeber dem Geschädigten eines Verkehrsunfalles einen Grundschutz unabhängig von der deliktischen Haftung gewährleisten wollte. Nach der h. M. soll der Geschädigte innerhalb der gesetzlichen Versicherungssummen einen Direktanspruch gegen den KH-Versicherer haben[257] und auch das Oberste Volksgericht hat § 76 CSVG als Grundlage

253 *Zhang/Chen*, Comprehension and Application of the Regulation Regarding Compulsory Liability Insurance for Auto Road Traffic Accident, S. 249.

254 *Li*, Obligatorische KH-Versicherung, S. 220.

255 *Sun*, Die Probleme der CPflVV und Vorschläge zur Nachbesserung, Journal of Law Application, Heft 5, 2009, S. 94.

256 *Liu*, Compulsory Liability Insurance and the No-fault Insurance are Compatible? Journal of Central University of Finance & Economics, Heft 7, 2006, S. 82.

257 *Zhang* Die KH-Versicherung für Dritten im Straßenverkehrsunfallrecht, Jurists Review, Heft 1, 2005, S.11.

zur Einräumung eines Direktanspruchs für den Geschädigten in der *Auslegung zur Haftung bei Verkehrsunfällen* angesehen.[258] Es wird sogar die Meinung vertreten, dass der Geschädigte innerhalb der gesetzlichen Versicherungssummen der KH-Versicherung seine Ansprüche nur gegen den KH-Versicherer geltend machen kann und darf, was bedeutet, dass eventuelle deliktische Ansprüche gegen den Schädiger ausgeschlossen werden sollen.[259]

c. Die neue Regelung im CVVG

In § 65 Abs. 2 CVVG wird festgesetzt, dass der Versicherer die Versicherungsleistung direkt an den Geschädigten erbringen muss, wenn die Schadensersatzpflicht bereits feststeht und der Versicherte dies verlangt. Der Geschädigte kann den Versicherer auch dann direkt in Anspruch nehmen, wenn der Versicherte ein solches Verlangen innerhalb eines angemessenen Zeitraums zur Geltendmachung des Begehrens unterlassen hat. Diese Vorschrift wurde im Jahr 2009 durch die Versicherungsgesetzesreform neu eingeführt und sie gilt nicht nur für die KH-Versicherung, sondern auch andere freiwillige Haftpflichtversicherungen. In der Literatur ist allerdings sehr umstritten, ob es sich dabei um einen Direktanspruch handelt. Es wird kritisiert, dass das Gesetz die sozialen Aufgaben beim Verkehrsopferschutz nicht ausreichend berücksichtigt habe, weil es zu viele Einschränkungen für die Inanspruchnahme nach § 65 Abs. 2 CVVG gebe.[260] Der größte Unterschied zum Direktanspruch im engeren Sinne, wie er im deutschen Recht besteht, liegt darin, dass die Feststellung des Schadensersatzanspruchs des Geschädigten vorausgesetzt wird. Wie im vorangegangenen Kapitel bereits dargestellt wurde, ist der in § 65 CVVG geregelte Anspruch als Befreiungsanspruch des Versicherten anerkannt, nicht aber als Direktanspruch des Geschädigten gegen den Versicherer. Dies liegt nahe, da in § 65 CVVG vornehmlich Regelungen aufgestellt werden, die nur für die allgemeine Haftpflichtversicherung gelten.

d. § 1 Abs. 1 der Auslegung zur Haftung bei Verkehrsunfällen

Die Vorschriften in der CPflVV, dem CSVG und dem CVVG sind sehr unterschiedlich bzw. in Teilen sogar widersprüchlich. Der Grund für solche Abweichungen könnte darin liegen, dass sich die einzelnen Regelungen in verschiedenen

---

258 *Xi*, Verständnis und Anwendung der *Auslegung zur Haftung bei Verkehrsunfällen*, S. 323.

259 *Liu*, Compulsory Liability Insurance and the No-fault Insurance are Compatible? Journal of Central University of Finance & Economics, Heft 7, 2006, S. 82.

260 *Chen*, Vorschläge zur Gesetzgebung des chinesischen KH-Versicherungsrechts, Science of Law, Heft 5, 2011, S. 194.

Gesetzen und Rechtsordnungen befinden und diese wiederum von verschiedenen Gesetzgebern erlassen wurden. Um Streitigkeiten zu beseitigen, ist die *Auslegung zur Haftung bei Verkehrsunfällen* vom Obersten Volksgericht erlassen worden. Nach § 25 Abs. 1 der *Auslegung zur Haftung bei Verkehrsunfällen* müssen die Volksgerichte den Haftpflichtigen und den KH-Versicherer als gemeinsame Beklagte benennen, wenn der Geschädigte Klage wegen eines Verkehrsunfalls erhebt, es sei denn, dass der KH-Versicherer die geschuldete Leistung schon erbracht hat und sich der Geschädigte damit einverstanden erklärt hat. In diesem Sinne ist ein Direktanspruch des Geschädigten gegen den KH-Versicherer im gerichtlichen Verfahren zu bejahen. Obwohl die Einführung eines Direktanspruchs für den Geschädigten durch die juristische Auslegung des Obersten Volksgerichts in verfassungsrechtlicher Sicht nicht unproblematisch ist, ist dem Ergebnis aber voll und ganz zuzustimmen. Ob der Geschädigte gegen den KH-Versicherer außerhalb des Gerichtsverfahrens auch einen Direktanspruch hat, bleibt allerdings noch unklar. Nach dem Gesetzeszweck sollte ein Direktanspruch des Geschädigten außerhalb des Gerichtsverfahrens auch deshalb bejaht werden, weil der Direktspruch des Geschädigten einige Vorteile hinsichtlich des Verkehrsopferschutzes und bei der effektiven Durchsetzung sozialer Aufgaben bietet.[261] Für einen Direktanspruch außerhalb des gerichtlichen Verfahrens bedarf es jedoch einer ausdrücklichen Vorschrift im Gesetz.

2. *Die Einführung des Direktanspruchs im chinesischen Taiwan*

Die Schwierigkeiten, denen der Geschädigte bei der allgemeinen Haftpflichtversicherung wegen des Trennungsprinzips ausgesetzt wird, wurden vom Gesetzgeber ernst genommen, so dass dieser in § 28 TAPflVG a. F. einen Direktanspruch gegen den Versicherer zugunsten des Geschädigten geschaffen hat. § 28 TAPflVG a. F. lautete sinngemäß: Der Begünstigte kann die Versicherungsleistung innerhalb der gesetzlichen Versicherungssummen der KH-Versicherung „direkt" vom Versicherer verlangen, wenn das versicherte Kraftfahrzeug an einem Unfall beteiligt war. Seit dem 7.2.2005 ist der Direktanspruch in § 7 TAPflVG n. F. neu geregelt worden, der Inhalt ist jedoch der Sache nach unverändert geblieben. Der neue § 7 TAPflVG lautet sinngemäß: Der Berechtigte kann nach den Regeln dieses Gesetzes die Versicherungsleistung vom Versicherer oder Entschädigung vom Entschädigungsfonds verlangen, ohne dass es auf das Verschulden des Schädigers ankommt, wenn der Geschädigte bei dem Verkehrsunfall getötet oder verletzt wird.

---

261 *Chen*, Vorschläge zur Gesetzgebung des chinesischen KH-Versicherungsrechts, Science of Law, Heft 5, 2011, S. 194.

C. Die Voraussetzungen eines Direktanspruchs gegen den Versicherer

I. Deutschland

1. Das Vorliegen eines Schadensersatzanspruchs des Geschädigten gegen den Versicherten

a. Der Grundsatz der Versicherungsleistung aus der Haftung

Eine Direktklage kommt nur für solche Schadensersatzansprüche in Betracht, die nach Nr. A. 1. 1. 1 AKB 2008 von der KH-Versicherung erfasst werden, also bei Schäden, die durch den Gebrauch des versicherten Kraftfahrzeugs entstanden sind. Der Begriff des „Gebrauchs" bestimmt sich nach dem Interesse, „das der Versicherungsnehmer daran hat, durch den Einsatz des Kraftfahrzeugs und der an und auf ihm befindlichen Vorrichtungen nicht mit Haftpflichtansprüchen belastet zu werden".[262] Also ist die Reichweite des Begriffs des „Gebrauchs" viel umfassender als der Begriff des „Betriebs" i. S. v. § 7 StVG.

Greger stellt diesbezüglich klar, dass „[n]ach § 10 AKB [...] jedoch nur solche Gefahren [abgedeckt sind], die nicht nur [beim] gelegentlich[en] des Gebrauchs des Kfz entstanden sind, sondern mit ihm ursächlich zusammenhängen, also entweder vom Kfz selbst oder von einer mit dem Kfz-Gebrauch und den Pflichten des Fahrers typischerweise verbundenen Tätigkeit ausgehen".[263] Das heißt, dass der Schadensfall mit dem Haftpflichtgefahrenbereich, für den der Versicherer einzustehen hat, in innerem Zusammenhang stehen muss.[264]

b. Anspruchsgrundlagen

§ 115 Abs. 1 VVG sieht vor, dass der Geschädigte seinen Anspruch auf Schadensersatz auch gegen den Versicherer geltend machen kann. Aus dem klaren Wortlaut ist zu entnehmen, dass der Direktanspruch des Geschädigten gegen den Versicherer voraussetzt, dass dem Geschädigten gegen den Versicherungsnehmer oder eine mitversicherte Person ein Schadensersatzanspruch zusteht. Diese Anforderung wird als die „haftungsrechtliche Identität mit dem Schadensersatzanspruch" bezeichnet.[265] Mit anderen Worten hängt der Direktanspruch in seiner Entstehung von der Begründung des zugrunde liegenden Haftpflichtanspruchs ab,[266] man

262 *Bauer*, Die Kraftfahrtversicherung, Rn. 808.
263 *Greger*, Haftungsrecht des Straßenverkehrs, § 15, Rn. 5; vgl auch BGHZ 78, 52, 55.
264 BGH, VersR 1977, 418.
265 *Bruck/Möller/Johannsen*, VVG V/1, Anm. B. 18.
266 *Deiters*, VersR 1986, 214.

spricht auch vom Prinzip der Akzessorietät der KH-Versicherung.[267] Zu den Schadensersatzansprüchen gehören alle Haftpflichtbestimmungen des BGB oder des StVG sowie anderer gesetzlicher Haftpflichtbestimmungen des Privatrechts nach A. 1. 1. 1 c) AKB 2008.

aa. Die Gefährdungshaftung nach § 7 StVG
Als Anspruchsgrundlage des Schadensersatzanspruchs kommt in erster Linie die Gefährdungshaftung des Kraftfahrzeughalters nach § 7 Abs. 1 StVG in Betracht, die kein Verschulden des Haftpflichtigen voraussetzt. Damit wird die Durchsetzung des Schadensersatzanspruchs des Geschädigten erleichtert. Allerdings ist der Anwendungsbereich der Gefährdungshaftung durch eine Höchstsumme in der Höhe beschränkt. Außerdem werden reine Vermögensschäden nicht von der Gefährdungshaftung erfasst und schließlich gibt es noch Beschränkungen hinsichtlich des persönlichen Schutzbereichs, insbesondere gilt die Gefährdungshaftung nicht für den Fahrer des jeweiligen Kraftfahrzeuges.[268]

bb. Die Haftung für vermutetes Verschulden des Fahrzeugführers nach § 18 StVG
Außerdem kann der Geschädigte seinen Direktanspruch auf eine Haftung für vermutetes Verschulden gegen den Fahrer des Kraftfahrzeugs nach § 18 StVG stützen, es sein denn, dass der Schaden nicht durch sein Verschulden verursacht wurde. Diese Vorschrift erlangt nur dann Bedeutung, wenn der Führer und Halter des jeweiligen Kraftfahrzeugs nicht identisch sind, weil die Haftung des Halters aus § 7 Abs. 1 StVG bei Personenidentität leichter begründet werden kann. Für die vermutete Verschuldenshaftung des Fahrers gelten allerdings auch die gesetzlichen Einschränkungen für die Halterhaftung.

cc. Allgemeine deliktische Haftung nach §§ 823 ff. BGB
Zudem kommt die Verschuldenshaftung nach §§ 823 ff. BGB in Betracht, da § 16 StVG zum Ausdruck bringt, dass andere Anspruchsgrundlagen unberührt bleiben. Die allgemeine deliktische Haftung hat aber vorwiegend Bedeutung für den Umfang der Haftung, weil die Schadensersatzpflicht nach § 823 BGB nicht auf einen Höchstbetrag begrenzt ist.[269] Den Geschädigten trifft jedoch auch die Beweislast für die weiteren Anspruchsvoraussetzungen, insbesondere das Verschulden des Haftpflichtigen.

---

267 OLG Koblenz, VersR 2000, 1436.

268 Siehe § 5. Die verschuldensunabhängigen Haftungen im Straßenverkehrsrecht.

269 Vgl. *Greger*, Haftungsrecht des Straßenverkehrs, § 10, Rn. 1.

dd. Andere Anspruchsgrundlagen
Nach § 10 AKB gehören auch vertragliche Ansprüche dazu, soweit sie Schadenersatzcharakter haben, wobei aber erforderlich ist, dass die Pflichtverletzung in den Risikobereich des Kfz-Betriebes fallen muss.[270] Soweit der Aufwendungsersatz schadensähnlichen Charakter hat, können Ansprüche aus Geschäftsführung ohne Auftrag nach § 677 ff. BGB eine Direktklage ermöglichen.[271]

c. Anmerkung
Der wichtigste Grund für die Heranziehung anderer schadensersatzrechtlicher Anspruchsgrundlagen liegt darin, dass die Gefährdungshaftung nach § 7 Abs. 1 StVG auf bestimmte Höchstbeträge beschränkt wird. Es wird dringend vorgeschlagen, solche Begrenzungen zu beseitigen.[272] Dies trifft insbesondere zu, da das Vorliegen einer obligatorischen KH-Versicherung großen Einfluss auf das Ergebnis der haftungsrechtlichen Fragen vor den Gerichten hat.[273] Eine unbegrenzte Gefährdungshaftung macht die Verwirklichung des Schadensersatzes erheblich einfacher für den Geschädigten.

2. Das Vorhandensein eines Versicherungsverhältnisses

Obwohl der Direktanspruch im Wesentlichen ein Haftpflichtanspruch ist, hat er aber auch einen versicherungsrechtlichen Charakter,[274] weshalb das Vorliegen eines KH-Versicherungsverhältnisses zwischen Versicherer und Versicherungsnehmer erforderlich ist. Eine Ausnahme liegt nur dann vor, wenn eine Nachhaftung des Versicherers nach § 117 Abs. 2 VVG eingreift. Dort ist geregelt, dass das Nichtbestehen oder die Beendigung des Versicherungsverhältnisses in Ansehung des Dritten erst mit dem Ablauf eines Monats wirkt, nachdem der Versicherer diesen Umstand der hierfür zuständigen Stelle angezeigt hat. Das gleiche gilt, wenn das Versicherungsverhältnis durch Zeitablauf endet. Im Fall der Nachhaftung hat der Versicherungsnehmer bzw. die mitversicherte Person jedoch keinen Anspruch auf Versicherungsschutz.[275]

Für den Direktanspruch des Geschädigten ist nur relevant, dass ein Versicherungsvertrag für das den Verkehrsunfall herbeiführende Kraftfahrzeug

---

270 *Mansel*, Direktansprüche gegen den Haftpflichtversicherer: anwendbares Recht und internationale Zuständigkeit, S. 18.
271 *Greger*, Haftungsrecht des Straßenverkehrs, § 15, Rn. 6.
272 *Zweigert/Kötz*, Einführung in die Rechtsvergleichung, S. 663.
273 *Wagner* (Hrsg.), Tort Law and Liability Insurance, S. 111.
274 *Stiefel/Hofmann*, Kraftfahrtversicherung, § 3 Nr. 1, 2 PflVG, Rn. 3.
275 *Bauer*, Die Kraftfahrtversicherung, Rn. 977 ff.

noch besteht, weil der Versicherer dem Geschädigten Einwendungen nicht entgegenhalten kann, die ihm gegen den Versicherten aus dem Innenverhältnis zustehen.[276] Wenn im jeweiligen Fall keine KH-Versicherung besteht oder die zuständige KH-Versicherung nicht ermittelt werden kann, kann der Geschädigte seinen Direktanspruch gegen den Entschädigungsfonds geltend machen.[277]

II. China

1. Festland

a. Loslösung vom Haftungsrecht?

Nach § 76 Abs. 1 S. 1 CSVG muss der KH-Versicherer die Schäden des Geschädigten innerhalb der gesetzlichen Versicherungssummen der KH-Versicherung ersetzen. Es handelt sich dabei nicht um eine deliktische Haftungspflicht, so dass innerhalb der gesetzlichen Versicherungssummen die Schäden direkt vom KH-Versicherer zu ersetzen sind. Diese Konstruktion scheint sich am Hauptmerkmal der No-fault-Versicherung aus dem amerikanischen Recht zu orientieren.[278] Der Zweck der Vorschrift liegt darin, die Rechtsstellung der Geschädigten bei Verkehrsunfällen zu verbessern und einen schnellen Grundschutz für die Verkehrsopfer zu gewährleisten. Denn selbst im Falle eines gesunden Versicherungsverhältnisses kann der Geschädigte auch dann noch mit Schwierigkeiten und Hindernissen haftungsrechtlicher Art konfrontiert werden, wie z. B. wegen der mangelnden oder noch zu beweisenden Voraussetzungen der Haftung oder eines Haftungsausschluss bzw. einer Haftungsminderung.

In der Praxis legen die meisten Gerichte bei der Behandlung der Versicherungsleistung innerhalb der gesetzlichen Versicherungssummen keine Aufmerksamkeit auf die Prüfung der Schadensersatzansprüche. Im Rahmen des KH-Versicherungsrechts setzt die Versicherungsleistung des Versicherers innerhalb der gesetzlichen Versicherungssummen zwar die Haftung des Schädigers noch voraus, allerdings ist diese Haftung des Schädigers aber derart weit zu fassen, dass sie als absolute Gefährdungshaftung erscheint,[279] sofern keine gesetzlichen Ausschlussgründe eingreifen. Der Prozess der Prüfung der haftungsrechtlichen Ansprüche kann daher in die Prüfung der Versicherungsleistung integriert werden. Obwohl dem Fahrer

---

276 *Wandt*, Versicherungsrecht, Rn. 1123.

277 Vgl. § 1. Versicherungszwang und Verkehrsopferschutz.

278 *Liu*, Wie soll die Haftung aus Kraftfahrzeugunfällen in dem CHaftungsG geregelt werden?, Journal of Comparative Law, Heft 6, 2009, S. 53.

279 *Xie*, Research on Legal System of Motor Vehicle Compulsory Liability Insurance, S. 122.

eines Kraftfahrzeugs in § 76 CSVG eine verschuldensunabhängige Haftung auferlegt wird, gilt diese Vorschrift nach ihrem klaren Wortlaut nur für die Haftung im Rahmen der gesetzlichen Versicherungssummen. So wird das Ergebnis erreicht, dass die Versicherungsleistung innerhalb der gesetzlichen Versicherungssummen vom Haftungsrecht losgelöst ist.

b. Verkehrsunfall

In § 76 CSVG und § 21 CPflVV wird vorgesehen, dass die Versicherungsleistung des Versicherers den Eintritt eines Verkehrsunfalls voraussetzt. Was unter dem Begriff des Verkehrsunfalls zu verstehen ist, hat die CPflVV jedoch nicht ausdrücklich geregelt. Da dieser Begriff aber auch eine entscheidende Voraussetzung für die Haftung des Fahrzeugführers ist und in § 119 Nr. 5 CSVG legal definiert wird, ist der Begriff einheitlich zu verstehen. Nach § 119 Nr. 5 CSVG ist ein Verkehrsunfall jedes Ereignis, bei dem durch den Gebrauch eines Kraftfahrzeugs durch Verschulden des Kraftfahrzeugführers oder durch einen Zufall Menschen getötet oder verletzt werden oder Vermögensschäden entstanden sind. Mit Straßen i. S. v. § 119 Nr. 1 CSVG sind Autobahnen, öffentliche Straßen sowie Straßen im Privatbesitz gemeint, die zumindest auch der Allgemeinheit zur Verfügung stehen.

Obwohl bei den meisten Verkehrsunfällen mehrere Kraftfahrzeuge kollidieren oder nicht motorisierte Verkehrsteilnehmer von einem versicherten Kraftfahrzeug angefahren werden, wurde in einer Gerichtsentscheidung das Vorliegen eines Verkehrsunfalls auch dann angenommen, als der Geschädigte dadurch verletzt wurde, dass seine Bremse blockierte und er daraufhin aus dem Kraftfahrzeug gesprungen war.[280] Obwohl diese sog. Eigenunfälle auch unter die Legaldefinition des „Unfalls" im Sinne des § 76 CSVG fallen können, werden sie in der Praxis aus dem Anwendungsbereich der KH-Versicherung ausgenommen, weil die im Kraftfahrzeug befindlichen Personen keine Dritten im Sinne der Legaldefinition sind.[281] In der Literatur wird die Ansicht vertreten, dass ein Unfall keinen physischen Kontakt mit dem versicherten Kraftfahrzeug voraussetze,[282] woraufhin in einer Gerichtsentscheidung jedoch das Vorliegen eines Verkehrsunfall in dem Fall verneint wurde, in dem ein Kraftfahrzeug während der Fahrt Klebstoff verlor und ein Mofafahrer dadurch verunglückt war.[283] Im deutschen Recht kann in

280 Chinesiche Gerichtsentscheidungen aus dem Jahr 2013: National Judges College (Hrsg.), Verkehrsunfälle, S. 230.

281 *Liu*, Haftung bei Straßenverkehrsunfällen und KH-Versicherung, S. 381.

282 *Yang*, Deliktsrecht, S. 523.

283 Chinesische Gerichtsentscheidungen aus dem Jahr 2013: National Judges College (Hrsg.), Verkehrsunfälle, S. 141.

solchen Konstellationen hingegen das Vorliegen der spezifischen mit dem Betrieb eines Kraftfahrzeugs verbundenen Gefahr ohne Schwierigkeit bejaht werden.[284]

Im deutschen Recht spielt der Begriff des „Verkehrsunfalls“ nur bei der Begründung der Gefährdungshaftung aus § 7 Abs. 1 StVG eine Rolle, die bei der KH-Versicherung im Regelfall nur eine primäre Risikoabgrenzung darstellt, weil neben der Gefährdungshaftung noch andere Anspruchsgrundlagen in Betracht kommen können. Da bereits der Eintritt eines Verkehrsunfalls die Pflicht zur Versicherungsleistung des Versicherers auslöst, kann der Verkehrsunfall selbst im Recht des chinesischen Festlandes als „Versicherungsfall“ angesehen werden.[285] Es wird die Meinung vertreten, dass der Begriff des Verkehrsunfalls durch zu viele Wertungsentscheidungen die Verkehrsunfallhaftung erheblich beeinflussen würde, so dass der Begriff selbst schon die Zurechnung der Gefährdungshaftung darstelle.[286] Da die Ersatzpflicht des Versicherers gegenüber dem Geschädigten in der KH-Versicherung beinahe absolut ist, ist der Begriff des Verkehrsunfalls eng auszulegen. Erforderlich ist, dass sich die typische Gefahr durch den Gebrauch des Kraftfahrzeugs verwirklicht hat.[287]

c. Die aus dem Verkehrsunfall resultierenden Schäden

Wie im Haftungsrecht wird das Vorliegen von Personen- oder Vermögensschäden in § 3 CPflVV für die Versicherungsleistung vorausgesetzt. Hierin liegt ein Unterschied zum Recht des chinesischen Taiwan, das die Versicherungsleistung auf Personenschäden beschränkt. Erforderlich ist auch, dass der Verkehrsunfall adäquat kausal für den Schaden des Geschädigten ist, wobei die Kausalität nach den Regeln des Haftungsrechts zu beurteilen ist. Zu betonen ist aber, dass die Betriebsgefahr nicht auf einen physischen Kontakt mit dem Unfallkraftfahrzeug beschränkt wird.[288]

d. Das Vorhandensein einer KH-Versicherung

Auf dem chinesischen Festland besteht kein der Nachhaftung im deutschen Recht ähnliches Rechtsinstitut, so dass es für den Direktanspruch des Geschädigten erforderlich ist, dass der Versicherungsvertrag zum Zeitpunkt des Verkehrsunfalls wirksam besteht. Ansonsten kann sich der Geschädigte nur an den Entschädigungsfonds wenden. Da der Versicherungsnehmer nach § 12 Abs. 1 S. 1 CPflVV

---

284 *Kötz/Wagner*, Deliktsrecht, Rn. 549.

285 *Liu/Li/Cao*, Zur chinesischen KH-Versicherung, S. 144.

286 *Yu*, Der Schadensersatz bei Verkehrsunfällen und Mitverantwortlichkeit, S. 45–61.

287 *Ma*, Zum Schadensersatz bei Verkehrsunfällen, S. 7.

288 Vgl. *Cheng*, Deliktsrecht, S. 413.

die geschuldeten Prämien beim Abschluss des Versicherungsvertrages einmalig bezahlen muss, wird das Problem des Zahlungsverzugs der Prämien vermieden.

2. *Taiwan*

a. No-fault Klausel

§ 7 TAPflVG schreibt vor, dass der Anspruchsberechtigte nach diesem Gesetz eine Versicherungsleistung vom Versicherer oder Entschädigung vom Entschädigungsfonds verlangen kann, ohne Rücksicht darauf, ob den Schädiger ein Verschulden getroffen hat, als sich der Verkehrsunfall ereignete. Es handelt sich dabei um eine No-fault Klausel. Die Wortbedeutung macht bereits klar, dass der Direktanspruch von der Haftpflicht des Versicherten unabhängig ist. Für den Direktanspruch ist also das Vorliegen einer haftungsrechtlichen Anspruchsgrundlage nicht erforderlich.[289] Nach der Gesetzesbegründung soll diese Loslösung der Versicherungsleistung von der Haftpflicht den Geschädigten von der Schwierigkeit der Beweislast entlasten und einen Grundschutz so schnell wie möglich gewährleisten.[290]

b. Verkehrsunfall

Nach § 13 TAPflVG ist ein Verkehrsunfall ein Ereignis, das durch den Gebrauch oder die Lenkung eines Kraftfahrzeugs zur Verletzung oder Tötung eines Fahrgastes oder eines außerhalb des Kraftfahrzeugs befindlichen Dritten geführt hat. Die Gesetzesbegründung zu § 13 TAPflVG stellt klar, dass es für das Vorliegen eines Verkehrsunfalls nicht notwendig ist, dass das versicherte Kraftfahrzeug in Bewegung war.[291] Allerdings sind Verkehrsunfälle im Rahmen der KH-Versicherung auf solche beschränkt, die sich auf Straßen, Parkplätzen oder in anderen öffentlichen Räumen, die für eine Nutzung durch Fahrzeuge bestimmt sind, ereignet haben. Wie auf dem chinesischen Festland auch wird der Begriff des „Verkehrsunfalls“ als solcher im Recht des chinesischen Taiwan als Versicherungsfall i. S. d. KH-Versicherung angesehen, was aber mit dem Konzept der KH-Versicherung eigentlich nicht vereinbar ist.[292]

c. Personenschäden bei Verkehrsunfällen

§ 7 TAPflVG bestimmt, dass der Geschädigte den Direktanspruch gegen den Versicherer geltend machen kann, wenn er durch den Verkehrsunfall verletzt oder

---

289 *Yeh*, Der Verkehrsopferschutz und dessen Entwicklung, S. 123.
290 Vgl. *Yeh*, Der Verkehrsopferschutz und dessen Entwicklung, S. 124.
291 *Jiang*, Obligatorische KH-Versicherung, S. 222.
292 *Jiang*, Obligatorische KH-Versicherung, S. 221.

getötet wird. Obwohl der Direktanspruch keine bestimmte Anspruchsgrundlage voraussetzt, ist dennoch erforderlich, dass eine adäquate Kausalität zwischen dem Verkehrsunfall und dem Schaden des Geschädigten bestehen muss.[293] Erfasst sind nur Personen-, nicht aber Sachschäden und reine Vermögensschäden. Der Grund für den Ausschluss der Sachschäden und reinen Vermögensschäden liegt in der begrenzten Aufgabe des Grundschutzes für den Geschädigten.[294]

D. Der Begriff des Geschädigten

I. Deutschland

1. Feststellung der Geschädigten im Regelfall

Im Rahmen der KH-Versicherung wird der Direktanspruchsberechtigte auch mit dem Begriff des „Geschädigten" bezeichnet. Unter dem Geschädigten ist derjenige zu verstehen, der durch den Gebrauch eines Kraftfahrzeugs einen Schadensersatzanspruch gegen den Versicherungsnehmer oder eine mitversicherte Person geltend machen kann.[295] Bei der Entschädigung durch den Entschädigungsfonds wird in § 12 PflVG jedoch die Terminologie des „Ersatzberechtigten" verwendet. Der Grund dafür liegt darin, dass es in diesem Fall kein Versicherungsvertragsverhältnis zwischen Schädiger und Entschädigungsfonds gibt und deshalb der Begriff des „Geschädigten" i. S. d. KH-Versicherung nicht verwendet werden kann.[296] Es bestehen allerdings keine inhaltlichen Unterschiede zwischen diesen beiden Begriffen.[297] Zu den Geschädigten zählen auch deren „Nachfolger",[298] insbesondere die Erben, wenn der Geschädigte beim Verkehrsunfall verstorben ist,[299] und gleichfalls die Sozialversicherungsträger, wenn die Ansprüche des Geschädigten nach den Regeln des Sozialrechts auf sie übergangen sind.[300] Sogar der Schädiger selbst kann Geschädigter sein, wenn er im Fall der Konfusion den Geschädigten beerbt hat.[301]

---

293 *Yeh*, Der Verkehrsopferschutz und dessen Entwicklung, S. 128.

294 *Yeh*, Der Verkehrsopferschutz und dessen Entwicklung, S. 128.

295 BGH, VersR 1971, 1161; *Langheid/Wandt/Schneider*, in MünchKomm VVG, § 115, Rn. 9.

296 *Yeh*, Der Verkehrsopferschutz und dessen Entwicklung, S. 137 ff.

297 *Weber*, DAR 1987, 333, 336.

298 BGH, VersR 1970, 755; 1972, 271.

299 BGH, VersR 1993, 1092.

300 BGH, VersR 1970, 755.

301 OLG Hamm, VersR 1995, 454.

Grundsätzlich kann „Geschädigter" jede mit dem Versicherungsnehmer nicht identische Person sein.[302] Der Versicherungsnehmer selbst kommt deshalb nicht in Betracht, da es bei ihm an einem Schadensersatzanspruch mangelt, wenn er gleichzeitig der Haftpflichtige ist. Denn als Schädiger steht er dem Geschädigten im haftungsrechtlichen Verhältnis gegenüber, auch wenn er bei dem Unfall selbst einen Schaden erlitten hat. Bei ihm scheitert der Direktanspruch gegen den KH-Versicherer also an einem Schadensersatzanspruch.[303] Auch ein Mitschädiger kann nicht als „Geschädigter" angesehen werden, wenn er den Schaden des Geschädigten im Außenverhältnis ersetzt hat und dadurch im Innenverhältnis einen Ausgleichanspruch gegenüber anderen Mitversicherten erhält. Als Grund wird angeführt, dass der Zweck des PflVG darin besteht, die Rechtsstellung des Geschädigten, nicht aber die des Mitschädigers zu verbessern.[304]

a. Versicherungsnehmer als Geschädigter

Früher wurden die Ansprüche des Versicherungsnehmers, Halters, oder Eigentümers gegen mitversicherte Personen von der KH-Versicherung ausgenommen.[305] Ebenfalls ausgenommen wurden Ansprüche von Angehörigen des Versicherungsnehmers, da in solchen Fällen „Kollusionsgefahr" befürchtet wurde.[306] Heutzutage kann der Versicherungsnehmer auch als Geschädigter i. S. v. § 150 Abs. 1 VVG angesehen werden, wenn ihm ein Schadensersatzanspruch gegen eine von der KH-Versicherung mitversicherte Person, insbesondere den den Kfz-Unfall schuldhaft verursachenden Fahrer, zusteht.[307]

Sofern der Versicherungsnehmer der Halter des Kraftfahrzeugs ist, hängt die Frage, ob er von der KH-Versicherung geschützt werden kann, im Wesentlichen davon ab, ob die Haftung des Kraftfahrzeugfahrers nach § 18 Abs. 1 StVG gegeben ist oder nicht. Denn in Deutschland trifft den Fahrer eines Kraftfahrzeugs nur eine vermutete Verschuldenshaftung. Es besteht daher die Möglichkeit, dass der Fahrer nicht haftbar gemacht werden kann, wenn er sich exkulpieren kann. Sofern Versicherungsnehmer und Halter des Kraftfahrzeugs auseinanderfallen, kann der Versicherungsnehmer seinen Anspruch gegen den Halter auf § 7 Abs. 1 StVG stützen. Der Halter als Geschädigter ist insofern im Rahmen der KH-Versicherung

302 *Yeh*, Der Verkehrsopferschutz und dessen Entwicklung, S. 137.
303 OLG Nürnberg, VersR 2004, 905.
304 *Yeh*, Der Verkehrsopferschutz und dessen Entwicklung, S. 138.
305 *Güllemann*, Ausgleich von Verkehrsunfallschäden im Licht internationaler Reformprojekte, S. 83.
306 *Von Hippel*, Schadensausgleich bei Verkehrsunfällen, S. 80.
307 *Langheid/Wandt/Schneider*, MünchKomm VVG, § 115, Rn. 10.

benachteiligt, was als Nachteil der Akzessorietät der KH-Versicherung angesehen werden sollte.

b. Mitversicherte Person als Geschädigter

Auch der mitversicherte Fahrer oder andere beim Betrieb des Kraftfahrzeugs mitversicherte tätige Personen können Geschädigte sein, wenn ihnen ein Schadensersatzanspruch gegen den Versicherungsnehmer zusteht.[308] Das ergibt sich auch aus § 4 KfzPflVV und Nr. A. 1. 5. 6 AKB 2008, was aber nicht für den Rückgriffs- oder Freistellungsanspruch gegen diesen Versicherungsnehmer gilt.[309] Außerdem kommt der Einwand der unzulässigen Rechtsausübung in Betracht, wenn dem Versicherer der Anspruchssteller (z. B. Mitschädiger) im Innenverhältnis regresspflichtig ist.[310] Nach § 8 Nr. 2 StVG kann der beim Betrieb des Kraftfahrzeugs Tätigte keinen Schadensersatzanspruch aus § 7 Abs. 1 StVG geltend machen,[311] so dass die rechtlichen Beziehungen dieser Beteiligten untereinander allein nach Vertrags- und Deliktsrecht zu beurteilen sind. Wenn der Halter z.B. sorgfaltswidrig gehandelt hat, kann seine Verantwortlichkeit auf der Grundlage des § 823 Abs. 1 BGB begründet werden, wenn z. B. der Unfall durch Mängel des Kfz verursacht wurde.[312]

Ob diese Ausgestaltung dem Sinn und Zweck der KH-Versicherung entspricht, ist es nicht unproblematisch, wenn der Fahrer von dem Halter eines Kraftfahrzeugs angestellt wird, weil er von der gesetzlichen Unfallversicherung relativ gut geschützt werden kann, insbesondere durch die Erweiterung des Wegunfalls.[313] In anderen Fällen ist die praktische Bedeutung der KH-Versicherung für den Fahrer auch nicht zu überschätzen, weil die Haftpflicht des Halters gegenüber dem Fahrer bisweilen nur schwierig begründet werden kann. So wird z. B. bei der Leihe die Haftung des Verleihers nach § 599 BGB auf Vorsatz und grobe Fahrlässigkeit begrenzt wird, wobei diese Haftungserleichterung dann auf das Deliktsrecht durchschlägt.[314] Für den Ausschluss des Fahrers aus der KH-Versicherung spricht darüber hinaus die Aufrechterhaltung der Präventionsfunktion der persönlichen Haftung, weil der Fahrer die größte Einflussmöglichkeit auf die Herbeiführung bzw. Abwendung von Verkehrsunfällen hat. Zudem besteht eine erhöhte

308 BGH, VersR 1993, 1092.

309 *Greger*, Haftungsrecht des Straßenverkehrs, § 15, Rn. 10.

310 *Langheid/Wandt/Schneider*, MünchKomm VVG, § 115, Rn. 11.

311 *Emmerich*, BGB-Schuldrecht BT, § 27, Rn. 29.

312 *Kötz/Wagner*, Deliktsrecht, Rn. 566.

313 *Muckel/Ogorek*, Sozialrecht, § 10, Rn. 53 ff.

314 *Looschelders*, Schuldrecht BT, Rn. 528.

Gefahr des Versicherungsbetruges, wenn der Fahrer auch in den Schutzbereich der KH-Versicherung einbezogen wird, insbesondere bei Unfällen, in denen nur das versicherte Kraftfahrzeug beim Unfall zu Schaden gekommen ist. Es besteht daher keine zwingende Notwendigkeit, den Fahrer in den Schutzbereich der KH-Versicherung einzubeziehen. Auf der anderen Seite sollte der Fahrer jedoch als Geschädigter in Bezug auf andere Kraftfahrzeuge angesehen werden, wenn mehrere Kraftfahrzeuge an einem Unfall beteiligt sind.

II. China

1. Festland

a. Die außerhalb des versicherten Kraftfahrzeugs befindlichen Geschädigten

Auf dem chinesischen Festland wird die KH-Versicherung in der Literatur und sogar in § 76 CSVG gesetzlich als KH-Versicherung für Dritte bezeichnet. Was unter dem Dritten zu verstehen ist, ist hingegen nicht abschließend geklärt. Der Begriff des Geschädigten in der CPflVV wird in der Weise umschrieben, dass nach der Legaldefinition des § 3 CPflVV nur die nicht zur Sphäre des versicherten Kraftfahrzeugs gehörenden – mitversicherten – Personen als Geschädigte in den Schutzbereich der KH-Versicherung einbezogen werden. In § 5 CAKB 2009 wird jedoch der Begriff „der sich außerhalb des versicherten Kraftfahrzeugs befindlichen Dritten" gebraucht. Deshalb ist es notwendig, den Begriff des Dritten sauber abzugrenzen. Die sich außerhalb des versicherten Kraftfahrzeugs befindlichen Geschädigten können nach der gesetzlichen Definition in jedem Fall als Dritte angesehen werden können, sofern die weiteren Voraussetzungen des Direktanspruchs vorliegen. Die dahinter stehende Überlegung ist die, dass die außerhalb des versicherten Kraftfahrzeugs befindlichen Personen vom Gesetzgeber als besonders schutzwürdig angesehen werden, weil sie bei Verkehrsunfällen häufig verletzt werden.[315] Darunter können auch Familienmitglieder der versicherten Person fallen.[316]

b. Fahrgäste als Dritte

Gemäß § 76 CSVG ist der Geschädigte derjenige, der bei einem Verkehrsunfall Körperverletzungen oder Vermögensschäden erlitten hat, worunter auch der Fahrer eines Kraftfahrzeugs und die beförderten Fahrgäste fallen können. Der in

---

315 *Zhang/Chen*, Comprehension and Application of the Regulation Regarding Compulsory Liability Insurance for Auto Road Traffic Accident, S. 152.

316 *Ding*, KH-Versicherung, S. 188.

§ 3 CPflVV verwendete Begriff der „zum versicherten Kraftfahrzeug gehörenden Personen" ist umfangreicher als der in § 5 CAKB 2009 verwendete Begriff der „außerhalb des versicherten Kraftfahrzeugs befindlichen Dritten". Es dreht sich also um die Frage, ob die im versicherten Kraftfahrzeug befindlichen Fahrgäste auch von der KH-Versicherung geschützt werden sollen.[317]

Der Begriff des „außerhalb des versicherten Kraftfahrzeugs befindlichen Dritten" in § 5 CAKB 2009 stellt darauf ab, ob sich der Geschädigte zum Zeitpunkt des Verkehrsunfalls inner- oder außerhalb des versicherten Kraftfahrzeugs befand.[318] Die im Kraftfahrzeug befindlichen Fahrgäste sind von der KH-Versicherung nämlich nicht erfasst. Es wird diesbezüglich die Ansicht vertreten, dass der Hauptzweck der KH-Versicherung darin bestehe, die Interessen der schwächeren Verkehrsteilnehmer zu schützen. Die sich zum Unfallzeitpunkt im Kraftfahrzeug befindenden Personen bilden mit dem Kraftfahrzeug eine Einheit und sollen daher als stärkere Verkehrsteilnehmer vom Schutzbereich der KH-Versicherung ausgenommen werden.[319] Dass diese Personen aus dem Schutzbereich ausgenommen werden, wird in der Literatur heftig kritisiert, weil eine Gesamtschuld im Haftungsrecht grundsätzlich nur in Betracht kommt, wenn mehrere Personen an einer deliktischen Schädigung eines Dritten beteiligt sind.[320] Das gilt aber nicht für die Fahrgäste im Verkehrsunfall. Es wird erwogen, dass der Ausschluss der Fahrgäste aus dem Schutzbereich der KH-Versicherung daraus resultiert, dass Fahrgäste von möglichen Gefahren vor der Fahrt schon Kenntnis nehmen konnten.[321] Diese Ansicht entspricht im Wesentlichen der Lehre über das Handeln auf eigene Gefahr im deutschen Recht. Nach der h. M. im deutschen Recht reicht die bloße Fahrtenteilnahme aber noch nicht aus, um die Haftung auszuschließen.[322]

Ein anderer Grund für den Ausschluss der Fahrgäste aus dem Schutzbereich der KH-Versicherung liegt darin, dass Fahrgäste von der freiwilligen Haftpflichtversicherung oder der Transportversicherung ausreichend Schutz erhalten können, weil Personenbeförderungsunternehmer nach § 36 der *Rechtsverordnung über den Straßentransport* für ihre Fahrgäste eine Transportversicherung abschließen müssen. Die Versicherungspflicht gilt aber nur für Transportunternehmer,

---

317 *Li*, Die Abgrenzung des „Dritten" in der KH-Versicherung, Insurance Studies, Heft 10, 2011, S. 100.

318 Chinesische Gerichtsentscheidungen aus dem Jahr 2013: Verkehrsunfälle, S. 85.

319 *Zhang/Chen*, Comprehension and Application of the Regulation Regarding Compulsory Liability Insurance for Auto Road Traffic Accident, S. 152.

320 *Cheng*, Deliktsrecht, S. 237.

321 *Liu/Yang/Guo* (Hrsg.), Kommentar zur CPflVV, S. 10.

322 *Deutsch/Ahrens*, Deliktsrecht, Rn. 219.

nicht hingegen für Eigentümer anderer Kraftfahrzeuge und gleichfalls besteht das Risiko, dass keine Transportversicherung abgeschlossen wurde. In diesen Fällen sind die Fahrgäste schutzlos, wenn ihnen kein Schutz über die KH-Versicherung zugesagt wird.[323] Häufig schließt zwar auch der Eigentümer noch spezielle Haftpflichtversicherungen zugunsten von Fahrgästen ab, um sich von einer möglichen Haftung zu befreien, doch das Schutzniveau bei solchen freiwilligen Haftpflichtversicherungen und auch bei den Transportversicherungen ist erheblich niedriger als das bei der KH-Versicherung. Der Direktanspruch des Geschädigten und der Einwendungsausschluss im Rahmen der KH-Versicherung sind für den Verkehrsopferschutz von entscheidender Bedeutung.[324]

In der Praxis wird der Begriff der im Kraftfahrzeug befindlichen Personen meist teleologisch reduziert, so dass solche Personen, die sich zwar anfangs im Kraftfahrzeug befanden, aber zum Unfallzeitpunkt schon ausgestiegen waren oder gar herausgeschleudert wurden, in den Versicherungsschutz einbezogen werden.[325] In einer Gerichtsentscheidung wurde sogar der Fahrer des versicherten Kraftfahrzeugs in den Schutzbereich der KH-Versicherung einbezogen, nachdem er aus dem Fahrzeug ausgestiegen war und bei einer Untersuchung des Fahrzeugs unter diesem liegend getötet wurde.[326] Einbezogen wurde ferner die Ehefrau eines Fahrers, die ausgestiegen war, um die Autobahngebühr zu entrichten.[327] Es ist aber nicht gerechtfertigt und überzeugend, dass der Begriff des Dritten im Rahmen der KH-Versicherung lediglich nach der räumlichen Position des Opfers zum Unfallzeitpunkt bestimmt wird, da es keine sachlichen Gründe für eine derartige Unterscheidung gibt. Es ist auch nicht gerechtfertigt, dass Fahrgäste bei Unfällen, die sich zwischen Kraftfahrzeugen und anderen Verkehrsteilnehmern ereignen, nicht unter den Versicherungsschutz fallen, während Fahrgäste bei Unfällen zwischen zwei Kraftfahrzeugen wiederum einbezogen sind, weil die Fahrgäste des einen Kraftfahrzeugs in solchen Fällen Dritte hinsichtlich des anderen

---

323 *Huang*, Der Umfang des Dritten der KH-Versicherung, S. 15.

324 Ausführlich s. *Wandt*, Versicherungsrecht, Rn. 1080 ff.

325 National Judges College (Hrsg.), The People's Judicature, Heft 8, 2008, S. 31; a.A., s. *The Insurance Association of China* (Hrsg.), The Annual Report of The Typical Insurance Cases (Volume III), S. 396.

326 *The Insurance Association of China* (Hrsg.), The Annual Report of The Typical Insurance Cases (Voleme III), S. 357.

327 *The Insurance Association of China* (Hrsg.), The Annual Report of The Typical Insurance Cases (Voleme III), S. 123.

Kraftfahrzeuges sind.[328] Zu beachten ist aber, dass Fahrgäste in anderen Rechtsordnungen normalerweise einen Direktanspruch gegen die KH-Versicherung des „eigenen“ Kraftfahrzeugs haben und nicht gegen die KH-Versicherung des anderen Kraftfahrzeugs.[329] Wie bereits erläutert wurde, umfasst der Begriff des „Unfalls“ i. S. d. CPflVV auch Eigenunfälle, so dass der Direktanspruch der Fahrgäste auf die KH-Versicherung am „eigenen“ Kraftfahrzeug beschränkt werden sollte. Bezüglich der Risikoverteilung zwischen mehreren Versicherern kann auf das schwedische Recht geschaut werden, wo das Gesetz einen Ausgleich zwischen den Versicherern der betroffenen Kraftfahrzeuge erlaubt.[330]

Es ist darauf hinzuweisen, dass in § 3 CPflVV tatsächlich der Begriff der „zum versicherten Kraftfahrzeug gehörenden Personen“ verwendet wird. Da der gesetzliche Zweck der KH-Versicherung nach ausdrücklichem Wortlaut des § 1 CPflVV darin liegt, die Entschädigung des Geschädigten sicherzustellen, ist der Begriff der „zum versicherten Kraftfahrzeug gehörenden Personen“ teleologisch dahingehend auszulegen, dass alle Fahrgäste, einschließlich des Eigentümers des Kraftfahrzeugs, in den Schutzbereich der KH-Versicherung einbezogen werden können, sofern sie nicht gleichzeitig als Fahrer des versicherten Kraftfahrzeugs tätig sind.[331] Einbezogen werden sollten Fahrgäste auch bei Unfällen, in denen nur das Kraftfahrzeug selbst verunglückt und kein Zusammenstoß mit anderen Fahrzeugen oder Verkehrsteilnehmern stattfindet.[332] In einer Gerichtsentscheidung wurde klargestellt, dass bei der Bestimmung des Dritten die Verfügungsgewalt und der enge Zusammenhang zwischen dem versicherten Kraftfahrzeug und dem Geschädigten berücksichtigt werden müsse, wonach der Fahrer des versicherten Kraftfahrzeugs und solche Personen, die in einem Arbeitsverhältnis mit dem Versicherten stehen, ausgenommen sind.[333] Dieser Entscheidung kann nicht völlig zugestimmt werden, da andere im Fahrzeug anwesende Arbeitnehmer des Halters im Gegensatz zum Fahrer keine ersichtliche Verfügungsgewalt über den Betrieb des versicherten Kraftfahrzeugs haben.

---

328 *Zhang/Chen*, Comprehension and Application of the Regulation Regarding Compulsory Liability Insurance for Auto Road Traffic Accident, S. 152.

329 *Fleming/Hellner/von Hippel*, Haftungsersetzung durch Versicherungsschutz, S. 33.

330 *Fleming/Hellner/von Hippel*, Haftungsersetzung durch Versicherungsschutz, S. 33.

331 *Li*, Obligatorische KH-Versicherung, S. 187.

332 *Xie*, Research on Legal System of Motor Vehicle Compulsory Liability Insurance, S. 158.

333 National Judges College (Hrsg.), Fälle chinesischer Gerichte aus dem Jahr 2013-versicherungsrechtliche Fälle, S. 35.

c. Fahrer als Dritter?

Im Unterschied zum deutschen Recht wird dem Fahrer eines Kraftfahrzeugs in § 76 CSVG und §§ 49 ff. CHaftungsG eine verschuldensunabhängige Haftung auferlegt, so dass eine Haftung des Fahrers grundsätzlich immer zu bejahen ist, sofern keine Ausschlussgründe eingreifen. Aus dem Wesen der KH-Versicherung folgt, dass der Geschädigte nicht zugleich der Versicherte der KH-Versicherung sein kann. Wie oben bereits dargestellt wurde, ist der Fahrer eines Kraftfahrzeugs gleichzeitig mitversicherte Person im Rahmen der KH-Versicherung, unerheblich ist, ob er der Versicherungsnehmer ist oder nicht. Wenn der Fahrer gleichzeitig der Versicherungsnehmer ist, hat er zwar einen Anspruch auf Haftpflichtbefreiung gegen den Versicherer, aber keinen Anspruch auf Entschädigungszahlung, wenn er sich bei dem Unfall verletzt hat, weil der gesetzliche Zweck der KH-Versicherung darin besteht, den geschädigten Dritten zu schützen, nicht aber den Schädiger. Es stellt sich jedoch die Frage, ob der verletzte Fahrer einen Direktanspruch gegen den Versicherer anderer Kraftfahrzeuge geltend machen kann. In einigen Gerichtsentscheidungen wurde ein solcher Anspruch bejaht.[334]

2. Taiwan

§ 1 TAPflVG bringt den Zweck KH-Versicherung zum Ausdruck, nämlich dass in erster Linie dem Geschädigten ein effektiver Grundschutz geschaffen werden soll.[335] Dem Geschädigten steht gemäß § 7 TAPflVG gegen den Versicherer ein Direktanspruch zu, wodurch dessen Rechtsstellung erheblich verbessert wird. Welche weiteren Personen unter den Schutz der KH-Versicherung fallen können, ist jedoch umstritten. Im Ausgangspunkt sind sich jedoch alle einig darüber, dass die zum Unfallzeitpunkt außerhalb des Fahrzeugs befindlichen Personen unter den Begriff des Geschädigten i. S. d. § 1 TAPflVG fallen können.

a. Fahrgäste als Dritte

Vor dem Inkrafttreten des TAPflVG war dieses Problem in § 2 der *Maßnahmen zum Abschluss der Haftpflichtversicherung für Kraftfahrzeuge* geregelt, wonach die zum Unfallzeitpunkt innerhalb des Kraftfahrzeugs befindlichen Personen aus dem Schutzbereich der KH-Versicherung ausgenommen wurden.[336] Diese Benachteiligung der Fahrgäste wurde als Schutzlücke beim Verkehrsopferschutz angesehen und mit dem Inkrafttreten des TAPflVG mittels einer neuen Legaldefinition des

---

334 *The Insurance Association of China* (Hrsg.), The Annual Report of The Typical Insurance Cases Volume (I), S. 396.

335 Vgl. *Yeh*, Der Verkehrsopferschutz und dessen Entwicklung, S. 124.

336 *Jiang*, Obligatorische KH-Versicherung, S. 19.

Verkehrsunfalls korrigiert. Nach § 13 TAPflVG setzt ein Verkehrsunfall voraus, dass Fahrgäste oder andere außerhalb des Kraftfahrzeugs befindliche Dritte durch den Gebrauch oder die Verwaltung des Autos verletzt oder getötet werden. Aus dieser Formulierung folgt, dass der Direktanspruch der Fahrgäste gegen die KH-Versicherung des „eigenen" Kraftfahrzeugs gerichtet ist.

b. Fahrer als Dritter?

Nach dem Wortlaut des § 10 Abs. 2 TAPflVG kann auch der Fahrer eines Kraftfahrzeugs in den Schutzbereich der KH-Versicherung fallen, wenn er bei dem Unfall körperlich verletzt oder getötet wird. Im chinesischen Taiwan ist seit langer Zeit die Frage umstritten, ob der Fahrer eines Kraftfahrzeugs auch unter den Begriff des „Geschädigten" fallen kann und sollte. Im Gesetzesentwurf des TAPflVG wurden der Schädiger und andere mitversicherten Personen direkt vom Begriff des Geschädigten ausgenommen, aber diese Regelung setzte sich nicht durch.[337]

Unter dem Schädiger ist gemäß § 10 Abs. 1 TAPflVG derjenige zu verstehen, der durch den Gebrauch und die Verwaltung des Kraftfahrzeugs den Verkehrsunfall herbeigeführt hat, womit nur der unmittelbare Schädiger in Betracht kommt. Zu beachten ist noch, dass der Begriff des „Schädigers" nur bei der Feststellung der von der KH-Versicherung nicht erfassten Personen eine Bedeutung hat, weil die Leistungspflicht der KH-Versicherung gemäß § 7 TAPflVG ähnlich wie bei der No-fault Versicherung im US-amerikanischen Recht nicht vom Haftungsrecht abhängt.[338] Der Begriff des „Schädigers" ist enger zu verstehen als der Begriff des „Haftpflichtigen", weil es neben dem Fahrer eines Kraftfahrzeugs noch andere Personen geben kann, die dem Geschädigten zum Schadensersatz verpflichtet sind. Keine Schädiger i. S. v. § 10 Abs. 1 TAPflVG sind daher diejenigen, die für die zu ersetzenden Schäden nach Deliktsrecht nur mittelbar haften, z. B. bei einer Verschuldenshaftung des mit dem Fahrer nicht identischen Eigentümers (§ 184 ff. TBGB) oder bei einer verschuldensunabhängigen Haftung des Transportunternehmers (§ 64 TÖSG), obwohl sie Haftpflichtige im Sinne des Haftungsrechts sind. Praktische Bedeutung besteht vornehmlich beim Ersatz von Sachschäden und reinen Vermögensschäden, weil nur Personenschäden von der KH-Versicherung im chinesischen Taiwan erfasst sind.[339]

---

337 *Jiang*, Obligatorische KH-Versicherung, S. 179.

338 Über die Rechtsnatur der KH-Versicherung im chinesischen Taiwan siehe § 3. Direktanspruch und Geschädigte; vgl. auch *Yeh*, Der Verkehrsopferschutz und dessen Entwicklung, 2007, S. 99.

339 Ausführlich siehe § 4. Der zu ersetzende Schaden und der Umfang der Leistungspflicht; vgl. auch *Yeh*, Der Verkehrsopferschutz und dessen Entwicklung, 2007, S. 51 ff.

Im Regelfall ist der Schädiger der Fahrer eines Kraftfahrzeugs, weshalb dem Fahrer in § 191 a TBGB eine Haftung für vermutetes Verschulden auferlegt wird. Der Fahrer kann aber auch als Geschädigter angesehen werden, wenn mehrere Kraftfahrzeuge an einem Unfall beteilig sind.[340] Die eigenen Personenschäden des Fahrers werden deshalb nicht von der eigenen KH-Versicherung ersetzt, weil er diesbezüglich kein Geschädigter ist.

III. Die Rechtsnatur der KH-Versicherung als drittschützende Pflichtversicherung

Hinsichtlich der Schutzrichtung der Pflichtversicherung kann zwischen drittschützenden Pflichtversicherungen und obligatorischen Eigenversicherungen unterschieden werden. Bei drittschützenden Pflichtversicherungen handelt es sich um Pflichtversicherungen, die primär im Interesse Dritter angeordnet sind, wobei der Schutz des Versicherungsnehmers erst an zweiter Stelle steht. Bei obligatorischen Eigenversicherungen wird in erster Linie darauf abgezielt, den Bedarf des Versicherungspflichtigen sicherzustellen.[341]

Beim Ersatz der Schäden bei Verkehrsunfällen mittels Versicherungsschutz gibt es zwei unterschiedliche Ansätze: Einer davon ist die sog. No-fault Versicherung in den USA, bei der es sich um keine KH-Versicherung (third-party insurance), sondern um eine obligatorische Eigenversicherung (first-party insurance) handelt. Dort haben Verkehrsunfallopfer einen verschuldensunabhängigen Anspruch gegen die eigene Versicherung, nicht gegen die des Schädigers.[342] Der andere Ansatz ist der der KH-Versicherung, bei der die Verkehrsunfallopfer einen Anspruch gegen die Versicherung des Schädigers haben. In Deutschland macht bereits der Wortlaut des § 115 VVG mit der Formulierung des „Dritten" klar, dass der Geschädigte nur einen Direktanspruch gegen den Versicherer des Schädigers hat. Die Rechtsnatur der KH-Versicherung wird sowohl auf dem chinesischen Festland als auch im chinesischen Taiwan nicht derart klar wie in Deutschland herausgestellt, da der Direktanspruch des Geschädigten nicht von der Haftpflicht des Versicherten abhängt. Unproblematisch stellt die KH-Versicherung in China auch eine drittschützende Versicherung dar. Obwohl im chinesischen Taiwan der Begriff des „Dritten" nicht gebraucht wird, ergibt sich dennoch aus der Definition des Verkehrsunfalls in § 13 TAPflVG, dass nur Fahrgäste und die außerhalb des Kraftfahrzeugs befindlichen Personen geschützt werden. In § 3 CPflVV werden hingegen

340 *Jiang*, Obligatorische KH-Versicherung, S. 183.

341 *Hedderich*, Pflichtversicherung, S. 94.

342 *Reimann*, Einführung in das US-amerikanische Privatrecht, S. 129.

die zur Sphäre des versicherten Kraftfahrzeugs gehörenden sowie mitversicherten Personen aus dem Schutzbereich der KH-Versicherung ausgeschlossen. Das beantwortet jedoch noch nicht die Frage, ob die Loslösung des Direktanspruchs von der Haftpflicht des Versicherten eine andere Versicherungsart darstellt. Denn es gibt auch Versicherungen, die keine Eigenversicherungen darstellen, aber auch keine Haftpflicht des Schädigers voraussetzen, wie z. B die KH-Versicherung in Schweden.[343]

E. Die Rechtsnatur des Direktanspruchs

I. Die Rechtsnatur des Direktanspruchs im deutschen Recht

1. Gesetzlicher Schadensersatzanspruch

Um den Geschädigten zu schützen, ist der Anspruch des Versicherungsnehmers gegen den Versicherer durch die Rechtsprechung von einem Zahlungsanspruch in einen Anspruch auf Haftpflichtbefreiung umgewandelt worden.[344] Der Inhalt des Befreiungsanspruchs ist, dass der Versicherer den Schadensersatzanspruch des Geschädigten befriedigen soll. Obwohl das Versicherungsvertragsverhältnis eine unverzichtbare Voraussetzung des Direktanspruchs bildet, ist der Direktanspruch des Geschädigten gegen den Versicherer kein Anspruch aus dem Versicherungsvertrag, weil der Geschädigte keine Vertragspartei des Versicherungsvertrages ist.[345] Es wird die Ansicht vertreten, „dass [es beim] Direktanspruch des Geschädigten um einen gesetzlichen Schadensersatzanspruch geht, der neben den bestehenden Schadensersatzansprüchen des Geschädigten gegen den Schädiger steht und auf Schadensersatz in Geld gerichtet ist“.[346]

2. Gesetzlicher Schuldbeitritt und Haftung als Gesamtschuldner

Nach dem Grundsatz der Vertragsfreiheit ist der rechtsgeschäftliche Schuldbeitritt grundsätzlich zulässig. Da der Schuldbeitritt die Rechtsstellung des Gläubigers erheblich verbessert, ist eine Mitwirkung in Form einer Zustimmung des Gläubigers nicht erforderlich.[347] Der Schuldbeitritt hat zur Folge, dass der Gläubiger einen weiteren Schuldner erhält. Beim Schuldbeitritt haften der Altschuldner und der Beitretende nach §§ 421 ff. BGB dem Gläubiger als Gesamtschuldner,

343 *Fleming/Hellner/von Hippel*, Haftungsersetzung durch Versicherungsschutz, S. 33.
344 Vgl. § 2 Mitversicherten Personen der KH-Versicherung und Verkehrsopferschutz.
345 *Langheid/Wandt/Schneider*, MünchKomm VVG, § 115, Rn. 1.
346 *Prölss/Martin/Knappmann*, VVG, § 115, Rn. 11.
347 *Looschelders*, Schuldrecht AT, Rn. 1172.

was auch für den gesetzlichen Schuldbeitritt gilt. Beim Direktanspruch im Rahmen der KH-Versicherung handelt sich um einen solchen gesetzlichen Schuldbeitritt, weil es nicht darauf ankommt, ob ein Vertrag über den Schuldbeitritt zwischen Versicherer und Haftpflichtigem besteht.[348]

Obwohl dem Geschädigten gegen den Versicherer ein Direktanspruch eingeräumt wird, bleibt die Schadensersatzpflicht des Versicherungsnehmers oder anderer mitversicherter Personen weiter bestehen. Nach § 115 Abs. 1 S. 4 VVG haftet der Versicherer zusammen mit dem Versicherungsnehmer oder anderen mitversicherten Personen und anderen Mitschädigern dem Geschädigten als Gesamtschuldner. Aber die Gesamtschuldnerschaft liegt nur im Rahmen eines versicherungsrechtlichen Deckungsverhältnisses und nur für das von dem Versicherungsvertrag übernommene Risiko vor.[349] Der Versicherer ist gemäß § 116 VVG im Verhältnis der Gesamtschuldner zueinander nach § 115 Abs. 1 S. 4 VVG allein verpflichtet, wenn er dem Versicherungsnehmer aus dem Versicherungsverhältnis zur Leistung verpflichtet ist. Es stellt sich jedoch die Frage, ob es sinnvoll ist, in diesem Fall eine gesamtschuldnerische Haftung vorzuschreiben, da der Versicherte in diesem Fall einen Befreiungsanspruch gegen den Versicherer haben und der Versicherer ihn nicht in Regress nehmen kann.

III. Die Rechtsnatur des Direktanspruchs im chinesischen Recht

Die Loslösung des Direktanspruchs des Geschädigten von der Haftpflicht des Versicherten spielt beim Verkehrsopferschutz eine große Rolle. Diese Ausgestaltung hat jedoch große Streitigkeiten über die Rechtsnatur der KH-Versicherung ausgelöst, nämlich ob sie eine No-fault-Versicherung darstellt oder eher eine traditionelle Haftpflichtversicherung ist. Um diese Frage beantworten zu können, ist es sinnvoll zunächst den Versuch zu starten, die chinesische KH-Versicherung nach dem Ansatz der traditionellen Haftpflichtversicherung auszulegen.

1. Festland

a. Auslegung nach dem Ansatz der Versicherungsleistung aus der Haftung

aa. Grundlage: Die verschuldensunabhängige Haftung des Fahrzeugfahrers

Die in § 76 CSVG enthaltenen Regeln gelten ihrem Wortlaut nach nur für Schäden, die die gesetzlichen Versicherungssummen der KH-Versicherung übersteigen. Wie bereits ausgeführt wurde, ist die Geltendmachung des Schadensersatzanspruchs gegen den Haftpflichtigen gesetzlich nicht verboten. Es

348 BGH, VersR 1977, 960; VersR 1972, 255.

349 BGH, VersR 1981, 134.

stellt sich die Frage, nach welchem Zurechnungsprinzip die Haftung innerhalb der gesetzlichen Versicherungssummen der KH-Versicherung zu beurteilen ist. Da § 76 CSVG eine verschuldensunabhängige Haftung für den Fahrer eines Kraftfahrzeugs vorsieht, sollte der gleiche Rechtsgedanke auf die Haftung innerhalb der gesetzlichen Versicherungssummen der KH-Versicherung übertragen werden. Also muss der Fahrer eines Kraftfahrzeugs auch die Schäden innerhalb der gesetzlichen Versicherungssummen der KH-Versicherung ersetzen, soweit das Gesetz nicht ein anderes bestimmt.

bb. Haftung für Dritte

Der Titel des 4. Kapitels des CHaftungsG lautet „Die besonderen Vorschriften über die Haftungssubjekte", worunter die Haftung bei Schädigung durch Minderjährige (§ 32 CHaftungsG) und die Haftung bei Schädigung durch Verrichtungsgehilfen (§ 34 CHaftungsG) fallen. Nach der Ansicht des Rechtsausschusses des NPCSC sollen diese zwei Haftungsarten rechtsdogmatisch in den Katalog der Haftung für Dritte eingeordnet werden.[350]

Nach § 32 Abs. 1 S. 1 CHaftungsG haftet der Vormund für die Schäden, die der von ihm betreute Geschäftsunfähige bzw. beschränkt Geschäftsfähige verursacht hat, ohne dass ihn ein eigenes Verschulden zu treffen braucht. Diese Haftung ist sinnvoll, wenn ein Geschäftsunfähiger oder beschränkt Geschäftsfähiger ohne Wissen seines Vormundes mit dem Kraftfahrzeug seiner Eltern eine Schwarzfahrt unternommen und dabei einen Verkehrsunfall verursacht hat. Diese Haftung kann nur abgemildert werden, wenn der Vormund sich selbst ordnungsgemäß verhalten hat, sich also exkulpieren kann.

Es ist üblich, dass ein Unternehmer andere Personen anstellt, die unternehmenseigenen Kraftfahrzeuge für ihn zu führen. In solchen Fällen sind meist die Unternehmer Eigentümer des Kraftfahrzeugs und schließen auch den KH-Versicherungsvertrag ab. Deshalb wird dem Arbeitgeber auch eine verschuldensunabhängige Haftung in § 34 CHaftungsG für Schäden, die von einem abhängigen Beschäftigten verursacht werden, auferlegt. Nach § 35 CHaftungsG haftet der Arbeitgeber sogar verschuldensunabhängig für Schäden, die von einem mittels Dienstvertrag eingestellten Arbeitnehmer herbeigeführt werden, wobei es nicht darauf ankommt, ob der Vertrag entgeltlich ist oder nicht.[351]

§ 7 der *Auslegung zur Haftung bei Verkehrsunfällen* sieht auch für die Fahrschule eine verschuldensunabhängige Haftung bei Schäden vor, die von einem

---

350 *Wang* (Hrsg.), Kommentar zum chinesischen Haftungsgesetz, S. 175.

351 *Cheng*, Deliktsrecht, S. 303.

Fahrschüler verursacht werden. Damit trägt der Auslegungsgeber dem Umstand Rechnung, dass der Fahrschüler das Kraftfahrzeug noch nicht ausreichend beherrschen kann, so dass dieses Risiko der Fahrschule zugerechnet wird. Das ist insbesondere deshalb sachgerecht, weil die Fahrschule selbst Nutzungen aus dem Fahrunterricht zieht.[352]

Wenn den Fahrer oder einen Dritten, der für die vom Fahrer zugefügten Schäden einzutreten hat, eine verschuldensunabhängige Haftung trifft, für die keine besonderen Entlastungsgründe gelten, und es auch keine Begrenzung durch Höchstsummen gibt,[353] kann die Leistungspflicht des Versicherers nach dem Grundsatz der Versicherungsleistung aus der Haftung relativ leicht begründet werden. Die Haftung des Kraftfahrzeugfahrers ist auf dem chinesischen Festland jedoch nicht einheitlich auf der Lehre der Gefährdungshaftung aufgebaut, weil die verschuldensunabhängige Haftung aus § 76 CSVG nur für Verkehrsunfälle zwischen Kraftfahrzeugen und anderen Verkehrsteilnehmern gilt; für Verkehrsunfälle zwischen Kraftfahrzeugen gilt das Prinzip der Verschuldenshaftung.[354] Für die verschuldensunabhängige Haftung des Kraftfahrzeugfahrers gelten aber auch einige besondere Einschränkungen.[355] Es stellt sich die Frage, aus welchen Gründen der Fahrer aus dem Schutzbereich der KH-Versicherung ausgenommen wird, wenn es einen verantwortlichen Dritten gibt, so dass der Fahrer zwar der Schädiger ist, aber nicht der Haftpflichtige. Die gleiche Frage kann auch dahingehend gestellt werden, ob der haftpflichtige Dritte als Geschädigter im Rahmen der KH-Versicherung angesehen werden kann.

b. Auslegung nach dem Ansatz der No-Fault Versicherung

Die §§ 76 CSVG, 21 CPflVV schreiben vor, dass die Versicherungsleistung des Versicherers den Eintritt eines Verkehrsunfalls voraussetzt. Wie bereits festgestellt wurde, wird durch das Vorliegen eines Verkehrsunfalls nur indiziert, dass sich die typische Betriebsgefahr eines Kraftfahrzeugs bei dem Unfall verwirklicht hat. Dadurch wird festgelegt, dass durch die KH-Versicherung tatsächlich nur eine verschuldensunabhängige Haftung versichert ist. Nach § 76 CSVG beurteilt

---

352 *Xi*, Verständnis und Anwendung der *Auslegung zur Haftung bei Verkehrsunfällen*, S. 97.

353 S. § 5. Die verschuldensunabhängige Haftung im Straßenverkehrsrecht.

354 Kritisch, s. *Wang/Shen*, Review of Responsibility Principle of China's Traffic Accident between Automobiles: Reference to German Law, Modern Law Science, Heft 1, 2014 S. 44 ff.

355 Ausführlich siehe § 5. Die verschuldensunabhängige Haftung im Straßenverkehrsrecht.

sich der Direktanspruch des Geschädigten aber nicht nach den Regeln der deliktischen Haftung, die das Gesetz für den Fahrer eines Kraftfahrzeugs vorsieht, weil sie nach dem Wortlaut nur für die über den gesetzlichen KH-Versicherungssummen liegenden Schäden gelten. In der Praxis legen die meisten Gerichte keine Aufmerksamkeit auf die Prüfung der Schadensersatzansprüche bei der Festlegung der Versicherungsleistung innerhalb der gesetzlichen Versicherungssummen. So kommt es zu dem Ergebnis, dass die Versicherungsleistung innerhalb der gesetzlichen Versicherungssummen vom Haftungsrecht losgelöst ist. Außerdem sind die für die verschuldensunabhängige Haftung vorgesehenen Einschränkungen nicht auf den Direktanspruch übertragbar. Insofern ist die Versicherungsleistungspflicht des Versicherers noch strenger als die verschuldensunabhängige Haftung des Kraftfahrzeugfahrers nach § 76 CSVG. Das wird daraus ersichtlich, dass der Versicherungspflichtige gemäß § 19 der *Auslegung zur Haftung der Verkehrsunfälle* innerhalb der gesetzlichen Versicherungssummen zum Schadensersatz verpflichtet ist, wenn er die verpflichtende KH-Versicherung nicht abgeschlossen hat, denn dann haftet der Versicherungspflichtige nach den Regeln über die Versicherungsleistung des Versicherers.[356] Im Rahmen des KH-Versicherungsrechts ist diese Ausgestaltung aber auch so auszulegen, dass die Versicherungsleistung des Versicherers innerhalb der gesetzlichen Versicherungssummen die Haftung des Schädigers voraussetzt, welche aber derart strikt ausgestaltet ist, dass es sich dabei beinahe um eine absolute Gefährdungshaftung handelt,[357] wenn keine Ausschlussgründe eingreifen. Der Prozess der Prüfung der haftungsrechtlichen Ansprüche kann daher in die Prüfung der Versicherungsleistung integriert werden.

Es wird die Ansicht vertreten, dass sich der Direktanspruch daraus ergibt, dass die Haftpflicht des Schädigers durch den Versicherungsvertrag vom Versicherer übernommen wird. Einen selbstständigen Übernahmevertrag braucht es aber nicht, weswegen man von einer gesetzlichen Schuldübernahme spricht.[358] Da die Leistungsfähigkeit des Übernehmenden für den Gläubiger von wesentlichem Interesse ist, bedarf es bei der Schuldübernahme nach den allgemeinen Regeln grundsätzlich der Zustimmung des Gläubigers.[359] Bei der gesetzlichen Schuldübernahme

356 *Xi*, Verständnis und Anwendung der *Auslegung zur Haftung bei Verkehrsunfällen*, S. 249.

357 *Xie*, Research on Legal System of Motor Vehicle Compulsory Liability Insurance, S. 122.

358 *Xie*, Research on Legal System of Motor Vehicle Compulsory Liability Insurance, S. 162.

359 *Looschelders*, Schuldrecht AT, Rn. 1151 ff.

gibt es aber keinen Grund, eine Zustimmung des Gläubigers zu verlangen, weil der Schutz des Geschädigten gerade vom Gesetz intendiert ist. Mit der Schuldübernahme tritt der übernehmende Dritte an die Stelle des Altschuldners, und zugleich wird der Altschuldner, also der versicherte Haftpflichtige, von seiner Verpflichtung oder Haftung befreit. *Peter Cane* hat zum Verhältnis zwischen der *third-party insurance* und der *first party insurance* wie folgt Stellung genommen: „Of cource the more ‚strict' tort liability is, the nearer liability insurance approaches to first-party insurance, until it eventually reaches the point at which it is, in effect, loss insurance purchased by one person for the benefit of others."[360]

2. *Taiwan*

a. Auslegung nach dem Ansatz der Versicherungsleistung aus der Haftung

In der Literatur sind die Rechtsnatur und die dogmatische Einordnung des Direktanspruchs des Geschädigten umstritten. Einige Autoren legen den Direktanspruch mittels der Theorien über den Direktanspruch im deutschen Recht aus. Es wird die Ansicht vertreten, dass der Direktanspruch im Wesentlichen ein deliktsrechtlicher Anspruch ist. Spezifisch ist nur, dass der Versicherer dem haftungsrechtlichen Schuldverhältnis zwischen dem Geschädigten und dem Versicherten beitritt und die beiden Schuldner gegenüber dem Geschädigten im Außenverhältnis als Gesamtschuldner haften.[361] Diese Autoren berücksichtigen jedoch die Besonderheiten der KH-Versicherung im chinesischen Taiwan im Vergleich zum deutschen Recht nicht ausreichend, nämlich dass der Direktanspruch im chinesischen Taiwan unabhängig von der Haftpflicht des Versicherungsnehmers ist. Außerdem lässt das TAPflVG offen, ob der Versicherer zusammen mit dem Versicherungsnehmer gegenüber dem geschädigten Dritten als Gesamtschuldner haftet. Zu beachten ist außerdem, dass die Bedeutung einer gesamtschuldnerischen Haftung für den Verkehrsopferschutz im chinesischen Taiwan nicht zu überschätzen ist, denn der Versicherte haftet nur für Verschulden bzw. für vermutetes Verschulden und nur ausnahmeweise, im Fall des Transportunternehmers, verschuldensunabhängig. In den meisten Fällen wird der Versicherer gegenüber dem Geschädigten zum einzigen Schuldner, auch wenn eine gesamtschuldnerische Haftung angenommen würde.

---

360 *Cane*, Atiyah's Accidents, Compensation and the Law, S. 235.
361 *Jiang*, Obligatorische KH-Versicherung, S. 145.

b. Gesetzlicher versicherungsrechtlicher Anspruch aus einem Vertrag zugunsten Dritter

Es wird auch die Ansicht vertreten, dass der Direktanspruch sich aus dem Versicherungsvertragsverhältnis ergibt, weil der Versicherungsvertrag einen Vertrag zugunsten Dritter darstelle. Spezifisch ist nur, dass der Direktanspruch ein gesetzlich begründetes unmittelbares und originales Forderungsrecht des Geschädigten sei.[362] Nur durch die Befriedigung des Direktanspruchs kann der Befreiungsanspruch der mitversicherten Personen erfüllt werden, obwohl sich die Versicherungsleistung an den geschädigten Dritten richtet.[363] Es wird deshalb die Meinung vertreten, dass der Direktanspruch keinen haftpflichtrechtlichen, sondern einen gesetzlichen bzw. versicherungsrechtlichen Charakter hat.[364]

F. Ausschluss und Verkürzung des Direktanspruchs

An dieser Stelle werden nur die Entlastungsgründe darstellt, die gegen bereits entstandene Ansprüche erhoben werden können. Die von der KH-Versicherung nicht übernommenen Schäden werden im Rahmen des § 5 behandelt. Ausgenommen sind ferner solche Entlastungsgründe, die in China nur für die über den gesetzlichen KH-Versicherungssummen liegenden Schäden gelten.

I. Deutschland

1. Das Mitverschulden des Geschädigten

§ 254 Abs. 1 BGB schreibt vor, dass die Verpflichtung zum Ersatz sowie der Umfang des Ersatzes von den Umständen und insbesondere davon abhängt, inwieweit der Schaden vorwiegend von dem einen oder dem anderen Teil verursacht worden ist, wenn zur Entstehung eines Schadens das Verschulden des Geschädigten beigetragen hat. Für die Mitwirkung des Geschädigten bei der Entstehung eines Verkehrsunfalls verweist § 9 StVG ebenfalls auf § 254 BGB. Zur Mitwirkung des Geschädigten bei der Gefährdungshaftung zählt auch die mitwirkende Betriebsgefahr, die von der Rechtsprechung als Haftungsminderungsgrund anerkannt worden ist.[365] Dieses Rechtsinstitut wird sogar als Gewohnheitsrecht bezeichnet.[366]

---

362 *Yeh*, Der Verkehrsopferschutz und dessen Entwicklung, S. 123.
363 *Jiang*, Obligatorische KH-Versicherung, S. 145.
364 *Yeh*, Der Verkehrsopferschutz und dessen Entwicklung, S. 123.
365 BGHZ 6, 319.
366 *Lange/Schiemann*, Schadensersatzrecht, S. 557.

Der Begriff des Verschuldens in § 254 BGB ist weit auszulegen, sodass darunter nicht nur Verhaltensweisen zum Schutz fremder Rechtsgüter, sondern auch solche zum Schutz eigener Interessen an der Unversehrtheit oder an der Geringhaltung der Beeinträchtigungen an eigenen Rechtsgütern fallen.[367] Es war lange Zeit umstritten, ob es sich bei § 254 BGB um ein echtes Verschulden oder nur um „ein Verschulden gegen sich selbst" handelt, weil es grundsätzlich nicht rechtswidrig ist, sich selbst zu schädigen. Also geht es bei § 254 BGB nicht um ein echtes auf eine widerrechtliche Tatbestandsverwirklichung gerichtetes Verschulden, sondern vielmehr auch um ein „Verschulden gegen sich selbst". Diese Diskussion wurde erst durch die Entdeckung der Theorien über die Obliegenheit durch *Reimer Schmidt* zum Stillstand gebracht. Die Rechtsfigur der Obliegenheit entstammt dem Versicherungsrecht; darunter werden die Verhaltensregeln des Versicherungsnehmers verstanden, deren Erfüllung die andere Vertragspartei, also der Versicherer, zwar nicht einklagen oder deren Verletzung er im Rahmen eines Schadensersatzanspruchs geltend machen kann,[368] doch deren Nichterfüllung den Verlust einer günstigen Rechtsposition bzw. andere Rechtsnachteile zur Folge haben kann.[369] Der Grund dafür ist, dass „eine Obliegenheit nur ein Verhaltensprogramm mit einer Verbindlichkeit minderen Grades ist, das vor allem im eigenen und nur in zweiter Linie im Interesse eines Dritten aufgestellt worden ist".[370] Sowohl im römischen Recht als auch im englischen Recht hat sich das Mitverschulden im Falle der Verschuldenshaftung bzw. der contributory negligence als Ausschluss der Haftung entwickelt, aber die absolute Durchsetzung dieses Prinzips wurde später aufgegeben. Im 19. Jahrhundert wurde das Konzept der Abwägung beim Mitverschulden entwickelt, wonach das Mitverschulden des Anspruchsberechtigten grundsätzlich zur Schadensverteilung und nur bei besonders schwerem Mitverschulden zum Ausschluss der Haftung führt.[371]

Das Mitverschulden des Geschädigten wirkt sich auf seinen Direktanspruch gegen den Versicherer nur mittelbar aus, weil der Direktanspruch in Deutschland in seiner Entstehung und seinem Umfang von der Haftpflicht des Versicherten abhängt.[372] Bei der Anrechnung des Mitverschuldens des Geschädigten ist der mit der Schadensersatzrechtsreform 2002 eingeführte § 828 Abs. 2 BGB zu beachten,

---

367 *Greger*, Haftungsrecht des Straßenverkehrs, § 22, Rn. 9.
368 *Wandt*, Versicherungsrecht, Rn. 531.
369 *Wolf/Neuner*, Allgemeiner Teil des Bürgerlichen Rechts, § 19, Rn. 38.
370 *Deutsch/Ahrens*, Deliktsrecht, Rn. 206.
371 *Deutsch/Ahrens*, Deliktsrecht, Rn. 204.
372 *Yeh*, Der Verkehrsopferschutz und dessen Entwicklung, S. 112.

wonach das Mitverschulden von Kindern, die zwar älter als 7 Jahre sind, jedoch das 10. Lebensjahr noch nicht vollendet haben, nicht anzurechnen ist.

2. *Vorsatz des Geschädigten im Rahmen der KH-Versicherung*

Im gemeinen Recht herrscht das Prinzip der Culpa-Kompensation, das zur Folge hat, dass der Schadensersatzanspruch bei strenger Anwendung des casum-sentit-dominus-Prinzips und der condicio-sine-qua-non-Formel versagt werden kann, wenn es ohne einen vorwerfbaren Verursachungsbeitrag des Geschädigten nicht zu seinem Schaden gekommen wäre.[373] Für das allgemeine Haftungsrecht ist dies durch das Prinzip der Schadensteilung abgelöst worden. Nach § 254 Abs. 1 BGB soll es bei einem Verschulden des Geschädigten von einer Abwägung der Verursachungsanteile abhängen, wie der Schaden nach dem Maß der jeweiligen Verantwortlichkeit zwischen Schädiger und Geschädigten zu verteilen ist. Bei der Abwägung der Verantwortlichkeit stehen das objektive Gewicht der Verursachungsbeiträge und der Grad des Verschuldens im Vordergrund.[374] Die Verantwortlichkeit eines Beteiligten kann jedoch auch so stark überwiegen, dass der Beitrag des anderen vollständig außer Acht gelassen werden kann. Hat etwa ein Beteiligter vorsätzlich, der andere aber nur fahrlässig gehandelt, so muss der Schaden regelmäßig allein von demjenigen getragen werden, dem der Vorsatz zur Last fällt.[375] In diesem Fall hat der Geschädigte keinen Schadensersatzanspruch aus dem haftungsrechtlichen Verhältnis und ebenso auch keinen Direktanspruch gegen den Versicherer, weil die deutsche KH-Versicherung eine klassische Haftpflichtversicherung darstellt, für die der Grundsatz der Versicherungspflicht aus der Haftung gilt.

3. *Höhere Gewalt*

Nach § 7 Abs. 2 StVG ist der Kfz-Halter dann haftungsfrei, wenn der Unfall auf höherer Gewalt beruht. Unter der höheren Gewalt versteht man ein Ereignis, das von außen auf den Betrieb des Fahrzeugs einwirkt und so außergewöhnlich ist, dass der Schädiger mit seinem Eintritt nicht zu rechnen braucht, und das weder durch wirtschaftlich tragbare Einrichtungen noch durch die äußerste nach der Sachlage vernünftigerweise zu erwartende Sorgfalt verhütet oder unschädlich gemacht werden kann.[376] Erforderlich ist zuerst, dass das Ereignis außerhalb des

---

373 Vgl. *Greger*, Haftungsrecht des Straßenverkehrs, § 22, Rn. 1.

374 *Looschelders*, Schuldrecht AT, Rn.

375 BGHZ 98, 148, 159.

376 BGH, VersR 1955, 346.

Kfz-Betriebs liegt, also betriebsfremd ist.[377] In Betracht kommen insbesondere Naturereignisse, technische Katastrophen sowie menschliche Handlungen, sogar Handlungen des Geschädigten, nicht aber Handlungen der beim Betrieb des Fahrzeugs tätigen Personen sowie technische Mängel des Kfz.[378] Außerdem muss das Ereignis im Kfz-Verkehr so ungewöhnlich sein, „dass es in seinem Ausnahmecharakter einem elementaren Ereignis gleichkommt".[379] Es genügt daher nicht, dass sich dabei nur das verkehrstypische Risiko verwirklicht hat.[380] Schließlich muss das Ereignis nicht abgewendet werden können, wofür der Schädiger die zur Abwehr des Schadens äußerste Sorgfalt nachweisen muss.[381]

4. *Unabwendbares Ereignis*

Für Ansprüche, die gegen Halter, Führer und Eigentümer anderer Kraftfahrzeuge, Tierhalter und Bahnunternehmer geltend gemacht werden, besteht noch eine andere Entlastungsmöglichkeit, nämlich ein unabwendbares Ereignis nach § 17 Abs. 3 StVG. Diese Entlastungsmöglichkeit wird aber deshalb kritisiert, weil sie die Aufspaltung der Ausschlussgründe bei der Rechtsanwendung erschwert und zu ungereimten Ergebnissen führen kann, wenn bei einem Unfall sowohl motorisierte als auch andere Verkehrsteilnehmer geschädigt werden.[382] Da die Risikotragung des Kraftfahrzeughalters im Rahmen der Betriebsgefahr berücksichtigt werden kann,[383] wird zu Recht vorgeschlagen, dass unabwendbare Ereignisse durch den Begriff der „höheren Gewalt" zu ersetzen seien.[384]

II. China

1. *Festland*

a. Das Mitverschulden des Geschädigten im Haftungsrecht und bei der KH-Versicherung

In beinahe jeder Rechtsordnung baut die deliktische Haftung auf dem Verschuldensprinzip auf. Auf dem chinesischen Festland gebraucht das Gesetz einen einheitlichen Verschuldensbegriff, der nach der h. M. in Vorsatz und Fahrlässigkeit

377 *Kötz/Wagner*, Deliktsrecht, Rn. 531.
378 *Greger*, Haftungsrecht des Straßenverkehrs, § 3, Rn. 356.
379 *Greger*, Haftungsrecht des Straßenverkehrs, § 3, Rn. 356.
380 OLG Celle, ZGS 2005, 278.
381 *Greger*, Haftungsrecht des Straßenverkehrs, § 3, Rn. 358.
382 *Greger*, Haftungsrecht des Straßenverkehrs, § 3, Rn. 359.
383 Vgl. *Kötz/Wagner*, Deliktsrecht, Rn. 562.
384 Vgl. *Jansen*, Die Struktur des Haftungsrechts, S. 612.

aufgeteilt werden kann.[385] Nach § 6 Abs. 1 CHaftungsG ist jeder zum Schadensersatz verpflichtet, der Rechte oder zivilrechtliche Interessen eines anderen schuldhaft verletzt hat. Bei der Begründung einer deliktischen Haftung werden Vorsatz und Fahrlässigkeit grundsätzlich gleich behandelt.

Nach § 26 CHaftungsG wird die deliktische Haftung des Schädigers entsprechend gekürzt, wenn den Geschädigte bei der Entstehung des Schadens gleichfalls ein Verschulden trifft. Grundsätzlich richtet sich die Verantwortlichkeit nach dem Beitrag des jeweiligen Beteiligten bei der Schadensverursachung, wobei die Anrechnung des Mitverschuldens in bestimmten Fällen jedoch eingeschränkt wird. Ein Mitverschulden des Geschädigten kommt gemäß § 2 Abs. 1 S. 2 der *Auslegung zu Personenschäden* nicht in Betracht, wenn dem Schädiger Vorsatz oder grobe Fahrlässigkeit zur Last fällt, der Geschädigte aber nur leicht fahrlässig gehandelt hat. Obwohl das CHaftungsG und das CSVG keine solche Vorschrift beinhalten, wird die Ansicht vertreten, dass das Mitverschulden des Geschädigten auch im Verkehrsunfallrecht auf grobe Fahrlässigkeit beschränkt werden sollte, um den Verkehrsopferschutz zu verbessern.[386]

Es muss darauf hingewiesen werden, dass § 76 Abs. 2 CSVG nur die deliktische Haftung des Fahrers eines Kraftfahrzeugs betrifft, nicht aber die Versicherungsleistungspflicht des Versicherers gegenüber dem Geschädigten.[387] Da die Versicherungsleistung des KH-Versicherers innerhalb der gesetzlichen Versicherungssummen nicht vom Vorliegen einer Ersatzpflicht der versicherten Person gegenüber dem Geschädigten abhängt, stellt sich die Frage, inwieweit die Regeln über das Mitverschulden auf den Direktanspruch des Geschädigten anzuwenden sind. Der Direktanspruch des Geschädigten gegen den Versicherer ist zwar als gesetzlicher Schadensersatzanspruch ausgestaltet, der die Herbeiführung eines Verkehrsunfalls durch den Versicherten voraussetzt, wobei jedoch nicht erforderlich ist, dass eine deliktische Haftung des Versicherten nach dem Haftungsrecht vorliegen muss. Es ist aber allgemein anerkannt, dass der Grundsatz des Mitverschuldens des Geschädigten für alle Schadensersatzansprüche gelten soll.[388]

Vorgeschlagen wird, dass Mitverschulden nur dann eingreifen soll, wenn dem Geschädigten grobe Fahrlässigkeit zur Last fällt; dagegen wird der Direktanspruch des Geschädigten gegen den Versicherer nicht verkürzt, wenn den Geschädigten

385 *Cheng*, Deliktsrecht, S. 188.
386 *Cheng*, Deliktsrecht, S. 420.
387 *Liu/Li/Cao*, Zur chinesischen KH-Versicherung, S. 147.
388 *Cheng*, Deliktsrecht, S. 420.

nur leichte Fahrlässigkeit trifft.[389] Als Argument wird die *Auslegung zu Personenschäden* genannt, in deren § 2 Abs. 2 vorgeschrieben wird, dass die Regeln über das Mitverschulden des Geschädigten nur dann bei der Haftung für hoch gefährliche Tätigkeiten aus § 106 Abs. 3 CAGZ eingreift, wenn dem Geschädigten grobe Fahrlässigkeit zur Last fällt. Da die KH-Versicherung auf dem chinesischen Festland tatsächlich wie eine Gefährdungshaftung funktioniert, ist der gleiche Grundgedanke anzuwenden, obwohl eine entsprechende ausdrückliche Regelung für die KH-Versicherung in CSVG oder CPflVV fehlt. Insbesondere der Gesetzeszweck der KH-Versicherung, der in erster Linie im Verkehrsopferschutz liegt, rechtfertigt eine solche Betrachtungsweise.[390]

b. Die vorsätzliche Herbeiführung des Verkehrsunfalls durch den Geschädigten

Die deliktische Haftung des Schädigers kann entfallen, wenn der Geschädigte selbst besonders vorwerfbar und deshalb nicht mehr schutzwürdig gehandelt hat. Nach § 27 CHaftungsG entfällt die deliktische Haftung, wenn der Schaden durch vorsätzliches Handeln des Geschädigten eingetreten ist. Dieser Ausschlussgrund ist oft auch in besonderen deliktischen Tatbeständen enthalten. § 76 Abs. 2 CSVG schreibt außerdem vor, dass der Fahrer eines Kraftfahrzeugs nicht zum Schadensersatz verpflichtet ist, wenn der Verkehrsunfall durch das vorsätzliche Handeln des Fahrers eines nicht motorisierten Fahrzeugs oder eines Fußgängers herbeigeführt wird. Eine entsprechende Vorschrift findet sich auch in § 123 Abs. 2 CAGZ, wonach die verschuldensunabhängige Haftung des Betreibers hochgefährlicher Vorgänge bzw. Anlagen entfällt, wenn der Schaden aufgrund einer vorsätzlichen Handlung des Geschädigten eingetreten ist.

Obwohl Vorsatz des Geschädigten als Ausschlussgrund der deliktischen Haftung im Haftungsrecht gilt, ist nicht ohne Zweifel, ob dieses Prinzip auch für den Direktanspruch des Geschädigten gegen den Versicherer gilt. Wie bereits ausgeführt wurde, gelten die Vorschriften über Straßenverkehrsunfälle im CSVG grundsätzlich nur für die deliktische Haftung, nicht aber auch für die KH-Versicherung. Eine ausdrückliche Regelung über vorsätzliches Handeln des Geschädigten findet sich in § 21 Abs. 2 CPflVV, wonach der Versicherer nicht zum Ersatz des Schadens des Geschädigten verpflichtet ist, wenn der Schaden zumindest auch Resultat von dessen eigener vorsätzlicher Handlung ist. Der Zweck dieser Vorschrift liegt darin, dass Selbstschädigung und Versicherungsbetrug nicht durch die KH-Versicherung

389 *Cheng*, Deliktsrecht, S. 595.
390 *Cheng*, Deliktsrecht, S. 595.

gedeckt sein sollen, weil es nicht selten vorkommt, dass ein Geschädigter sich bewusst vorbeifahrenden Kraftfahrzeugen nähert, um eine Versicherungsleistung zu erhalten. Der Gesetzgeber wollte damit auch einen rechtspolitischen Zweck erzielen.[391]

c. Höhere Gewalt

Es wird die Meinung vertreten, dass höhere Gewalt bei allen Schadensersatzansprüchen eingreifen kann, soweit das Gesetz nicht etwas anderes vorschreibt.[392] Der Ausschlussgrund der höheren Gewalt wird nämlich in § 107 CAGZ, § 117 Abs. 1. S. 1 CVertragsG und § 29 CHaftungsG wiederholt geregelt. Bei bestimmten Tatbeständen schließt höhere Gewalt die Haftung jedoch ausnahmsweise nicht aus, so z. B. bei der Haftung des Betreibers einer Kernanlage oder der Haftung des Betreibers eines Flugzeugs.[393]

Es stellt sich jedoch die Frage, ob das Vorliegen höherer Gewalt den Direktanspruch des Geschädigten im Rahmen der KH-Versicherung ausschließt. Es gibt Befürworter, die den Ausschluss auch beim Direktanspruch anwenden,[394] obwohl der Begriff der höheren Gewalt als Ausschlussgrund weder in der CPflVV noch in den CAKB genannt wird. Da die Aufzählung der Ausschlussgründe in § 10 CAKB abschließend ist, ist höhere Gewalt als Ausschlussgrund des Direktanspruchs zu verneinen. Denn zum einen setzt der Direktanspruch des Geschädigten auf dem chinesischen Festland keine deliktsrechtliche Anspruchsgrundlage voraus, so dass es nicht überzeugend ist, den Ausschlussgrund der deliktischen Haftung auf den Direktanspruch zu übertragen. Und zum anderen wird die Versicherungsleistung des Versicherers durch die gesetzlichen Versicherungssummen beschränkt, so dass dem Verkehrsopferschutz mehr Aufmerksamkeit geschenkt werden sollte.

2. *Taiwan*

a. Das Mitverschulden des Geschädigten im Haftungsrecht und im Rahmen der KH-Versicherung

Das Mitverschulden des Geschädigten wird in § 217 Abs. 1 TBGB geregelt, wonach die Ersatzpflicht des Schädigers gemindert oder u. U. sogar ausgeschlossen wird,

---

391 *Zhang/Chen*, Comprehension and Application of the Regulation Regarding Compulsory Liability Insurance for Auto Road Traffic Accident, S. 140.

392 *Cheng*, Deliktsrecht, S. 216.

393 *Wang* (Hrsg.), Kommentar zum chinesischen Haftungsgesetz, S. 164.

394 *Cheng*, Deliktsrecht, S. 423.

wenn der Ersatzberechtigte bei der Entstehung oder Vergrößerung des Schadens schuldhaft mitgewirkt hat. Es ist aber allgemein anerkannt, dass § 217 TBGB auch auf die Fälle anzuwenden ist, in denen der Schädiger nicht für eine rechtswidrige schuldhafte Handlung, sondern verschuldensunabhängig bzw. für vermutetes Verschulden haftet.[395] Ein Mitverschulden des Geschädigten im Straßenverkehr liegt z. B. vor, wenn der Fahrer eines Motorrads den Schutzhelm nicht ordnungsgemäß getragen hat oder der Geschädigte in Kenntnis der fehlenden Fahrerlaubnis des Fahrers bei diesem mitgefahren ist und schließlich verletzt wurde.[396]

Das TPflVG enthält allerdings keine Vorschrift bezüglich des Mitverschuldens des Geschädigten, so dass sich die Frage stellt, ob die Regeln über das Mitverschulden auch für den Direktanspruch des Geschädigten gelten. Aus der Gesetzesbegründung ist zu entnehmen, dass der Gesetzgeber die Regeln über das Mitverschulden im Rahmen der KH-Versicherung nicht gelten lassen wollte und deshalb eine entsprechende Vorschrift bewusst unterlassen hat.[397] Aber wie bereits erklärt wurde, schließt der Direktanspruch des Geschädigten innerhalb der gesetzlichen Versicherungssummen der KH-Versicherung die deliktische Haftung nicht aus, so dass die Regeln über das Mitverschulden auch für den Direktanspruch des Geschädigten in Betracht kommen sollten, um eventuelle Wertungswidersprüche zu vermeiden.[398]

In der Literatur ist allgemein anerkannt, dass die Regeln über das Mitverschulden auch für den Direktanspruch des Geschädigten gegen den Versicherer gelten, weil der Direktanspruch des Geschädigten ebenfalls schadensersatzrechtlichen Charakter hat. Zur Begründung werden jedoch Theorien angeführt, die nur für die traditionelle Haftpflichtversicherung gelten, bei der die Versicherungsleistung des Versicherers hinsichtlich der Entstehung und des Umfangs von der Ersatzpflicht der versicherten Personen abhängt.[399] Obwohl dem Ergebnis zuzustimmen ist, dass Mitverschulden für alle Schadensersatzansprüche gilt, einschließlich des Direktanspruchs des Geschädigten, ist diese Schlussfolgerung aber nicht unproblematisch, weil die Unabhängigkeit der Versicherungsleistung von der Ersatzpflicht der versicherten Person gerade die Besonderheit des chinesischen KH-Versicherungsrechts darstellt.

Es wird zu Recht darauf hingewiesen, dass der Gesetzeszweck der KH-Versicherung im Verkehrsopferschutz liegt und dass dieser Zweck bei der Anwendung

395 *Qiu*, Schuldrecht AT, S. 229.
396 *Yeh*, Der Verkehrsopferschutz und dessen Entwicklung, S. 81.
397 Bekanntmachung der Legislative Yuan, 1996, S. 59.
398 *Jiang*, Obligatorische KH-Versicherung, S. 77.
399 *Jiang*, Obligatorische KH-Versicherung, S. 141.

der Regeln über das Mitverschulden auch berücksichtigt werden muss. So liegt ein Mitverschulden erst dann vor, wenn den Geschädigten mindestens grobe Fahrlässigkeit trifft. Doch auch in diesem Fall sollte der Direktanspruch des Geschädigten nicht ausgeschlossen, sondern nur entsprechend gemindert werden, um den Geschädigten weiterhin zu schützen.[400]

b. Die vorsätzliche Herbeiführung des Verkehrsunfalls durch den Geschädigten

Der Versicherer ist dem Geschädigten gegenüber vollständig leistungsfrei, wenn der Verkehrsunfall wegen Vorsatzes des Geschädigten eingetreten ist (§ 28 Abs. 1 Nr. 1 TPflVG). Nach § 28 Abs. 2 TPflVG wird der Versicherer nur entsprechend im Verhältnis leistungsfrei, wenn es mehrere Geschädigte gibt und nur einer oder mehrere davon eine vorsätzliche oder strafbare Handlung begangen haben. Der Anspruch der anderen Geschädigten auf Versicherungsleistung gegen den Versicherer bleibt unberührt.[401]

Diese Ausgestaltung wird deshalb angezweifelt, weil im Bereich des Versicherungsrechts nur vorsätzliches Handeln des Versicherungsnehmers oder mitversicherter Personen als subjektives Risiko angesehen und damit aus dem Versicherungsschutz ausgeschlossen werden sollte. Es wird daher die Meinung vertreten, dass der Ausschlussgrund der vorsätzlichen Herbeiführung bzw. Mitverursachung des Verkehrsunfalls zwar den gesetzlichen Risikosauschlüssen der Unfallversicherung, nicht aber den der Haftpflichtversicherung entspricht.[402] Als Argument wird ausgeführt, dass es vorkommen könne, dass das Interesse des Geschädigten beeinträchtigt würde, weil die unbilligen Handlungen des Geschädigten im Haftungsrecht nur als Mitverschulden bewertet werden und die eine Haftungsminderung zur Folge haben. Es wird daher vorgeschlagen, dass solche unbilligen Handlungen des Geschädigten nur als Minderung des Direktanspruchs bewertet werden sollten, nicht aber als Risikoausschluss. Die Leistungsfreiheit des Versicherers sollte sich nur auf das Außenverhältnis zwischen Versicherer und Geschädigtem beschränken, wogegen der Versicherer im Innenverhältnis gegenüber der versicherten Person weiter leistungspflichtig bleibt.[403]

Dieser Ansicht ist nicht zuzustimmen, weil der Vorsatz des Geschädigten als eine Form des Mitverschuldens im Haftungsrecht grundsätzlich auch zum

400 *Jiang*, Obligatorische KH-Versicherung, S. 150.
401 *Yeh*, Der Verkehrsopferschutz und dessen Entwicklung, S. 174.
402 *Yeh*, Der Verkehrsopferschutz und dessen Entwicklung, S. 174.
403 *Jiang*, Obligatorische KH-Versicherung, S. 371.

Ausschluss der Haftung führen kann. Das gleiche sollte auch für den Direktanspruch gelten, weil der Direktanspruch gerade an die Stelle des Schadensersatzes innerhalb der gesetzlichen Versicherungssummen der KH-Versicherung tritt. Die möglichen Wertungswidersprüche können dadurch vermieden werden, dass die Ersatzpflicht der versicherten Person innerhalb der gesetzlichen Versicherungssummen ausgeschlossen wird, obwohl das Gesetz selbst diese Frage offen gelassen hat. Im neuseeländischen Recht besteht in solchen Fällen bspw. auch kein Entschädigungsanspruch, abgesehen von einem Anspruch auf Heilbehandlungskosten, wenn sich die verletzte Person die Verletzungen vorsätzlich selbst zugefügt oder ihren eigenen Tod herbeizuführen versucht hat. Ein Anspruch scheidet auch aus, wenn sich eine Person bei der Begehung eines Verbrechens verletzt.[404]

c. Die Herbeiführung des Verkehrsunfalls durch eine strafbare Handlung des Geschädigten

Der Versicherer ist dem Geschädigten gegenüber auch dann vollständig leistungsfrei, wenn der Verkehrsunfall bei einer strafbaren Handlung (§ 28 Abs. 1 Nr. 2 TPflVG) des Geschädigten eingetreten ist. Wie bereits dargestellt wurde, hat der geschädigte Fahrer auch einen Direktanspruch gegen den Versicherer anderer am Unfall beteiligter Kraftfahrzeuge, wenn der Verkehrsunfall sich zwischen mindestens zwei Kraftfahrzeugen ereignet hat, obwohl er selbst kein Dritter im Verhältnis zum Versicherer des eigenen Kraftfahrzeugs ist. Die praktische Bedeutung dieser Vorschrift liegt darin, dass der Direktanspruch des geschädigten Fahrers eines Kraftfahrzeugs entfallen könnte, wenn sich der Verkehrsunfall zwischen mindestens zwei Kraftfahrzeugen ereignet und der geschädigte Fahrer eine strafbare Handlung begangen hat. Zu strafbaren Handlungen gehören insbesondere Trunkenheit am Steuer, Genuss von Rauschmitteln und Fahren ohne gültigen Führerschein.[405] Der Grund dafür liegt darin, dass dem Fahrer eines Kraftfahrzeugs höhere Sorgfaltspflichten zugunsten der Verkehrssicherheit auferlegt werden müssen.

G. Zusammenfassung

I. Die Schutzfunktion der KH-Versicherung und die Einführung eines Direktanspruchs des Geschädigten

Bei der allgemeinen Haftpflichtversicherung wird der Geschädigte bei der Durchsetzung seines Schadensersatzanspruchs mit vielen Schwierigkeiten konfrontiert,

---

404 *Rohde*, Haftung und Kompensation bei Straßenverkehrsunfällen. S. 91.
405 *Jiang*, Obligatorische KH-Versicherung, S. 371.

weil für sie das sog. Trennungsprinzip gilt. Um die Rechtsstellung des Geschädigten zu verbessern, ist die Schutzfunktion der KH-Versicherung immer wichtiger geworden. Zur Entfaltung der Schutzfunktion der KH-Versicherung werden viele Prinzipien der allgemeinen Haftpflichtversicherung modifiziert. Zu diesem Zweck wurde in Deutschland der Direktanspruch des Geschädigten schon vor Jahrzehnten eingeführt und auch im chinesischen Taiwan besteht ein solcher Direktanspruch des Geschädigten. Dagegen ergeben sich Streitigkeiten hinsichtlich dieses Rechtsinstruments auf dem chinesischen Festland, weil dort die Vorschriften in der CPflVV und im CSVG unterschiedlich und sogar widersprüchlich sind. Mittels einer teleologischen Auslegung der Vorschriften ist ein Direktanspruch jedoch zu bejahen. Der Direktanspruch ist ursprünglich durch die *Auslegung zur Haftung bei Verkehrsunfällen* entwickelt worden, so dass er aber außerhalb von Gerichtsverfahren grundsätzlich immer noch eine ausdrückliche Vorschrift im Gesetz braucht.

II. Die Voraussetzungen des Direktanspruchs

Die Voraussetzungen des Direktanspruchs des Geschädigten in Deutschland sind vom Grundsatz der Akzessorietät der Haftpflichtversicherung bestimmt, wonach der Geschädigte den Direktanspruch nur dann geltend machen kann, wenn die Voraussetzungen des Schadensersatzanspruchs des Geschädigten gegen die versicherte Person gegeben sind. Um die Rechtsstellung des Geschädigten zu verstärken, wird das Erfordernis des Vorliegens eines Versicherungsverhältnisses in Deutschland ausgeweitet, z. B. durch das Instrument der Nachhaftung des Versicherers.

Obwohl die Versicherungsleistungspflicht des Versicherers sowohl im chinesischen Taiwan als auch auf dem chinesischen Festland nicht von der Haftpflicht der versicherten Person abhängt, ist die Versicherungsleistungspflicht des Versicherers aber nicht absolut. Der Begriff des Verkehrsunfalls bildet die entscheidende Voraussetzung für die Begründung eines Direktanspruchs des Geschädigten und dient auch zur Eingrenzung der Leistungspflicht des Versicherers. Da die Ersatzpflicht des Versicherers noch strikter als die Gefährdungshaftung im deutschen Recht ist, muss sich die typische Betriebsgefahr des Kraftfahrzeugs im Verkehrsunfall verwirklicht haben. Außerdem muss ein Kausalzusammenhang zwischen Unfall und Schaden vorliegen.

III. Die Rechtsnatur des Direktanspruchs

Da nach der Einführung des Direktanspruchs des Geschädigten in Deutschland die versicherte Person mit dem Versicherer zusammen als Gesamtschuldner haftet, stellt der Direktanspruch nach der h. M. einen gesetzlichen Schuldbeitritt dar. Eine solche gesamtschuldnerische Haftung findet sich ausdrücklich weder im chinesischen Taiwan noch auf dem chinesischen Festland, doch wird sie auch nicht ausdrücklich ausgeschlossen. Es wird vielmehr die gleiche Ansicht wie die der h. M. in Deutschland vertreten, allerdings ist diese Ansicht angesichts der Besonderheiten der KH-Versicherung in China nicht ohne Zweifel. Da die Ersatzpflicht des Versicherers innerhalb der gesetzlichen Versicherungssummen der KH-Versicherung so etwas wie eine Kausalhaftung darstellt, ist eine Gesamtschuldnerschaft zu verneinen. Vielmehr stellt der Direktanspruch eine gesetzliche Schuldübernahme dar. Voraussetzung dafür ist aber, dass die möglichen Schutzlücken ausgefüllt werden, damit der Direktanspruch des Geschädigten in allen Fällen sichergestellt werden kann.

IV. Berechtigte des Direktanspruchs

In Deutschland gilt der Identitätsgrundsatz des Direktanspruchs im Rahmen der KH-Versicherung, d.h. die Versicherungsleistung an den Geschädigten setzt das Vorliegen einer begründeten haftpflichtrechtlichen Anspruchsgrundlage voraus. Ob eine Person als Dritter von der KH-Versicherung geschützt werden kann, hängt entscheidend davon ab, ob das Vollzugsverhältnisses durch ein eigenes Forderungsrecht des Geschädigten im Sinne eines Vertrags zugunsten Dritter geprägt wird. Der Gegenstand des Vollzugsverhältnisses bei der KH-Versicherung ergibt sich in erster Linie aus den Bestimmungen über die deliktische sowie die Gefährdungshaftung, wozu auch vertragliche Bestimmungen gehören, soweit sie Schadensersatzcharakter haben. Da in Deutschland dem Fahrer eines Kraftfahrzeugs in § 18 Abs. 1 StVG nur eine Haftung für vermutetes Verschulden auferlegt wird, besteht daher die Möglichkeit, dass eine Haftung bei erfolgreicher Exkulpation nicht besteht. Wenn der Halter eines Kraftfahrzeugs gleichzeitig der Versicherungsnehmer ist, kann sein Schadensersatzanspruch gegen den Fahrer wegen des milderen Haftungsmaßstabes manchmal nicht sichergestellt werden. Auch der mitversicherte Fahrer oder andere beim Betrieb des Kraftfahrzeugs mitversicherte Personen können Dritte sein, wenn sie einen Schadensersatzanspruch gegen den Versicherungsnehmer haben. Ob diese Ausgestaltung dem Sinn und Zweck der KH-Versicherung entspricht, ist nicht ohne Zweifel, wie z.B. dann, wenn der Fahrer vom Kfz-Halter angestellt wird, wobei der Fahrer von der gesetzlichen Unfallversicherung bereits ausreichend geschützt wird. In anderen Fällen wiederum ist die praktische Bedeutung der KH-Versicherung für den Fahrer nicht zu überschätzen, weil eine Haftpflicht des Halters gegenüber dem Fahrer nur schwierig begründet werden kann.

Im chinesischen Taiwan wird der Kreis der Geschädigten relativ weit gezogen, so dass darunter auch Fahrgäste fallen können; ausgenommen ist nur der im haftungsrechtlichen Verhältnis als Schädiger angesehene Fahrer. Wie bereits ausgeführt wurde, muss der Geschädigte sich jedoch an den Entschädigungsfonds wenden, wenn der Fahrer ohne Zustimmung des Versicherungsnehmers das Kraftfahrzeug geführt hat. Dagegen ist der Kreis der geschädigten Dritten auf dem chinesischen Festland zu eng, weil sowohl Fahrgäste als auch im Kraftfahrzeug befindliche Personen von der KH-Versicherung ausgeschlossen werden. Ausgenommen ist auch der Fahrer, weil er als versicherte Person im haftungsrechtlichen Verhältnis steht.

V. Ausschluss und Verkürzung des Direktanspruchs

In Deutschland funktionieren der Ausschluss sowie die Verkürzung des Direktanspruchs in der Weise, dass sie auf den deliktischen Anspruch des Geschädigten einwirken. Sie beeinflussen den Direktanspruch des Geschädigten also nur indirekt, während sie sich in China unmittelbar auf den Direktanspruch auswirken. Grundsätzlich verkürzt das Mitverschulden des Geschädigten den deliktsrechtlichen Anspruch bzw. den Direktanspruch, doch in China kommt das nur bei grober Fahrlässigkeit des Geschädigten in Betracht, nicht aber schon bei leichter Fahrlässigkeit.

Der Vorsatz des Geschädigten führt in beiden Ländern zum Ausschluss des Schadensersatzanspruchs. In Deutschland haftet der Halter nicht, wenn der Unfall auf höhere Gewalt zurückzuführen ist. Wenn ein unabwendbares Ereignis vorliegt, haftet der Halter auch nicht für die Schäden des Halters, Führers sowie Eigentümers des anderen Kraftfahrzeugs und ebenso wenig für die Schäden eines Tierhalters oder Bahnunternehmers. In China wird höhere Gewalt nicht als Ausschlussgrund des Direktanspruchs angesehen, was angesichts des ohnehin begrenzten Leistungsumfangs der KH-Versicherung auch zutreffend ist.

§ 4. Die verschuldensunabhängige Haftung im Straßenverkehrsrecht

A. Die Gefährlichkeit des Fahrzeugbetriebs und die Zurechnungsprinzipien der Verkehrsunfallhaftung

In der industrialisierten Gesellschaft haben neue Erfindungen das menschliche Leben stark verändert, zugleich aber auch erhebliche Unfallrisiken mit sich gebracht. Solche Risiken sind nicht kalkulierbar und damit oftmals nicht beherrschbar. Die Gefährlichkeit des Fahrzeugbetriebs ergibt sich daraus, dass einerseits die menschlichen Fähigkeiten zur Schadensvermeidung begrenzt sind, und andererseits die Technik selbst auch nicht vollkommen ist. So lässt sich mit ein wenig Übertreibung sagen, dass solche Unfälle meistens unvermeidbar sind. Bei der Beurteilung der Gefährlichkeit spielen nach *Koziol* folgende drei Aspekte eine entscheidende Rolle: „Die Wahrscheinlichkeit eines Schadenseintritts, das Ausmaß des möglichweise eintretenden Schadens und die Beherrschbarkeit des Risikos".[406] Wie *Esser* schon gesagt hat: „Deren gemeinsame Grundlagen sind freilich noch nicht gesichert, sondern sie haben im Begriff der „Gefährlichkeit" nur einen äußeren, keineswegs verbindlichen Generalnenner gefunden".[407]

Für die Entwicklung der Gesellschaft sind solche Tätigkeiten und Sachen, die zwar Unfallrisiken mit sich bringen, jedoch unverzichtbar, denn sonst „würden wir uns noch immer im Mittelalter befinden, wenn der Gesetzgeber alle Aktivitäten verboten hätten, die heute mit einer Gefährdungshaftung belegt werden".[408] Derartige gefährlichen Sachen oder Tätigkeiten als solche sind zwar nicht rechtswidrig,[409] doch sollten die dadurch Geschädigten nicht Opfer der modernen Technik und Industrialisierung werden. Um den Verkehrsopferschutz zu verbessern, wird die grundlegende Verschuldenshaftung in fast allen Rechtsordnungen modifiziert, wobei jedoch der Grad der Modifizierung in den verschiedenen Rechtsordnungen ist nicht identisch. Das Spektrum reicht vielmehr von einer verschärften Verschuldenshaftung bis hin zu einer vermuteten Verschuldenshaftung oder gar einer verschuldensunabhängigen Haftung.[410]

---

406 *Koziol*, Grundfragen des Schadenersatzrechts, Rn. 6/150.

407 *Esser*, Grundlagen und Entwicklung der Gefährdungshaftung. S. 5.

408 *Kötz/Wagner*, Deliktsrecht, Rn. 550.

409 BGHZ 117, 110.

410 *Von Bar*, Gemeineuropäisches Deliktsrecht, Band II, Rn. 368 ff.

I. Deutschland

1. Überblick über die Gefährdungshaftung im deutschen Recht

Zugunsten des Geschädigten bestehen im deutschen Recht einige verschuldensunabhängige Haftungstatbestände außerhalb des BGB, welche teilweise als sog. „Gefährdungshaftung" ausgestaltet sind. Dieser Begriff wurde von *Max Rümelin* im Jahre 1896 eingeführt und hat seither allgemeine Anerkennung gefunden.[411] Unter einer Gefährdungshaftung versteht man die Haftung, die lediglich davon abhängt, dass sich eine vom Haftpflichtigen beherrschte Gefahr verwirklicht hat und dadurch ein schädigendes Ereignis eingetreten ist.[412] Es kommt nicht darauf an, ob der Haftpflichtige rechtswidrig und schuldhaft gehandelt hat. Wichtig ist nur, dass der Haftpflichtige für andere ein besonderes Schadensrisiko geschaffen hat, insbesondere dadurch, dass eine technische Anlage unter seiner Kontrolle und Leitung betrieben wurde. So hat derjenige für die Schadensfolgen aufzukommen, der die Gefahr geschaffen und beherrscht hat.[413]

Die verschuldensunabhängige Haftung des Tierhalters nach § 833 S. 1 BGB ist die einzige Gefährdungshaftung im BGB, die zur Begründung einer Haftpflicht kein Verschulden voraussetzt. Der Grund für diese Ausnahme besteht darin, dass sie vorwiegend auf einer alten römischen Rechtstradition beruht, einen aussagekräftigen systematischen Grund gibt es aber nicht.[414] Außerhalb des BGB existieren jedoch zahlreiche Gefährdungstatbestände, die von Sondergesetzen angeordnet werden. Die praktisch relevanteste Gefährdungshaftung ist die Fahrzeughalterhaftung nach § 7 Abs. 1 StVG.[415] Für die Gefährdungshaftung gilt nach der h. M. das Enumerationsprinzip, wonach eine Gefährdungshaftung nur dann vorliegt, wenn sie vom Gesetzgeber gesetzlich angeordnet wird.[416] Eine Ausdehnung der Gefährdungshaftung durch eine Analogie wird von der h. M. abgelehnt.[417] Begründet wird dies damit, dass zum einen Rechtssicherheit durch Anordnung im Gesetz für die Betroffenen, die derart strikt haften, geschaffen werden muss, und es zum anderen große Schwierigkeiten bereitet, eine angemessene „Gefährlichkeit" ohne gesetzgeberische Anordnung zu bestimmen.[418] Eine gesetzliche Aufzählung

---

411 Vgl. *Deutsch/Ahrens*, Deliktsrecht, Rn. 511.

412 *Kötz/Wagner*, Deliktsrecht, Rn. 492.

413 *Kötz/Wagner*, Deliktsrecht, Rn. 492.

414 *Larenz/Canaris*, Schuldrecht II/2, § 84 I 1.

415 *Medicus/Lorenz*, Schuldrecht BT, S. 475.

416 BGHZ 54, 332; 55, 229.

417 *Larenz/Canaris*, Schuldrecht BT 2, § 84 I 1 b; BGH, VersR 1972, 1047, 1049.

418 *Larenz/Canaris*, Schuldrecht BT 2, § 84 I 1 b.

der Gefährdungstatbestände ist jedoch meist unvollständig, da die Gesetzgebung bei der Anordnung von Gefährdungshaftungen stets hinter dem technischen Entwicklungsstand hinterherhinkt.[419] Einige Autoren schlagen daher vor, eine Generalklausel einzuführen.[420]

2. Der Zurechnungsgrund der Haftung nach § 7 Abs. 1 StVG

a. Allgemeines

In Deutschland wird die Haftung für Verkehrsunfälle seit langem durch ein besonderes Gesetz geregelt. Bereits im Jahr 1909 wurde das Kraftverkehrsgesetz geschaffen, in welchem dem Halter eines Kraftfahrzeugs eine verschuldensunabhängige Haftung auferlegt wurde, sofern es beim Betrieb zu einem Unfall gekommen war. Später wurde der Titel dieses Gesetzes in Straßenverkehrsgesetz umbenannt, wobei die wesentlichen Inhalte jedoch beibehalten wurden. Die angeordnete scharfe Haftung gilt nicht nur für Unfälle zwischen Kraftfahrzeugen und anderen Verkehrsteilnehmern, sondern auch für Unfälle ausschließlich zwischen Kraftfahrzeugen, wobei sich hier bei der Mitverantwortlichkeit des Geschädigten einige Besonderheiten ergeben können.[421] Hierbei handelt es sich um einen Unterschied zum chinesischen Recht.

Der Zurechnungsgrund verkörpert sich in erster Linie im Betrieb des Kraftfahrzeugs mit hoher Geschwindigkeit, da die Komplexität der Fahrvorgänge zunimmt und die immer höhere Fahrleistung der Fahrzeuge eine angemessene Reaktion für den Fahrer immer schwieriger gemacht hat. Der Zusammenhang zwischen Geschwindigkeit und Gefährlichkeit ist auch darin ersichtlich, dass die Gefährdungshaftung aus § 7 Abs. 1 StVG nach § 8 Nr. 1 StVG nicht für solche Fahrzeuge gilt, die auf ebener Bahn eine Höchstgeschwindigkeit von 20 km/h überschreiten können. Der Gesetzgeber hält langsamere Fahrzeuge also für nur gering gefährlich und schließt sie daher vom Geltungsbereich der strengen Gefährdungshaftung aus.

Wie bereits erklärt wurde, beruht die KH-Versicherung in Deutschland auf dem Grundsatz „die Versicherung folgt der Haftung", wobei die Gefährdungshaftung des Fahrzeughalters zwar nicht die einzige Anspruchsgrundlage für die Begründung des Direktanspruchs des Geschädigten ist, wegen des erleichterten Haftungstatbestandes jedoch unzweifelhaft die wichtigste Anspruchsgrundlage bildet.

---

419 *Koziol*, Grundfragen des Schadenersatzrechts, Rn. 6/156.

420 *Kötz*, AcP 170 (1970), 1.

421 Vgl. *Kötz/Wagner*, Deliktsrecht, Rn. 562.

b. Besonderheiten für Unfälle zwischen Kraftfahrzeugen

Die meisten Autounfälle ereignen sich zwischen mindestens zwei Kraftfahrzeugen, bei denen der Halter eines Kraftfahrzeugs nicht nur der Schädiger, sondern zugleich auch der Geschädigte in Bezug auf andere Fahrzeughalter sein kann.[422] Eine ausdrückliche Regelung für solche Fälle findet sich in § 17 StVG. Dieser regelt allerdings nur den Innenausgleich zwischen Kraftfahrzeughaltern, wenn ein Dritter durch einen Unfall mit mehreren beteiligten Kraftfahrzeugen verletzt wird. Die Haftung innerhalb der Gesamtschuld gegenüber dem Dritten richtet sich unter den Haltern nach ihren jeweiligen Verursachungs- und Verschuldensanteilen,[423] so dass sich im Außenverhältnis gegenüber dem geschädigten Dritten nach wie vor eine Haftung des Halters aus § 7 Abs. 1 StVG (Gefährdungshaftung) i. V. m. § 840 BGB als Gesamtschuldner ergibt.[424]

Im Ergebnis sind die Unterschiede zwischen der verschuldensunabhängigen Haftung und der Verschuldenshaftung hier sehr gering. Obwohl sich der unschuldige Halter im Normalfall den Ersatzanspruch im Umfang von ca. 20 % anrechnen lassen muss, kann eine solche Anrechnung der Betriebsgefahr bei einem unabwendbaren Ereignis und beim Idealfahrer auch unterbleiben.[425] Insofern hat sich *Kötz* sogar dahingehend ausgesprochen, dass der Schadensausgleich im Binnenverhältnis mehrerer Kfz-Halter auch in Deutschland vom Verschuldensprinzip beherrscht werde, weil eine Gefährdungshaftung gegenseitig angewendet werden muss.[426] Es handelt sich dabei jedoch nicht um eine Verschuldenshaftung im Sinne von § 823 BGB, weil § 823 BGB noch andere Voraussetzungen (insbesondere Verschulden und Rechtswidrigkeit) enthält, die für eine Gefährdungshaftung nicht erforderlich sind. Die Haftung des Fahrzeughalters ist in Deutschland also auf einer einheitlichen Grundlage der Gefährdungshaftung aufgebaut.[427] Eine Besonderheit für Unfälle zwischen mehreren Kraftfahrzeugen gibt es nur bei der Mitverantwortlichkeit des Geschädigten.

3. „Beim Betrieb“ im deutschen Recht

Die Gefährdungshaftung nach § 7 Abs. 1 StVG liegt nur dann vor, wenn sich der Unfall beim Betrieb eines Kraftfahrzeugs ereignet hat. Entscheidend ist hier,

---

422 *Kötz/Wagner*, Deliktsrecht, Rn. 543.

423 Nach § 17 Abs. 2 StVG gilt das gleiche auch für die Haftung zwischen den am Unfall beteiligten Haltern.

424 *Emmerich*, BGB-Schuldrecht BT, § 27, Rn. 32.

425 *Kötz/Wagner*, Deliktsrecht, Rn. 562 f.

426 *Kötz/Wagner*, Deliktsrecht, Rn. 543.

427 *Emmerich*, BGB-Schuldrecht BT, § 27, Rn. 33.

dass sich die spezifische erhöhte Gefahr der Verwendung eines Kraftfahrzeugs verwirklicht hat, wofür es nicht genügt, dass es sich bloß um eine Gefahr des allgemeinen Lebensrisikos handelt.[428] Früher wurde die sog. maschinentechnische Auffassung vertreten, wonach die Gefährdungshaftung des Halters auf Fälle beschränkt war, in denen eine Kollision zwischen einem Kraftfahrzeug und einem anderen Verkehrsteilnehmer stattfand.[429] Nach dieser Auffassung wird der Anwendungsbereich der Gefährdungshaftung nach § 7 Abs. 1 StVG allerdings erheblich eingeschränkt, was zur Folge hat, dass diese Auffassung zu Lasten des Geschädigten geht.

Seit den zwanziger Jahren des 20. Jahrhunderts ist die Reichweite des Betriebsbegriffs durch die Einführung der sog. verkehrstechnischen Auffassung erheblich erweitert worden.[430] Nach dieser Auffassung genügt es schon, dass „das Kfz in einem nahen örtlichen und zeitlichen Kausalzusammenhang mit einem bestimmten Betriebsvorgang oder einer bestimmen Betriebseinrichtung des Kfz steht".[431] Einen physischen Kontakt braucht es nicht mehr. Selbst ruhender Verkehr kann in bestimmten Konstellationen als Betrieb eines Kraftfahrzeugs gewertet werden, solange der Ruhezustand nur vorübergehend ist und der Betriebsvorgang noch nicht endgültig beendet worden ist. Ein Kraftfahrzeug befindet sich also noch in Betrieb, obwohl es wegen eines Reifenschadens auf der Autobahn abgestellt worden ist.[432]

II. China

1. Festland

a. Überblick über die verschuldensunabhängige Haftung

Auf dem chinesischen Festland ist der Begriff der „Gefährdungshaftung" aus dem deutschen Recht nicht allgemein anerkannt, sondern vielmehr wird üblicherweise die Terminologie der „verschuldensunabhängigen Haftung" gebraucht. Dies zeigt sich an der Formulierung des § 7 CHaftungsG, wonach „der Schädiger [...] auch den entstandenen Schaden zu ersetzen [hat], wenn das Gesetz dies vorschreibt, ohne dass es auf ein Verschulden des Schädigers ankommen muss". Diese Vorschrift bringt auch zum Ausdruck, dass eine verschuldensunabhängige Haftung erst in Betracht kommt, wenn dies durch das Gesetz ausdrücklich angeordnet

428 Vgl. *Looschelders*, Schuldrecht BT, Rn. 1451.
429 *Kötz/Wagner*, Deliktsrecht, Rn. 548.
430 RGZ 126, 333, 335 ff.; BGHZ 105, 65, 66; BGH, VersR 2008, 656.
431 BGH, VersR 2008, 656.
432 BGH, VersR 1969, 668.

wird. § 7 CHaftungsG ist also keine eigene Anspruchsgrundlage, sondern hat nur eine klarstellende Funktion.[433] Die Verkehrsunfallhaftung wird im 6. Kapitel des Gesetzes (§§ 48 ff. CHaftungsG) geregelt, wobei nach § 48 CHaftungsG die grundlegende Anspruchsgrundlage der Verkehrsunfallhaftung im CSVG zu finden ist. Im CHaftungsG selbst sind nur einige ergänzenden Vorschriften über die Bestimmung der Haftpflichtigen enthalten.

b. Das Zurechnungsprinzip der Haftung nach § 76 CSVG

§ 76 Abs. 1 S. 1 CSVG schreibt vor, dass „für Personenschäden und Vermögensschäden, die der Fahrer eines nicht motorisierten Fahrzeugs oder ein Fußgänger durch den Verkehrsunfall erlitten hat, [...] der KH-Versicherer innerhalb der gesetzlichen Versicherungssumme einzustehen [hat]; die restlichen Schäden hat „die Fahrzeugseite" zu tragen". Diese Haftung ist verschuldensunabhängig ausgestaltet, weil die Norm keine Anforderung an das Verschulden des Haftpflichtigen stellt. Zu beachten ist aber, dass die verschuldensunabhängige Haftung nur für Unfälle zwischen Kraftfahrzeugen und anderen Verkehrsteilnehmern gilt, nicht aber auch für Unfälle ausschließlich zwischen Kraftfahrzeugen. Nach dem Wortlaut des § 76 Abs. 1 S. 1 CSVG fallen ebenso nur die außerhalb des Kraftfahrzeugs befindlichen Geschädigten in den Schutzbereich der verschuldensunabhängigen Haftung, nicht erfasst sind die Insassen. Die Schutzlücken beim Verkehrsopferschutz treten deutlich hervor, so dass zu Recht vorgeschlagen wird, dass Fahrgäste auch von der strikten Haftung umfasst werden sollten.[434] Für rechtspolitische Würdigungen diesbezüglich wird auf das 3. Kapitel dieser Arbeit verwiesen.[435]

Wegen des unklaren Wortlauts des § 76 CSVG bleibt das Zurechnungsprinzip für Unfälle zwischen Kraftfahrzeugen und anderen Verkehrsteilnehmern in der Literatur nicht unumstritten. Denn § 76 Abs. 1 S. 3 CSVG schreibt nicht vor, dass die „Fahrzeugseite" nicht mehr als 10 % der Schäden zu tragen hat, wenn die „Fahrzeugseite" ein Verschulden trifft, sondern den Fahrer eines nicht motorisierten Fahrzeugs oder einen Fußgänger. Einige Autoren meinen, dass es sich bei dieser Haftung nur um eine Haftung für vermutetes Verschulden handelt. Sie führen das Argument ins Feld, dass das Verschulden des Schädigers gesetzlich vermutet wird und dieser sich zwar nicht dadurch vollständig exkulpieren kann, dass er nicht schuldhaft gehandelt hat, da er dennoch für 10 % des Schadens einzustehen hat. Erforderlich ist aber, dass dem Geschädigten der Eintritt des Unfalls

---

433 *An*, Kommentar zum Versicherungsrecht, S. 55.

434 *Cheng*, Deliktsrecht, S. 411.

435 Vgl. § 3. Direktanspruch und Geschädigte.

zur Last fällt.[436] Problematisch ist jedoch, dass sich der Schädiger bei einer Haftung für vermutetes Verschulden grundsätzlich gänzlich exkulpieren kann, ohne dass es auf ein eventuelles Mitverschulden des Geschädigten ankäme.

So stellt nach der h. M. und auch der Ansicht der *Auslegung zur Haftung bei Verkehrsunfällen* die Verkehrsunfallhaftung zwischen Kraftfahrzeugen und anderen Verkehrsteilnehmern als verschuldensunabhängige Haftung dar,[437] weil der Haftpflichtige sich nicht dadurch exkulpieren kann, dass ihn kein Verschulden trifft. Da ein Mitverschulden des Geschädigten bei einer verschuldensunabhängigen Haftung nur dann in Betracht kommt, wenn er mindestens grob fahrlässig gehandelt hat,[438] kann diese Vorschrift telelogisch dahingehend reduziert werden, dass die Ausnahmevorschrift nur dann eingreift, wenn den Schädiger kein Verschulden trifft und der Geschädigte mindestens grob fahrlässig zum Verkehrsunfall beigetragen hat. Das gleiche Problem besteht auch bei der KH-Versicherung, woran zu sehen ist, dass die Versicherungsleistung im Grundsatz mit dem bei der Gefährdungshaftung zu leistenden Schadensersatz identisch ist.[439]

Im Unterschied zur deutschen KH-Versicherung ist die KH-Versicherung auf dem chinesischen Festland als selbständiges Ersatzsystem für Schäden bei Verkehrsunfällen ausgestaltet,[440] was schon daran ersichtlich ist, dass § 76 CSVG vorsieht, dass die deliktsrechtlichen Regeln des CSVG nur für Schäden gelten, die über den gesetzlichen Versicherungssummen liegen. Die verschuldensunabhängige Haftung besteht also neben der KH-Versicherung, mit anderen Worten stellt sie keine Begründungsgrundlage für den Direktanspruch des Geschädigten im Rahmen der KH-Versicherung dar.

c. „Unfall“ als Zurechnungsgrund im Recht des chinesischen Festlandes

Für die Haftpflicht der „Fahrzeugseite“ nach § 76 CSVG wird, ebenso wie in § 21 CPflVV auch, vorausgesetzt, dass ein Verkehrsunfall eintritt. Unter einem Verkehrsunfall i. S. v. § 119 Nr. 5 CSVG ist jedes Ereignis zu verstehen, bei dem durch den Gebrauch des Kraftfahrzeugs wegen Verschulden des Fahrzeugfahrers oder durch Zufall Menschen getötet oder verletzt werden bzw. Sachschäden entstanden sind. In den Fällen, in denen mehrere Kraftfahrzeuge miteinander kollidieren oder nicht motorisierte Verkehrsteilnehmer von einem versicherten Kraftfahrzeug angefahren werden, kann das Vorliegen eines Verkehrsunfalls ohne Schwierigkeiten

---

436 *Wang*, Studien zum Deliktsrecht II, S. 297.
437 *Cheng*, Deliktsrecht, S. 410.
438 Vgl. § 3. Direktanspruch und Geschädigte.
439 Vgl. § 5. Der zu ersetzende Schaden und der Umfang der Leistungspflicht.
440 Vgl. § 3. Direktanspruch und Geschädigte.

angenommen werden. Da die Haftung nach § 76 CSVG voraussetzt, dass eine Kollision zwischen Kraftfahrzeugen und anderen Verkehrsteilnehmern besteht, sind die sog. Eigenunfälle von dieser strikten Haftung nicht erfasst. Die Behandlung dieser Eigenunfälle ist in der Praxis allerdings nicht einheitlich.[441] Nach dem Gesetzeszweck sollen jedoch alle Unfälle in den Schutzbereich der verschuldensunabhängigen Haftung einbezogen werden, soweit sich die typischen Risiken des Betriebs eines Kraftfahrzeugs verwirklicht haben. Für Einzelheiten wird auf die Darstellung im 3. Kapitel dieser Arbeit verwiesen.[442]

2. *Taiwan*

a. Überblick über die verschuldensunabhängige Haftung

Im chinesischen Taiwan wurde keine verschuldensunabhängige Haftung im TBGB geregelt. Sogar der Besitzer eines Tiers haftet nach § 190 TBGB nur für vermutetes Verschulden. Der Gesetzgeber wollte damit die grundlegende Stellung des Verschuldensprinzips beibehalten.[443] Auch die Schuldrechtsreform im Jahr 2002 sah keine verschuldensabhängige Haftung vor, obwohl einige neue besondere Haftungstatbestände eingeführt wurden, die allesamt als Haftung für vermutetes Verschulden ausgestaltet waren, worunter die Haftung des Warenherstellers (§ 191 a TBGB), des Fahrers eines Kraftfahrzeugs (§ 191 b TBGB) und des Betreibers einer Gefahrenanlage oder einer Gefahrentätigkeit (§ 191 c TBGB) fallen.

Verschuldensunabhängige Haftungen werden im chinesischen Taiwan grundsätzlich durch Einzelgesetze angeordnet. Es gilt also auch dort das Enumerationsprinzip, so dass die Ausdehnung der verschuldensunabhängigen Haftung durch Analogien abgelehnt wird.[444] Wichtige verschuldensunabhängige Haftungen sind insbesondere die Haftung des Eigentümers eines Luftfahrzeugs nach § 89 TZLuftVG, die Haftung des Betreibers einer Kernanlage nach § 18 TAtomSchadenseratzG und die Haftung des Transportunternehmers nach § 64 TÖSG.

b. Zurechnungsprinzipien der Fahrzeughaftung

Die Haftung des Fahrers eines Kraftfahrzeugs wurde erst mit der Rechtsreform im Jahr 2002 neu eingeführt und ist als Haftung für vermutetes Verschulden ausgestaltet. Nach § 139 Abs. 2 TBGB hat der Fahrer eines Kraftfahrzeugs für den

441 Vgl. § 3. Direktanspruch und Geschädigte.
442 Vgl. § 3. Direktanspruch und Geschädigte.
443 Vgl. *Wang*, Deliktsrecht, S. 349.
444 *Wang*, Deliktsrecht, S. 15.

Schaden einzustehen, den der Geschädigte bei der Benutzung eines Kraftfahrzeugs erlitten hat, es sei denn, dass der Fahrer bei der Abwendung des Schadens die erforderliche Sorgfalt hat walten lassen. Es ist umstritten, ob diese Haftung die Verletzung eines absolut geschützten Rechtsguts voraussetzt. Die h. M. verneint dies und lässt jeden Schaden genügen, der durch den Gebrauch des Kraftfahrzeugs verursacht wird.[445] Das Hauptziel des § 191 a TBGB liegt darin, eine gesetzliche Beweiserleichterung für den Geschädigten zu schaffen, obwohl das Verschulden des Fahrzeugfahrers vor der Reform von den Gerichten ohne große Anforderungen angenommen wurde. Die Gefährdungshaftung im deutschen Recht, vor allem die Halterhaftung nach § 7 Abs. 1 StVG, wurde zwar als Vorbild im amtlichen Entwurf erwähnt, doch für die Haftung des Fahrers nicht umgesetzt.[446] Der Grund dafür ist darin zu sehen, dass der Gesetzgeber zum einen die grundlegende Stellung des Verschuldensprinzips beibehalten wollte. Zum anderen wäre eine Gefährdungshaftung für den Fahrer eines Kraftfahrzeugs zu streng, da die KH-Versicherung im chinesischen Taiwan nicht von der Haftpflicht des Versicherten abhängt und nur eine begrenzte Versicherungsleistung gewährt. Aus diesem Grund haftet der Fahrer des Unfallwagens häufig noch persönlich, so dass eine mildere Haftung als eine Gefährdungshaftung angemessener erscheint. In der Praxis wird diese Rechtspolitik aber nicht strikt eingehalten, da die Entlastungsmöglichkeit vom Richter nur selten angenommen wird, so dass die vermutete Verschuldenshaftung tatsächlich wie eine verschuldensunabhängige Haftung wirkt.[447]

Eine verschuldensunabhängige Haftung bei Verkehrsunfällen findet sich nur im TÖSG, in dessen § 64 dem Transportunternehmer eine verschuldensunabhängige Haftung auferlegt wird, soweit durch einen Betriebsunfall ein Dritter oder ein Fahrgast getötet oder verletzt, bzw. eine Sache zerstört oder beschädigt wird, es sei denn, dass der Unfall durch höhere Gewalt oder das Verschulden des Absenders oder des Empfängers herbeigeführt wird. Im Unterschied zur Haftung nach § 76 CSVG auf dem chinesischen Festland ist die Rechtslage im chinesischen Taiwan wegen der Einbeziehung der Insassen interessengerechter. Erforderlich ist aber, dass das Kraftfahrzeug als gewerbliches Transportmittel eingesetzt wird. Nach dem Wortlaut trifft diese strikte Haftung den Fahrer eines Kraftfahrzeugs aber nicht, wenn er nicht zugleich der Transportunternehmer ist.

---

445 *Yeh*, Der Verkehrsopferschutz und dessen Entwicklung, S. 57.

446 *Yeh*, Der Verkehrsopferschutz und dessen Entwicklung, S. 57.

447 *Wang*, Deliktsrecht, S. 506.

c. „Benutzung“ und „Betriebsunfall“ im Recht des chinesischen Taiwan

Anders als bei der KH-Versicherung wird nicht der „Verkehrsunfall“,[448] sondern die „Benutzung“ des Kraftfahrzeugs als Tatbestand der vermuteten Verschuldenshaftung des Autofahrers nach § 191 a TBGB bestimmt. Obwohl diese Vorschrift es nicht ausdrücklich vorschreibt, ist aus dem Sinn und Zweck der Norm doch zu entnehmen, dass mit der „Benutzung“ nur Benutzungen zu Verkehrszwecken gemeint sind, so dass die Benutzung zu anderen Zwecken nicht darunter fällt.[449] Für die Begründung der Haftung des Fahrzeugfahrers ist es nicht erforderlich, dass eine körperliche Berührung zwischen dem Kraftfahrzeug und dem Geschädigten besteht.[450] Das den Schaden verursachende Kraftfahrzeug muss auch nicht in Bewegung sein, so dass auch ein nicht ordnungsgemäß abgestelltes Kraftfahrzeug diese Haftung auslösen kann. Unter „Benutzung“ kann auch der Fall gefasst werden, dass beförderte Sachen auf die Straße fallen und dabei Schäden verursachen.[451]

Der Begriff der „Benutzung“ im chinesischen Taiwan stimmt folglich mit dem Begriff des „Betriebs“ im deutschen Recht überein, d. h. die Verwirklichung der spezifischen Gefahr steht bei der Begründung der Haftung des Fahrzeugfahrers im Vordergrund. Das zeigt sich auch daran, dass die Haftung des Fahrzeughalters im deutschen Recht in der Gesetzesbegründung des chinesischen Taiwan als Vorbild erwähnt wurde, wenngleich die Haftung hinsichtlich des Verschuldensmaßstabes letztlich anders ausgestaltet wurde. In § 64 TÖSG wird das Vorliegen eines „Unfalls beim Betrieb“ auch für die verschuldensunabhängige Haftung des Transportunternehmers vorausgesetzt.

B. Haftpflichtige

Die Verschuldenshaftung beruht auf dem Gedanken, dass der Haftpflichtige schuldhaft, im chinesischen Taiwan und Deutschland darüber hinaus noch rechtswidrig, gehandelt hat, so dass der Haftpflichtige normalerweise ohne Schwierigkeiten festgestellt werden kann. Das gilt jedoch nicht für die Gefährdungshaftung, weil die Gefährdungshaftung gerade kein schuldhaftes Verhalten des Haftpflichtigen voraussetzt. Wichtig ist nur, dass sich ein durch das Gesetz bestimmtes Risiko im Schaden verwirklicht hat, ohne Rücksicht darauf, wer tatsächlich dazu beitragen hat, dass sich die spezifische Gefahr verwirklicht hat.[452] Im Bereich der

448 Vgl. § 3 Direktanspruch und Geschädigte.

449 *Wang*, Deliktsrecht, S. 507.

450 *Yeh*, Der Verkehrsopferschutz und dessen Entwicklung, S. 57.

451 *Liu*, Allgemeiner Teil des Schuldrechts in Entscheidungen, S. 156.

452 *Medicus/Pertersen*, Bürgerliches Recht, Rn. 778.

Gefährdungshaftung herrscht überdies das Enumerationsprinzip, so dass die einzelnen Gefährdungshaftungstatbestände zwar sehr unterschiedlich ausgestaltet, aber abschließend geregelt sind. Auch bei der Feststellung des Haftpflichtigen bei Verkehrsunfällen kann eine Gefährdungshaftung relevant werden. Es stellt sich dann die Frage, wer die den Unfall verursachte Gefahr tatsächlich beherrscht und den Unfall ggf. hätte verhindern können, wenn der Eigentümer nicht gleichzeitig der Fahrer des Kraftfahrzeugs ist.

I. Die Gefährdungshaftung des Fahrzeughalters im deutschen Recht

1. Zur Terminologie

In § 7 Abs. 1 StVG wird der Halter eines Kraftfahrzeugs als Haftpflichtiger der Gefährdungshaftung bestimmt. Die Haftpflichtigen einzelner Gefährdungshaftungstatbestände sind im deutschen Recht aber sehr unterschiedlich formuliert, wenngleich sie auf einer einheitlichen theoretischen Grundlage beruhen. Eine Gefährdungshaftung trifft den „Halter" eines Tieres (§ 833 S. 1 BGB), eines Kraft- oder Luftfahrzeugs § 7 Abs. 1 StVG, § 33 LuftVG), den „Betriebsunternehmer" einer Schienen- oder Schwebebahn (§ 1 Abs. 1 HPflG) und den „Inhaber" bestimmter Anlagen (§ 2 HPflG, § 1 UmweltHG, § 89 Abs. 1WHG, § 25 AtomG). Es ist darauf hinzuweisen, dass unter dem Begriff des „Halters" grundsätzlich dasselbe zu verstehen ist wie unter dem Begriff des „Inhabers".[453]

Auch andere europäische Länder gestalten die Verkehrsunfallhaftung im Vergleich recht unterschiedlich aus. Grundsätzlich können drei Typen unterschieden werden: Manche Länder sehen eine objektive Haftung für den Eigentümer eines Kraftfahrzeugs vor, so z. B. Griechenland, Italien sowie die Niederlande. Andere europäische Rechtsordnungen wiederum sehen den Fahrer eines Kraftfahrzeugs als Subjekt der verschuldensunabhängigen Haftung an. Wieder andere Länder sehen eine strikte Haftung für den Halter eines Kraftfahrzeugs vor.[454]

a. Die Notwendigkeit eines abstrakten Halterbegriffs aus versicherungsrechtlicher Sicht

Wie bereits im 3. Kapitel dieser Arbeit dargestellt wurde, gilt in Deutschland das Prinzip „die Versicherung folgt der Haftung" für die Versicherungsleistung der KH-Versicherung, so dass die Versicherungsleistungspflicht im Wesentlichen davon abhängt, ob die zugrunde liegende Haftpflicht begründet werden kann.

453 *Kötz/Wagner*, Deliktsrecht, Rn. 517.

454 *Oertel*, Objektive Haftung in Europa, S. 64 ff.

Hierfür kommt es im Grundsatz wiederum darauf an, welches Zurechnungsprinzip für den Schadensersatz gesetzlich vorgesehen ist. Da für ein Kraftfahrzeug ggf. komplizierte Nutzungsverhältnisse bestehen können, kann mittels des abstrakten Begriffs des „Halters" sichergestellt werden, dass der Geschädigte seinen Direktanspruch in nahezu jedem Fall gegen den Versicherer geltend machen kann, da dem Führer eines Kraftfahrzeugs nur eine vermutete Verschuldenshaftung auferlegt wird. Der abstrakte Halterbegriff hat auch Bedeutung für den Zeitabschnitt, in dem nur der berechtigte Fahrer in die KH-Versicherung einbezogen wurde, der unberechtigte Fahrer jedoch ausgeschlossen wurde.[455] Der Geschädigte kann gegen den Halter seinen Anspruch aus § 7 Abs. 1 StVG und damit den Direktanspruch gegen den Versicherer auch geltend machen, wenn der Fahrer den Verkehrsunfall vorsätzlich herbeigeführt hat. Dem Verkehrsopferschutz kommt der abstrakte Halterbegriff daher zugute, da der Umfang der Versicherungsleistung begrenzt ist, wenn der Versicherte nicht zugleich der Haftpflichtige der Gefährdungshaftung ist oder bestimmte Obliegenheiten verletzt hat.[456]

b. Die Notwendigkeit eines abstrakten Halterbegriffs aus deliktsrechtlicher Sicht

Wie bereits aufgeworfen wurde, können auf ein Kraftfahrzeug ggf. komplizierte Nutzungsverhältnisse entfallen. Grundsätzlich hat der Eigentümer eines Kraftfahrzeugs für Schäden aus Verkehrsunfällen einzustehen, doch bei komplizierten Nutzungsverhältnissen hat der Eigentümer ggf. keine Einwirkungsmöglichkeit auf den Betrieb des Kraftfahrzeugs. Es stellt sich damit die Frage, wem eine Gefährdungshaftung auferlegt werden sollte. Da im deutschen Recht keine Gefährdungshaftung für den Besitzer eines Kraftfahrzeugs oder den Geschäftsherrn und Aufsichtspflichtigen eines Minderjährigen vorgesehen ist,[457] ist es notwendig, eine allgemeine Gefährdungshaftung zugunsten des Geschädigten vorzuschreiben, wozu ein abstrakter Halterbegriff beitragen kann.

2. *Die Feststellung der Haltereigenschaft*

Normalerweise ist der Halter auch der Eigentümer eines Kraftfahrzeugs, so dass die Eigentumsverhältnisse als Anhaltspunkt bei der Feststellung des Halters

---

455 *Güllemann*, Ausgleich von Verkehrsunfallschäden im Licht internationaler Reformprojekte, S. 110.

456 Vgl. § 2 Mitversicherte Personen der Kfz-Haftpflichtversicherung und Verkehrsopferschutz.

457 Vgl. *Kötz/Wagner*, Deliktsrecht, Rn. 274 ff.

herangezogen werden können.[458] Die Eigentumsverhältnisse sind jedoch für die Haltereigenschaft nicht notwendig,[459] da diese nur durch das tatsächliche Herrschaftsverhältnis, nicht aber das rechtliche Verhältnis bestimmt wird.[460] Der Halterbegriff ist folglich mit keinem anderen zivilrechtlichen Begriff identisch[461] und kann nur im konkreten Fall bestimmt werden. Nach der Definition der Rechtsprechung ist Kraftfahrzeughalter derjenige, der ein Kraftfahrzeug auf eigene Rechnung in Gebraucht hat und die Verfügungsgewalt darüber besitzt.[462]

a. Wer schafft und beherrscht das Unfallrisiko beim Betrieb des Fahrzeugs - der Halter oder der Führer eines Kraftfahrzeugs?

aa. Verfügungsgewalt

Unter der Verfügungsgewalt versteht man die tatsächliche Herrschaftsgewalt, die keinen unmittelbaren Besitz voraussetzt, so dass ein mittelbarer Besitz bereits ausreicht. Aufgrund gültiger Überlassungsverträge kann einer Vertragspartei die Befugnis eingeräumt werden, das Fahrzeug während der vereinbarten Zeit zu benutzen, wobei insbesondere Mietverträge (§§ 535 ff. BGB) und Leihverträge (§§ 598 ff. BGB) in Betracht kommen. Bei Fahrzeugmieten für wenige Tage oder Wochen wird nur der Vermieter als Halter angesehen,[463] wogegen bei Vermietung für längere Zeit der Mieter als Halter angesehen werden sollte. Das gilt ebenfalls bei Überlassung aufgrund eines Leasingvertrages,[464] weil die Verfügungsgewalt bei einer länger dauernden Überlassung an einen anderen, nämlich denjenigen, der die Betriebskosten übernimmt, übergeht.[465] Bereits das Reichsgericht hat schon darauf hingewiesen, dass in Einzelfällen auf das Merkmal des Gebrauchs gänzlich verzichtet werden kann, weil das Merkmal der Verfügungsgewalt eine gewisse Selbständigkeit habe.[466] Fraglich ist, ob der Halter nur allgemeine Verfügungsgewalt im Hinblick auf die Bestimmung des Verwendungszwecks hat, wenn er nicht zugleich der Fahrzeugführer ist, da der Halter eines Kraftfahrzeugs dann fast keine Einflussmöglichkeit auf den konkreten Betriebsvorgang hat. Auch in diesem Fall wurde die Betriebsgefahr jedoch vom BGH als Zurechnungsgrund

---

458 *Brox/Walker*, Schuldrecht BT, Rn. 5.
459 *Looschelders*, Schuldrecht BT, Rn. 1449.
460 *Medicus/Petersen*, Bürgerliches Recht, Rn. 632.
461 *Greger*, Haftungsrecht des Straßenverkehrs, § 3, Rn. 257.
462 RGZ 127, 175; BGHZ 13, 351, 354.
463 *Medicus/Lorenz*, Schuldrecht BT, S. 475.
464 BGH, NJW, 2007, 3120.
465 *Medicus/Lorenz*, Schuldrecht BT, S. 475.
466 Vgl. RGZ 170,182, 185.

angesehen, als ein Dieb einen Verkehrsunfall vorsätzlich herbeigeführt hatte.[467] Der tatsächliche Zurechnungsgrund war jedoch das Vorliegen einer Haftpflichtversicherung des Fahrzeughalters, damit eine sichere Entschädigungsquelle zugunsten des Geschädigten sichergestellt werden konnte.[468]

bb. Die Haftung für vermutetes Verschulden des Fahrzeugführers

§ 18 StVG sieht überdies eine vermutete Verschuldenshaftung für den Fahrer eines Kraftfahrzeugs vor. Nach § 18 Abs. 1 StVG ist der Führer eines Kraftfahrzeugs oder Anhängers zum Schadensersatz verpflichtet, wenn sich ein Unfall im Sinne des § 7 Abs. 1 StVG ereignet hat. Die Ersatzpflicht ist nur dann ausgeschlossen, wenn den Führer des Kraftfahrzeugs kein Verschulden trifft. Führer eines Kraftfahrzeugs ist derjenige, der eigenverantwortlich das Kraftfahrzeug lenkt und die tatsächliche Gewalt über das Steuer hat, wobei es nicht darauf ankommt, ob er zur Benutzung des Kraftfahrzeugs berechtigt ist oder nicht.[469] Die Fahrereigenschaft besteht solange fort, wie sich das Kraftfahrzeug noch in Betrieb befindet, so dass es nicht darauf ankommt, ob es sich durch Motorkraft noch fortbewegt.[470] Die Führerhaftung nach § 18 Abs. 1 StVG ist in ihrer Struktur der Halterhaftung nach § 7 Abs. 1 StVG sehr ähnlich, was sich aus der Formulierung des Normtextes ergibt, in der der Gesetzgeber auf die Voraussetzungen des § 7 Abs. 1 StVG verwiesen hat. Der Umfang der Führerhaftung nach § 18 Abs. 1 StVG unterliegt ebenfalls der Beschränkung durch die Höchstbeträge nach § 12 StVG. Auch der Fahrzeugführer, der nicht zugleich Halter ist, muss sich die Betriebsgefahr des Kraftfahrzeugs zurechnen lassen, wenn ihn ein Verschulden trifft.[471] Praktische Bedeutung haben diese Vorschriften nur in Fällen, in denen der Führer des Kraftfahrzeugs nicht zugleich der Halter ist. Die Haftung nach § 18 Abs. 1 StVG ist überflüssig, wenn der Halter selbst das Kraftfahrzeug benutzt hat, weil sich die Voraussetzungen der Halterhaftung nach § 7 Abs. 1 StVG erheblich leichter begründen lassen. Es ist daher nicht erstaunlich, dass es auf die Haftung des Fahrers in der Praxis oft nicht ankommt,[472] obwohl die meisten Verkehrsunfälle tatsächlich durch ein Fehlerverhalten des Fahrzeugführers verursacht werden.[473]

---

467 BGHZ 37, 316.
468 *Koch,* Die Sachhaftung, S. 94.
469 BT-Drucksache 14/8780, S. 21.
470 BGH, VersR 1977, 624.
471 BGH, NJW 2010, 927, 930.
472 *Medicus/Lorenz,* Schuldrecht BT, Rn. 1362.
473 *Koch,* Die Sachhaftung, S. 90 ff.

cc. Die Gefährdungshaftung des Fahrzeugführers bei Schwarzfahrten

Wenn der Fahrer ohne das Wissen und den Willen des Halters das Kraftfahrzeug benutzt und damit einen Verkehrsunfall verursacht hat, entfällt die Gefährdungshaftung des Halters nach § 7 Abs. 3 StVG, und wird sie auf den Schwarzfahrer übertragen, es sei denn, dass der Halter die Benutzung schuldhaft ermöglicht hat. Es ist jedoch nicht ersichtlich, dass der Eigentümer eines Kraftfahrzeugs bei einer Schwarzfahrt mehr Verfügungsgewalt über das den Unfall verursachende Kraftfahrzeug hat als bei einer berechtigten Fahrt durch einen Dritten. Deshalb wird die Meinung vertreten, dass die Vorschrift schwer verständlich und lückenhaft ist, weil ein sachgerechter Grund für diese Wertung bei der Halterstellung nicht ersichtlich ist.[474]

dd. Würdigung

Nach Nr. A. 1. 2 a AKB 2008 ist der Fahrer eines Kraftfahrzeugs in den Schutzbereich der KH-Versicherung einbezogen, ebenso wie der unberechtigte Halter und der Dieb.[475] Stellt man sich nun aber vor, dass die KH-Versicherung dem Geschädigten ausnahmsweise einmal nicht ausreichend Schutz bieten kann, fragt sich, wie die Haftungssituation bspw. bei einer unentgeltlichen Überlassung des Fahrzeugs an einen Dritten aussieht. Es ist zweifelhaft, warum der Eigentümer des Kraftfahrzeugs dann als Halter im Rahmen einer Gefährdungshaftung haften muss, aber der Fahrer nur für vermutetes Verschulden einzustehen hat. Außerdem gestaltet sich die Gefahren- und Interessenlage bei unentgeltlicher Überlassung an einen Dritten im Vergleich zu einer Schwarzfahrt tatsächlich nicht anders.

Wie *Esser* angemerkt hat, handelt es sich bei der Gefährdungshaftung nicht um eine angemessene Verteilung von Zufalls- oder Unglücksschäden, sondern um die Zuweisung der Schadensrisiken bei in der Gesellschaft ungleich verteilten Gefahrenquellen.[476] Es muss davon ausgegangen werden, dass die Haftung eher demjenigen auferlegt wird, dem die Möglichkeit der Einflussmaßnahme, also der Gefahrenbeherrschung, zukommt, da er in engerer Beziehung zur Schadensquelle steht.[477] Nach den Statistiken wurden die meisten Verkehrsunfälle tatsächlich durch ein Fehlverhalten des Fahrzeugführers herbeigeführt.[478] Dabei sind folgende Umstände die Hauptursachen für Verkehrsunfälle mit Personenschäden: Mangelnde Verkehrstüchtigkeit, ungenügender Sicherheitsabstand, Fehler beim

---

474 *Greger*, Haftungsrecht des Straßenverkehrs, § 3, Rn. 305.

475 *Bauer*, Die Kraftfahrtversicherung, Rn. 860.

476 *Kötz/Wagner*, Deliktsrecht, Rn. 508.

477 *Koziol*, Grundfragen des Schadenersatzrechts, Rn. 6/139.

478 *Koch*, Die Sachhaftung, S. 90 ff.

Überholen, Fehler beim Vorbeifahren, Fehler beim Nebeneinanderfahren, Fehler beim Abbiegen sowie Nichtbeachten der Vorfahrt. Aus Gründen der Verkehrssicherheit wird vom Kraftfahrzeugfahrer eine optimale Fahrleistung gefordert, die im Wesentlichen von der Leistungsfähigkeit des Fahrers bestimmt wird, wobei sowohl physische als auch psychische Fähigkeiten berücksichtigt werden müssen.[479] Da der Führer eines Kraftfahrzeugs auch in der KH-Versicherung mitversichert ist[480] und die anderen Tatbestandsmerkmale der Fahrerhaftung nach § 18 Abs. 1 StVG mit denen der Halterhaftung beinahe identisch sind, sollte auch überdacht werden, dem Fahrer eines Kraftfahrzeugs gleichfalls eine Gefährdungshaftung aufzuerlegen.

b. Die Verteilung der Nutzungen zwischen Halter und Fahrer

Den Grundgedanken der Gefährdungshaftung kann man darin sehen, dass der Gesetzgeber demjenigen den Schaden zurechnet, dessen Interessen die besondere erlaubte Gefahrenquelle dient. Diese Konstellation ist das Resultat der Überlegung, dass derjenige für den Nachteil aufzukommen hat, der auch den Nutzen zieht.[481] Theoretisch beruht diese Ausgestaltung auf dem Prinzip der ausgleichenden Gerechtigkeit.[482] Beim Merkmal „auf eigene Rechnung" beim Halterbegriff kommt es schließlich auch darauf an, wer die Betriebskosten trägt und die Nutzungen aus dem Betrieb zieht.[483] Nach § 100 BGB sind Nutzungen die Früchte einer Sache oder eines Rechts sowie die Vorteile, welche der Gebrauch der Sache oder des Rechts gewährt. Es ist nicht erforderlich, dass die Nutzungen gewerblicher oder finanzieller Art sind; es genügt bereits, dass der Gebrauch des Kfz zu Vergnügungszwecken erfolgt oder die Nutzungen sich in Vorteilen hinsichtlich der Bequemlichkeit auswirken.[484]

Bei der Feststellung der tatsächlichen Nutzung kommt es nicht darauf an, ob der Halter die Sache tatsächlich verwendet. Wichtig ist nur, dass er darüber entscheiden kann, das Kraftfahrzeug unmittelbar einzusetzen und die Art und Weise des Gebrauchs zu bestimmen.[485] In der Rechtsprechung wird das Erfordernis des Gebrauchs weit ausgelegt, so dass es schon genügt, dass der Halter am

---

479 *Böve*, Unfallforschung und strafrechtliche Sozialkontrolle des Straßenverkehrs, S. 14.
480 Vgl. § 2 Mitversicherte Personen der KH-Versicherung und Verkehrsopferschutz.
481 *Koziol*, Grundfragen des Schadenersatzrechts, Rn. 6/139.
482 *Bydlinski*, System und Prinzipien des Privatrechts, S. 202.
483 *Brox/Walker*, Schuldrecht BT, § 54, Rn. 5.
484 *Küentzle*, Die Haftung für Verkehrsunfälle im französischen und deutschen Recht, S. 161.
485 *Koch*, Die Sachhaftung, S. 153.

Betrieb des Fahrzeugs ein auch nur mittelbares wirtschaftliches Interesse hat.[486] Es ist nicht selten, dass hinter dem tatsächlichen Nutzer noch ein wirtschaftlicher Nutzer steht, der die Sache aber nicht unbedingt aktiv gebraucht. Dies passt insbesondere auf die Konstellation, dass der Geschäftsherr vom Betrieb des Fahrzeugs durch einen von ihm angestellten Fahrer profitiert. Ähnlich liegt die Bewertung bei Vermietung eines Fahrzeugs für kurze Dauer, wo auch der Vermieter noch als Halter angesehen wird. Das Risiko der Entstehung von Schadensersatzpflichten wirkt sich sodann auf die Höhe der Versicherungsprämien und die Kalkulation der Preise für Waren und Dienstleistungen aus.[487] Problematisch ist aber, dass in dieser Situation der tatsächlicher Nutzer sehr wohl auch wirtschaftliche Vorteile aus dem Gebrauch der Sache zieht. Daher können auch mehrere Personen Halter eines Fahrzeuges sein, wenn die vorausgesetzten Merkmale hinsichtlich desselben Wagens auf mehrere Personen zutreffen.[488] Bei unentgeltlicher Überlassung des Fahrzeugs ist dieses Prinzip nicht unproblematisch, weil der Eigentümer von der Überlassung keinen wirtschaftlichen Nutzen zieht. In diesem Fall wird aber dennoch nur der Eigentümer als Halter angesehen.[489] Diese Ausgestaltung ist also rechtspolitisch bedenklich, weil der entscheidende Faktor für die Haftung bei Verkehrsunfällen weiterhin die tatsächliche Nutzung und nicht das wirtschaftliche Interesse sein sollte.[490]

II. China

1. Haftung der „Fahrzeugseite" im Recht des chinesischen Festlands

Nach § 8 CSVG sind nur die bei der Straßenverkehrsbehörde angemeldeten Kraftfahrzeuge auf öffentlichen Straßen zugelassen. Das angemeldete Kraftfahrzeug kann auch von einer anderen Person benutzt werden, so dass es ggf. nicht einfach zu bestimmen ist, wer für den daraus resultierenden Schaden einzustehen hat. In § 76 CSVG wird der Begriff der „Fahrzeugseite" für den Haftpflichtigen gebraucht, wobei offensichtlich ist, dass das den Verkehrsunfall verursachende Kraftfahrzeug dadurch personifiziert wird. Da das Kraftfahrzeug selbst aber keine deliktische Haftung treffen kann, muss der Haftpflichtige im konkreten Fall wie der Halter im deutschen Recht bestimmt werden.

486 *Küentzle*, Die Haftung für Verkehrsunfälle im französischen und deutschen Recht, S. 161.
487 *Lange/ Schiemann*, Schadensersatz, S. 21.
488 *Gelhaar/ Thuleweit*, Das Haftpflichtrecht des Straßenverkehrs, S. 21.
489 *Greger*, Haftungsrecht des Straßenverkehrs, § 3, Rn. 270.
490 *Koch*, Die Sachhaftung, S. 154.

a. Haftung des Kraftfahrzeugfahrers

Wenn der Eigentümer das Kraftfahrzeug selbst fährt, ist unstreitig, dass er für den daraus entstehenden Schaden einzustehen hat. In diesem Fall ist der Eigentümer selbst der Haftpflichtige, gleich welche Terminologie verwendet wird, sei es Fahrer, sei es Eigentümer. Probleme können nur in den Fällen auftreten, in denen der Eigentümer mit dem Fahrer nicht identisch ist. Die ausführlichen Regelungen über die Haftungsverteilung befinden sich im 6. Kapitel des CHaftungsG. Nach § 49 CHaftungsG hat der Benutzer eines Kraftfahrzeugs den verursachten Schaden zu tragen, wenn er nicht mit dem Eigentümer des den Verkehrsunfall verursachenden Kraftfahrzeugs identisch ist, wobei der Gesetzgeber beispielhaft für einen solchen Fall Vermietung und Leihe genannt hat. Entsteht ein Schaden durch ein Kraftfahrzeug, das von einem anderen gestohlen oder geraubt worden ist, haftet nach § 52 CHaftungsG nur der rechtswidrig handelnde Dieb oder Räuber. Tatsächlich kann § 52 CHaftungsG in § 49 CHaftungsG integriert werden, weil rechtswidrige Benutzer auch Benutzer sind, obwohl die Benutzung des Kraftfahrzeugs gegen den Willen des Eigentümers verstößt.[491]

An einigen Stellen hat der Gesetzgeber das vertragliche Verhältnis mit dem deliktischen Verhältnis verwechselt, da § 50 CHaftungsG vorschreibt, dass der Käufer für den Verkehrsunfall zu haften hat, wenn der Verkäufer die Änderung der Rechtslage zwar noch nicht eingetragen, das Kraftfahrzeug aber schon übergeben hat. Der Käufer haftet jedoch nach § 49 CHaftungsG nicht, wenn ein Dritter das Kraftfahrzeug fährt und den Schaden herbeigeführt hat. Das gleiche Problem besteht auch in § 51 CHaftungsG, wonach Verkäufer und Käufer für den Verkehrsunfall als Gesamtschuldner haften, wenn sie einen Kaufvertrag über ein verschrottungsreifes oder zusammengesetztes Kraftfahrzeug geschlossen haben.[492] Obwohl der Verkauf eines verschrottungsreifen oder zusammengesetzten Kraftfahrzeugs nach dem CSVG verboten ist, ist die deliktische Haftung dennoch nach den deliktischen Regelungen zu bestimmen, so dass für den Schaden nur der Fahrer eines Kraftfahrzeugs nach § 76 CSVG einzutreten hat. Wenngleich in diesem Fall eine Produkthaftung für den Hersteller des zusammengesetzten Fahrzeugs nach § 41 CHaftungsG und eine Verschuldenshaftung nach § 6 CHaftungsG für den Verkäufer in Betracht kommen, stellen diese Regelungen aber keine Verkehrsunfallhaftung i S. v. § 76 CSVG dar.[493] Da die deliktsrechtliche Haftung kein vertragliches Verhältnis voraussetzt, ist es unzutreffend, für die deliktische Haftpflicht auf die

---

491 *Wang*, Studien zum Deliktsrecht II, S. 334.

492 Damit ist gemeint, dass der Hersteller keine Genehmigung für die Autoproduktion hat.

493 *Wang*, Studien zum Deliktsrecht II, S. 287.

Vertragspartei abzustellen, weil das deliktische Verhältnis ein gesetzliches Schuldverhältnis darstellt.[494]

Es bleibt somit festzustellen, dass der Haftpflichtige der verschuldensunabhängigen Haftung nach § 76 CHaftungsG nicht der Eigentümer eines Kraftfahrzeugs ist. Mit dem Käufer in § 50 CHaftungsG ist tatsächlich der Besitzer oder mit anderen Worten der Fahrer eines Kraftfahrzeugs gemeint. Diese Ausgestaltung ist damit zu rechtfertigen, dass der Hauptgrund für Verkehrstote auf dem chinesischen Festland mit 78, 5 % aller Verkehrsunfälle das menschliche Versagen ist. Bei einem Großteil dieser Unfälle lässt sich die Verursachung zudem darauf zurückführen, dass der Fahrer den Führerschein weniger als drei Jahre besaß.[495]

b. Haftung Dritter für den Fahrzeugfahrer

aa. Haftung des Arbeitsgebers

Heutzutage haben Unternehmen üblicherweise ausführliche und strikte Regelungen über die Anstellung, Auswahl und Überwachung der Arbeitnehmer. Der Arbeitgeber kann sich hinsichtlich des Verschuldens durch Nachweise bezüglich der Ausübung der notwendigen Sorgfalt verhältnismäßig einfach entlasten. Wegen des Risikos der Zahlungsunfähigkeit des Arbeitnehmers kann der Schaden des Geschädigten jedoch ungedeckt bleiben, was nicht gerecht erscheint. Anders als im deutschen Recht wird die Haftung für Verrichtungsgehilfen auf dem chinesischen Festland auf dem Prinzip der „vicarious liability“ aufgebaut.[496] Das Vorliegen eines Verschuldens des Verrichtungsgehilfen ist danach für die Begründung der Haftung des Arbeitgebers nicht notwendig. § 34 CHaftungsG schreibt vor, dass der Arbeitgeber für den Schaden aufzukommen hat, den der Beschäftigte bei der Ausführung der Arbeitsaufgaben einem anderen zugefügt hat. § 35 CHaftungsG ordnet weiter an, dass der Geschäftsherr für den Schaden einzustehen hat, den sein Verrichtungsgehilfe einem anderen zugefügt hat, auch wenn die Dienstleistungsbeziehungen zwischen Einzelpersonen bestehen. Wie die Position des § 34 CHaftungsG im 4. Kapitel des Gesetzes, dessen Titel „Besondere Vorschriften über den Haftpflichtigen“ lautet, bereits zum Ausdruck bringt, stellt diese Vorschrift eine spezielle Haftungsgrundlage für den Haftpflichtigen dar. Diese Haftungsart gilt also auch für die aus Verkehrsunfällen resultierenden Schäden, so dass der

494 *Cheng*, Deliktsrecht, S. 14.

495 *Graaf*, Das Straßenverkehrssicherheitsgesetz der VR China, ZchinR 2004, 334.

496 *Chen*, Difficult Litigation Cases' Judgment Essences and References in Motor Vehicle and Traffic Accidents, S. 311.

Arbeitgeber für den Schaden einzustehen hat, den einer seiner Angestellten bei einem Verkehrsunfall herbeigeführt hat.[497]

bb. Haftung des Aufsichtspflichtigen

Nach § 11 der *Rechtsverordnung über die Beantragung und Benutzung des Führerscheins* ist es Minderjährigen untersagt, Kraftfahrzeuge zu führen. Dennoch kommt es vor, dass ein Minderjähriger vom Kraftfahrzeug seiner Eltern gegen deren Willen Gebrauch macht und sodann einen Verkehrsunfall verursacht. Nach § 32 Abs. 2 CHaftungsG haftet ein Geschäftsunfähiger bzw. beschränkt Geschäftsfähiger nur dann, wenn er selbst Vermögen hat. Der grundlegende Unterhalt des Geschäftsunfähigen oder beschränkt Geschäftsfähigen darf dabei aber nicht gefährdet werden.[498]

Sofern das Vermögen des Geschäftsunfähigen oder beschränkt Geschäftsfähigen zur Begleichung der Schäden nicht ausreicht, wird die restliche Haftung von dessen Vormund übernommen. Nach § 32 Abs. 1 CHaftungsG hat der Vormund für den restlichen Schaden unabhängig von eigenem Verschulden einzustehen und seine Haftung kann auch nur dann gemindert werden, wenn der Vormund seiner vormundschaftlichen Verantwortung voll nachgekommen ist. Es wird die Auffassung vertreten, dass diese Haftungsmilderung einen angemessenen Ausgleich zur verschuldensunabhängigen Haftung darstellt, da eine zu scharfe Haftung des Vormundes auch zu Nachteilen für den Geschäftsunfähigen bzw. beschränkt Geschäftsfähigen führen kann.[499] Diese Ausgestaltung wurde von einem chinesischen Juristen sogar als „einmalige Schöpfung" bewertet, da in anderen Rechtsordnungen keine Parallele zu dieser Ausgestaltung zu finden sei.[500] Die Rechtsnatur dieser Haftung ist aber nicht abschließend geklärt, nach der wohl h. M. handelt es sich um eine Kausalhaftung.[501] Diese besondere „Schöpfung" resultiert daraus, dass die Haftung des Vormundes im chinesischen Recht in die Kategorie der „Haftung für Dritte" eingeordnet wird, so dass der Schwerpunkt beim Schutz des Geschädigten liegt.

---

497 *Zhang*, Study on Legislation of Tort Liability Law, S. 471.

498 *Wang* (Hrsg.), Kommentar zum chinesischen Haftungsgesetz, S. 179.

499 *Wang*, Studien zum Deliktsrecht II, S. 52.

500 *Xue*, Das Missverständnis der Haftung für den Vormund als eine ergänzende Haftung, Journal of The East China University of Politics Science and Law, Heft 3, 2010, S. 115.

501 *Cheng*, Deliktsrecht, S. 281.

2. *Taiwan*

a. Haftung des Fahrzeugfahrers

Mit der Schuldrechtsreform im Jahr 1999 wurde im chinesischen Taiwan eine Haftung für vermutetes Verschulden für den Fahrer eines Kraftfahrzeugs in § 191 a TBGB eingeführt. Danach ist der Kraftfahrzeugfahrer zum Schadensersatz verpflichtet, wenn einem Dritten ein Schaden durch den Gebrauch eines Kraftfahrzeugs, das durch Maschinenkraft angetrieben wird und nicht an Bahngleise gebunden ist, entsteht. Die Haftung entfällt nur dann, wenn der Fahrer die zur Abwendung des Schadens erforderlichen Sorgfaltspflichten beachtet hat. Einen Halterbegriff gibt es im chinesischen Taiwan nicht. Unter dem Fahrer ist derjenige zu verstehen, der das Kraftfahrzeug tatsächlich benutzt, wobei nicht erforderlich ist, dass er zugleich der Eigentümer ist. Irrelevant ist auch, ob er über die Berechtigung zur Benutzung oder einen gültigen Führerschein verfügt, so dass darunter auch ein Schwarzfahrer oder Dieb fallen kann.[502]

b. Haftung Dritter für den Fahrzeugfahrer

Die Struktur der Verrichtungsgehilfenhaftung gleicht jener im deutschen Recht. Nach § 188 Abs. 1 TBGB hat der Geschäftsherr für den Schaden einzutreten, den seine Verrichtungsgehilfen anderen zugefügt haben. Wenn der Fahrzeugfahrer beim Gebrauch eines Fahrzeugs als Verrichtungsgehilfe tätig ist und dabei Rechte anderer widerrechtlich verletzt hat, haften der Geschäftsherr und der Gehilfe grundsätzlich als Gesamtschuldner. Die Haftung des Geschäftsherrn entfällt nur dann, wenn er bei der Auswahl des Gehilfen und der Überwachung der Verrichtungsausführung die im Verkehr erforderlichen Sorgfaltspflichten eingehalten hat oder der Schaden auch bei gehöriger Erfüllung der erforderlichen Sorgfaltspflichten entstanden wäre (§ 188 Abs. 1 S. 2 TBGB), d.h. der Geschäftsherr haftet für vermutetes eigenes Verschulden. Die Wiederlegung der Verschuldensvermutung wird von der Rechtsprechung jedoch nur selten angenommen, weshalb das Zurechnungsprinzip tatsächlich eher einer verschuldensunabhängigen Haftung gleicht.[503] Falls dem Geschäftsherrn die Entlastung gelingt, kommt noch eine Billigkeitshaftung für diesen in Betracht (§ 188 Abs. 2 TBGB), die jedenfalls kein Verschulden voraussetzt.[504]

Auch der gesetzliche Vertreter haftet nur für vermutetes Verschulden für den Schaden, den ein Geschäftsunfähiger oder ein beschränkt Geschäftsfähiger

502 *Liu*, Allgemeiner Teil des Schuldrechts in Entscheidungen, S. 155.
503 *Wang*, Deliktsrecht, S. 422.
504 *Zheng/Chen*, Schuldrecht AT, S. 155.

rechtswidrig verursacht hat und haftet mit diesem zusammen als Gesamtschuldner (§ 187 Abs. 1 S. 1 TBGB). Falls der Schädiger wegen mangelnder Verschuldensfähigkeit nicht verantwortlich ist, haftet der gesetzliche Vertreter allein (§ 187 Abs. 1 S. 2 TBGB). Seine Ersatzpflicht tritt aber nicht ein, wenn er nachweisen kann, dass er seiner Aufsichtspflicht pflichtgemäß nachgekommen ist oder dass der Schaden auch bei gehöriger Aufsichtsführung entstanden wäre (§ 187 Abs. 1 S. 2 TBGB). Vermutet wird nicht nur das Verschulden des gesetzlichen Vertreters, sondern auch die Kausalität zwischen der fehlenden Aufsicht und dem eingetretenen Schaden.[505] Wenn sich die Eltern entlasten können, kommt auch hier eine Billigkeitshaftung für die gesetzlichen Vertreter oder sogar für den Minderjährigen in Betracht (§ 187 Abs. 3 TBGB). Die Eltern müssen also entweder eine Haftung für vermutetes eigenes Verschulden oder eine verschuldensunabhängige Billigkeitshaftung übernehmen, wenn der Verkehrsunfall von einem Minderjährigen herbeigeführt wird.[506]

c. Verschuldensunabhängige Haftung des Transportunternehmers

In § 64 TÖSG wird der Transportunternehmer als Subjekt der verschuldensunabhängigen Haftung bestimmt. Eine gesetzliche Definition des Transportunternehmers findet sich in § 2 Nr. 14 TÖSG, wonach Transportunternehmer jeder ist, der mittels eines Kraftfahrzeugs Güter- oder Personenbeförderung gewerblich betreibt. Mit dieser durch Sondergesetz vorgeschriebenen Haftung kann die Entlastungsmöglichkeit der Verrichtungsgehilfenhaftung aus § 188 Abs. 1 TBGB vermieden werden, um den Schadensersatzanspruch des Geschädigten sicherzustellen.

C. Ausschluss der Anwendung der verschuldensunabhängigen Haftung

Ursprünglich setzten fast alle Rechtsordnungen für den Ersatz von Schäden bei Verkehrsunfällen Verschulden voraus, heutzutage ist das nur noch im Common Law Rechtskreis der Fall.[507] Es ist nicht selten, dass der Halter oder der Fahrer eines Kraftfahrzeugs den Verkehrsunfall schuldhaft herbeigeführt hat, so dass für den Geschädigten oftmals ein Schadensersatzanspruch aus Verschuldenshaftung neben der verschuldensunabhängigen Haftung in Betracht kommt. Mit anderen Worten besteht Anspruchskonkurrenz. Der Rückgriff auf die Verschuldenshaftung

---

505 *Yao*, Deliktsrecht, S. 166.
506 *Yeh*, Der Verkehrsopferschutz und dessen Entwicklung, S. 59.
507 *Kötz/Wagner*, Deliktsrecht, Rn. 543.

interessiert den Geschädigten jedoch nur dann, wenn die Verschuldenshaftung ihm mehr Schutz bietet als die Gefährdungshaftung.

Die praktische Bedeutung der Verschuldenshaftung bei Schadensersatz wegen Verkehrsunfällen hängt überwiegend davon ab, welche Ausschlussgründe bei der verschuldensunabhängigen Haftung vorgesehen sind. Da der Geschädigte bei allgemeinen deliktischen Regelungen hinsichtlich der Beweislast erheblichen Hindernissen ausgesetzt wird, ist es notwendig, Einschränkungen beim Anwendungsbereich der verschuldensunabhängigen Haftung rechtspolitisch noch einmal zu überdenken.

I. Deutschland

1. Langsame Kraftfahrzeuge

Die Gefährdungshaftung im deutschen Recht beruht auf der theoretischen Grundlage, dass wer eine spezielle Gefahr für andere schafft, auch den dadurch verursachten Schaden ersetzen muss. Erforderlich ist aber, dass die Gefahr über das allgemeine Lebensrisiko hinausgeht.[508] Gemäß § 8 Nr. 1 StVG gilt die Gefährdungshaftung aus § 7 Abs. 1 StVG nicht für solche Kraftfahrzeuge, deren Höchstgeschwindigkeit 20 Stundenkilometer nicht übersteigen kann. Erfasst sind nicht nur solche Fahrzeuge, bei denen eine Überschreitung der 20 km/h-Grenze schon wegen der Baueigenschaft ausgeschlossen ist, sondern auch Fahrzeuge, bei denen eine höhere Geschwindigkeit theoretisch zwar möglich ist, die Überschreitung aber durch bestimmte vom Hersteller eingebaute Vorrichtungen oder Sperren verhindert wird.[509] Relevant ist also nur, ob die tatsächliche Geschwindigkeit im Unfallzeitpunkt mehr als 20 km/h beträgt.[510] Der Gesetzgeber geht davon aus, dass langsame Kraftfahrzeuge weniger gefährlich sind. Wenn aber die Gefährlichkeit des Kraftfahrzeugs wegen Erhöhung der Geschwindigkeit durch eine „Manipulation" der Sperrvorrichtung erheblich gesteigert wird, sollte die Gefährdungshaftung nach § 7 Abs. 1 StVG wieder zur Anwendung kommen.[511] Für langsame Fahrzeuge wird die Führerhaftung nach §§ 18 Abs. 1 S. 1 i. V. m. 8 Nr. 1 StVG ausgeschlossen.

Der Geschädigte muss sich für seinen Schadensersatzanspruch in Deutschland dann auf die allgemeinen deliktischen Regeln berufen, wenn er durch langsame

---

508 *Deutsch/Ahrens*, Deliktsrecht, S. 359; vgl. auch *Deutsch*, FS Larenz (1973), S. 885 ff.

509 *Becher/Böhme/Biela*, Kraftverkehrshaftpflichtschäden, Teil A, Rn. 11.

510 *Ludovisy/Eggert/Burhoff*, Praxis des Straßenverkehrsrechts, Teil 4. Haftungsrecht, Rn. 133.

511 BGH, VersR 1997, 1115; Zfs 97, 366; NJW 97, 2517.

Kraftfahrzeuge verletzt worden ist.[512] Solche privilegierten langsamen Fahrzeuge finden sich heute vorwiegend im Bereich der Land- und Bauwirtschaft. Dennoch besteht Kritik an dieser Privilegierung, *Medicus* ist z.B. der Meinung, dass „gerade die langsamen Fahrzeuge [...] in dem schneller fließenden Straßenverkehr oft gefährliche Hindernisse [bilden]."[513] Für die Ausdehnung der Gefährdungshaftung auf langsame Fahrzeuge spricht außerdem, dass in § 2 Abs. 1 Nr. 6 PflVG eine niedrigere Grenze der möglichen Höchstgeschwindigkeit für versicherungspflichtige Fahrzeuge als die im StVG vorgesehen ist.[514] Die Abdeckung durch die KH-Versicherung spricht für eine striktere Haftung im Bereich des § 7 Abs. 1 StVG bei solchen langsamen Kraftfahrzeugen.

2. *Die beim Betrieb des Kraftfahrzeugs Tätigen*

Nach § 8 Nr. 2 StVG werden die beim Betrieb des Kraftfahrzeugs Tätigen aus dem Schutzbereich der Halterhaftung nach § 7 Abs. 1 StVG ausgenommen, ebenso auch bei der Haftung des Führers nach § 18 Abs. 1 StVG. Dieser Haftungsausschluss beruht auf dem Gedanken, dass sich solche Personen freiwillig in Gefahr begeben haben.[515] Mit den beim Betrieb des Fahrzeugs Tätigen sind solche Personen gemeint, die durch ihre nahe Beziehung zum Betrieb des Kraftfahrzeugs der Gefährdung besonders ausgesetzt sind.[516] Dazu gehören der Führer eines Kraftfahrzeugs und sogar der mit Prüfarbeiten beschäftigte Werkstattmeister.[517] Unter § 8 Nr. 2 StVG kann manchmal auch der Beifahrer eines Kraftfahrzeugs fallen, wenn er dem Fahrer das Kraftfahrzeug angeboten und Einfluss auf den Fahrvorgang ausgeübt hat. Erforderlich ist aber, dass die Schäden infolge der Betriebstätigkeit im Kreis der Betriebsgefahr des Kraftfahrzeugs eingetreten sind.[518] Es kommt nicht darauf an, ob der beim Betrieb Tätige an Weisungen gebunden ist, ob es sich um entgeltliche oder unentgeltliche Überlassung des Fahrzeugs handelt oder ob ein Vertrag besteht oder nicht.[519] Erforderlich ist aber, dass die Tätigkeit für einige Zeit dauert.[520]

---

512 *Kötz/Wagner*, Deliktsrecht, Rn. 545.
513 *Medicus*, DAR 2000, 442.
514 Vgl. *Bauer*, Die Kraftfahrtversicherung, Rn. 791.
515 RG, JW 1937, 1769; BGH, NZV 2010, 609.
516 BGH, NJW 1954, 393; VersR 1956, 640.
517 OLG Stuttgart, VersR 2004, 68.
518 AG Darmstadt, NZV 2002, 568.
519 BGH, NJW 1954, 393.
520 BGH, NZV 2010, 609.

Wie bereits in § 3 dieser Arbeit ausgeführt wurde,[521] wird nur der Fahrer eines Kraftfahrzeugs aus dem Schutzberiech der KH-Versicherung ausgenommen, weil er auf den Eintritt des Verkehrsunfalls einwirken kann. Der gleiche Gedanke sollte auf die Gefährdungshaftung nach § 7 Abs. 1 StVG übertragen werden, da der Fahrer eines Kraftfahrzeugs an der Verwirklichung der Betriebsgefahr mitgewirkt hat. Der Ausschluss der beim Betrieb Tätigen ist daher so zu begründen, dass der Schädiger bei einem Arbeitsunfall einen Anspruch auf Leistung gegen den gesetzlichen Unfallversicherer hat und dieser Anspruch auch kein Verschulden des Unternehmers voraussetzt.[522] In der Praxis wird auch der Fahrschüler vom Schutzbereich der Halterhaftung nach § 7 Abs. 1 StVG ausgenommen.[523] Problematisch ist hier aber, dass dem Fahrschüler keine anderweitige sichere Entschädigungsquelle zur Verfügung steht. Abgesehen vom Fahrer haben andere beim Betrieb Tätige wie bspw. der Schaffner grundsätzlich keine Einflussmöglichkeit auf den Eintritt des Verkehrsunfalls, so dass sie weiterhin in den Schutzbereich der Halterhaltung einbezogen werden müssten. Die Benachteiligung der beim Betrieb Tätigen wird auch von *Kötz* kritisiert.[524]

3. *Beschädigung der beförderten Sachen*

Die von § 7 Abs.1 StVG geschützten Sachen sind grundsätzlich nur die außerhalb des Kraftfahrzeugs befindlichen Sachen, während die durch das Kraftfahrzeug oder den Anhänger selbst beförderten Sachen gemäß § 8 Nr. 3 HS. 2 StVG ausgenommen sind. Unter Befördern i. S. d. § 8 Nr. 3 StVG versteht man das Verbringen von einem Ort zu einem anderen.[525] Die Beförderung beginnt mit dem Zeitpunkt der körperlichen Verbindung von Sache und Kraftfahrzeug, dazu gehört bereits der Ladevorgang.[526] Der Halter oder Führer hat für Schäden an Sachen, die eine beförderte Person bei sich trug oder mit sich führte, nach § 7 Abs. 1 StVG einzustehen. Für den Schaden am Kraftfahrzeug selbst kann sich der Eigentümer nicht auf § 7 StVG berufen,[527] was daran liegt, dass sich bei Schäden

---

521 Vgl. § 3. Direktanspruch und Geschädigter.

522 Vgl. *Kötz/Wagner*, Deliktsrecht, Rn. 587.

523 KG, NZV 1989, 150, 151.

524 Vgl. *Kötz*, in: Gutachten und Vorschläge zur Überarbeitung des Schuldrechts, Band II, S. 1814.

525 BGHZ 37, 318.

526 *Greger*, Haftungsrecht des Straßenverkehrs, § 19, Rn. 16.

527 *Greger*, Haftungsrecht des Straßenverkehrs, § 3, Rn. 44.

am Kraftfahrzeug selbst die Betriebsgefahr verwirklicht hat und sie damit außerhalb des Schutzzwecks der Halterhaftung nach § 7 Abs. 1 StVG liegen.[528]

4. *Weitere Einschränkungen*

a. Höchstsumme

Um die strenge Haftung des Fahrzeughalters einzuschränken, wurden in Deutschland Höchstbeträge eingeführt. Obwohl die jeweiligen Beträge relativ hoch sind, kann der konkrete Schaden in bestimmten Fällen auch höher als die Höchstsumme sein. In diesem Fall kann dem Geschädigten nur die Verschuldenshaftung nach dem BGB weiter helfen. Im deutschen Recht werden Haftungshöchstgrenzen für einige Typen der Gefährdungshaftung vorgeschrieben, aber es gibt auch einige Arten der Gefährdungshaftung, die in ihrem Umfang unbegrenzt sind, wie z. B. die Tierhalterhaftung nach § 833 S. 1 BGB und die Haftung nach § 22 Abs. 2 WHG. Ein klares und einheitliches Prinzip über Haftungshöchstgrenzen gibt es insofern nicht.[529] Diese Rechtspolitik wird als fehlerhaft angesehen, weil sie zu Unbilligkeit führe und die Versicherungssummen nicht ausreichten, weil die Risiken unüberschaubar seien.[530] *Kötz* schlägt daher vor, die Haftungsbegrenzung durch Höchstbeträge abzuschaffen.[531] Die Abschaffung der Höchstbeträge ist damit zu rechtfertigen, dass die Beschränkung durch eine Höchstsumme nur der KH-Versicherung zugutekommt, nicht aber dem Geschädigten. Zu beachten ist ferner, dass die Mindestversicherungssumme für Personenschäden deutlich höher liegt als die Höchstsumme der Gefährdungshaftung nach § 12 StVG, was als Argument für die Abschaffung der Höchstsumme der Gefährdungshaftung nach § 7 Abs. 1 StVG angesehen werden kann. Deshalb wird die Meinung vertreten, dass eine Aufhebung der Höchstbeträge aus rechtspolitischer Sicht überdacht werden sollte, weil die Haftungsbegrenzung durch die Verpflichtung des Halters zum Abschluss einer KH-Versicherung nicht mehr zu rechtfertigen ist.[532]

b. Einschränkung der Rechtsausübung im deutschen Recht

§ 15 StVG sieht für den Ersatzberechtigten eine Anzeigepflicht vor, der er innerhalb von zwei Monaten durch Anzeige des Unfalls dem Ersatzpflichtigen, also

---

528 *Wandt*, Gesetzliche Schuldverhältnisse, § 21, Rn. 10.

529 *Fuchs*, Deliktsrecht, S. 236.

530 *Larenz*, Schulrecht II/2, S. 477 ff.

531 *Kötz*, in: Gutachten und Vorschläge zur Überarbeitung des Schuldrechts, Band II, S. 1779 ff.

532 *Medicus/Lorenz*, Schuldrecht BT, Rn. 1377.

dem Halter oder Fürer des Kraftfahrzeugs, gegenüber nachkommen muss, da er ansonsten seine Ansprüche aus dem StVG verliert. Der Zweck dieser Regelung besteht darin, dem Halter oder Führer eines Kraftfahrzeugs die Führung des Entlastungsbeweises zu erleichtern.[533] Nur die Ansprüche aus §§ 7 Abs. 1, 18 Abs. 1 StVG werden durch diese Verpflichtung eingeschränkt. Die Ausschlussfrist gilt nicht für Schadensersatzansprüche aus sonstiger Verschuldenshaftung und es wird die Meinung vertreten, dass sie auch für Ausgleichsansprüche nach § 17 StVG nicht gilt.[534]

Bei der Anzeigepflicht handelt es sich um eine Ausschlussfrist, nicht aber um eine Verjährungsfrist.[535] Die schuldhafte Versäumung dieser Anzeigepflicht hat das Erlöschen der Ansprüche nach dem StVG zur Folge. Anzeigepflichtig ist derjenige, der Schadensersatz nach dem StVG verlangen will. Bei der Schädigung mehrerer Personen muss nur eine von ihnen die Anzeige vornehmen. Eine besondere Form ist nicht erforderlich. Anzuzeigen ist nur der Eintritt des Unfalls, nicht auch der eingetretene Schaden.[536] Die Einschränkung ist rechtspolitisch nicht unproblematisch, da die Anzeige normalerweise bereits am Unfallort stattfindet. Es liegt ohnehin im alleinigen Interesse des Geschädigten, den Unfall anzuzeigen, da ihm Ansprüche nur dann zustehen, wenn er das Vorliegen eines Unfalls beweisen kann. Insofern handelt es sich um eine überflüssige Regelung, die einzig und allein der für den Geschädigten nötigen Beweiserhebung dient.[537]

II. China

1. Festland

a. Langsame Fahrzeuge

Die verschuldensunabhängige Haftung nach § 76 CSVG gilt auf dem chinesischen Festland nach ihrem klaren Wortlaut nur für Unfälle, die durch die im Gesetz definierten Kraftfahrzeuge verursacht wurden. Nach § 119 Nr. 4 CSVG sind solche Fahrzeuge keine Kraftfahrzeuge i. S. v. § 76 CSVG, die durch menschliche oder tierische Leistung angetrieben werden oder die zwar mit Maschinenkraft

533 *Greger*, Haftungsrecht des Straßenverkehrs, § 19, Rn. 18.

534 BGHZ 11, 170, 173; auch *Greger*, Haftungsrecht des Straßenverkehrs, § 19, Rn. 19.

535 *Greger*, Haftungsrecht des Straßenverkehrs, § 19 Rn. 18.

536 *Greger*, Haftungsrecht des Straßenverkehrs, § 19 Rn. 21.

537 *Kötz*, Gefährdungshaftung-Empfiehlt sich eine Vereinheitlichung und Zusammenfassung der gesetzlichen Vorschriften über die Gefährdungshaftung im BGB und erscheint es erforderlich, das Recht der Gefährdungshaftung weiterzuentwickeln?, in: Gutachten und Vorschläge zur Überarbeitung des Schuldrechts, Band II, S. 1779 ff.

angetrieben werden, deren mögliche Höchstgeschwindigkeit, Gewicht und Abmessung der äußeren Form jedoch den nationalen Standards für motorisierte Rollstühle, Elektro-Fahrräder und andere Verkehrsmittel entsprechen. Die konkreten Standards werden in verschiedenen von der *Standardization Administration of the People's Republic of China* erlassenen nationalen Standards vorgesehen, für Einzelheiten wird auf das 1. Kapitel dieser Arbeit verwiesen.[538]

Häufig werden von Gerichten jedoch keine Angaben zur Qualifikation der Kraftfahrzeuge gemacht, sondern die entsprechenden Vorschriften werden direkt angewendet, ohne näher zu prüfen, ob die schädigenden Fahrzeuge der gesetzlichen Definition entsprechen oder nicht. Obwohl die meisten Mofas nach den gesetzlichen Kriterien als Kraftfahrzeug i. S. v. § 76 CSVG einzuordnen sind, weil sie üblicherweise eine Höchstgeschwindigkeit von 20 Stundenkilometern überschreiten,[539] werden sie von den Gerichten oftmals dennoch als nicht motorisierte Verkehrsteilnehmer behandelt, so dass es nur zur Anwendung der Verschuldenshaftung kommt. Die Gefährlichkeit von Mofas ist aber deutlich höher einzuschätzen als jene anderer nichtmotorisierter Verkehrsteilnehmer, wie Fußgänger oder Fahrräder. Wie im 1. Kapitel bereits vorgeschlagen wurde, sollte eine Höchstgeschwindigkeit von 15 km/h als Kriterium für die Befreiung von der Versicherungspflicht betrachtet werden und ebenso als Voraussetzung für die verschuldensunabhängige Haftung nach § 76 CSVG. Für die unter dieser Geschwindigkeitsgrenze liegenden langsamen Fahrzeuge, für die die verschuldensunabhängige Haftung nicht gilt, könnte dann als Mittelweg eine Haftung für vermutetes Verschulden wie im chinesischen Taiwan eingeführt werden. Eine verschuldensunabhängige Haftung muss in solchen Fällen abgelehnt werden, weil es gerade keine Abdeckung durch die KH-Versicherung gibt.[540]

b. Schäden des Fahrzeugfahrers und an den Kraftfahrzeugen

Von der Haftung nach § 76 CSVG werden nur Schäden Dritter erfasst, sodass die Schäden des Schädigers bzw. Haftpflichtigen selbst ausgenommen werden, sie müssen folglich die Schäden am eigenen Kraftfahrzeug selbst tragen. Angestellte Fahrer können aber gemäß § 30 der *Rechtsverordnung über die Versicherung von Arbeitsunfällen* Entschädigung vom Versicherungsträger verlangen, wobei diese Entschädigung kein Verschulden des Haftpflichtigen voraussetzt. Es ist also nicht notwendig, den geschädigten Arbeitnehmer in die KH-Versicherung

538 Vgl. § 1. Versicherungszwang und Verkehrsopferschutz.

539 *Liang/Xie/Su*, Die immer größeren Sicherheitsprobleme von Mofas, Guangxier rechtliche Tageszeitung, 23.08.2008.

540 Vgl. § 1. Versicherungszwang und Verkehrsopferschutz.

einzubeziehen. Einer Präventionsfunktion hat der Gesetzgeber der *Rechtsverordnung über die Versicherung von Arbeitsunfällen* dadurch Rechnung getragen, dass in deren § 16 bestimmte Konstellationen ausgeschlossen werden, worunter u. a. vorsätzliche Straftaten, Trunkenheit am Steuer, Genuss von Rauschmitteln, Selbstverletzung und Selbstmord fallen. Nach § 28 CSVersG können sich die anderen geschädigten Fahrer auch an die Grundkrankenversicherung wenden.

Das gleiche sollte auch für die Schäden am schädigenden Kraftfahrzeug gelten, auch wenn der Fahrer nicht zugleich der Eigentümer des Kraftfahrzeugs ist, da der Schutzzweck der verschuldensunabhängigen Haftung in erster Linie im Schutz anderer Verkehrsteilnehmer liegt. Das gilt umso mehr, weil der Gesetzgeber den Begriff der „Fahrzeugseite" verwendet hat, worunter auch das schädigende Kraftfahrzeug fallen kann. Nach diesem Gedanken sollten die Schäden an beförderten Sachen im versicherten Kraftfahrzeug auch von der verschuldensunabhängigen Haftung ausgeschlossen werden. Diesen Gedanken hat § 4 Nr. 2 CAKB bereits zum Ausdruck gebracht.

c. Verkehrsunfälle zwischen Kraftfahrzeugen

Am auffälligsten ist, dass auf dem chinesischen Festland eine Verschuldenshaftung für Unfälle, an denen mindestens zwei Kraftfahrzeuge beteiligt sind, in § 76 Abs. 1 Nr. 1 CSVG gesetzlich festgeschrieben ist. Danach hat „die schuldhafte Fahrzeugseite" für Schäden aus Verkehrsunfällen zwischen mehreren Kraftfahrzeugen einzustehen; wenn auf beiden Seiten ein Verschulden vorliegt, werden die Schäden nach dem jeweiligen Verschuldensanteil auf beide Seiten verteilt. Es wird die Ansicht vertreten, dass eine verschuldensunabhängige Haftung nur dann gerechtfertigt ist, wenn andere Verkehrsteilnehmer im Vergleich zu den im Kraftfahrzeug befindlichen Personen als schwächer angesehen werden und damit mehr Schutz genießen sollen. Es besteht daher keine Rechtfertigung dafür, dem Geschädigten ein Schutzprivileg einzuräumen, wenn er zum Unfallzeitpunkt im Kraftfahrzeug saß, weil in diesen Fällen beide Seiten gleich stark und beiderseits haftpflichtversichert sind.[541] In der Tat sollte der Zurechnungsgrund bei Unfällen zwischen Fahrzeugen und bei Unfällen zwischen Kraftfahrzeugen und anderen Verkehrsteilnehmern kein anderer sein. Der Grund für eine unterschiedliche Behandlung kann jedoch darin gesehen werden, dass die Lehre über die Betriebsgefahr aus dem deutschem Recht noch nicht ins chinesische Recht eingeführt wurde und damit keine Regeln über die Anrechnung der Betriebsgefahr beim

541 *Zhang/Chen*, Comprehension and Application of the Regulation Regarding Compulsory Liability Insurance for Auto Road Traffic Accident, S. 152.

Mitverschulden entwickelt wurden.[542] Es wird aber die Meinung vertreten, dass der Verursachungsbeitrag bei der Verteilung der Haftung zwischen mehreren Kraftfahrzeugen im Innenverhältnis und bei der Feststellung des Mitverschuldens der geschädigten Fahrer mit herangezogen werden sollte.[543] Wenn in solchen Fällen die Betriebsgefahr oder anders gesagt ein Mitverschulden des Geschädigten immer dann angenommen wird, ohne Rücksicht darauf nehmen zu müssen, ob den Fahrzeugfahrer zum Eintritt des Unfalls ein Verschulden trifft oder nicht, wird das chinesische Recht zu identischen Ergebnissen gelangen wie das deutsche Recht.[544] Da die jetzige Ausgestaltung der verschuldensunabhängigen Haftung nach § 76 CSVG viele Streitigkeiten bereitet, sollte das deutsche Recht als Vorbild angesehen werden. Für Verkehrsunfälle sollte eine verschuldensunabhängige Haftung generell eingeführt werden, unabhängig davon, ob der Unfall zwischen Kraftfahrzeugen oder zwischen einem Kraftfahrzeug und anderen Verkehrsteilnehmern eintritt.

2. *Taiwan*

a. Langsame Fahrzeuge

Der Fahrer eines Kraftfahrzeugs haftet zwar für vermutetes Verschulden, was jedoch nicht vollständig auf der Theorie der Gefährdungshaftung aus dem deutschen Recht beruht und damit keine Betriebsgefahr voraussetzt. Das Gesetz sieht auch keine Ausnahme von der Haftung wegen nur geringer Gefährlichkeit vor, weshalb die vermutete Verschuldenshaftung für alle Fahrzeuge gilt, also alle mit Maschinenkraft betriebenen nicht an Gleise gebundenen Fahrzeuge. Auch bei der verschuldensunabhängigen Haftung des Transportunternehmers gibt es keine solche Ausnahme für langsame Kraftfahrzeuge.[545] Theoretisch kommt zwar eine Einschränkung der Haftung bei langsamen Fahrzeugen über eine analoge

---

542 *Wang/Shen*, Review of Responsibility Principle of China's Traffic Accident between Automobiles: Reference to German Law, Modern Law Science, Heft 1, 2014.

543 *Zhang/Ming*, Die Verursachungskrafttheorie im Haftungsrecht, China Legal Science, Heft 6, 2006, S. 93; auch *Yang/Liang*, Die Grundlage der Verursachungstheorie und ihre Anwendung, Jurists Review, Heft 6, 2006, S. 102.

544 Im deutschen Recht wird die Betriebsgefahr als Grundlage der Gefährdungshaftung angesehen, so dass sich der Geschädigte als Halter oder Fahrer grundsätzlich die allgemeine Betriebsgefahr anrechnen lassen muss, vgl. *Looschelders*, Schuldrecht BT, Rn. 1469; vgl. auch *Wang/Shen*, Review of Responsibility Principle of China's Traffic Accident between Automobiles: Reference to German Law, Modern Law Science, Heft 1, 2014, S. 44 ff.

545 *Lin*, Schuldrecht AT, S. 195.

Anwendung der Vorschriften des TAPflVG in Betracht,[546] doch gibt es hierfür keine praktische Bedeutung, weil diese verschuldensunabhängige Haftung nur für gewerbliche Kraftfahrzeuge gilt.

b. Ausschluss der Unfallbeteiligten aus dem Schutzbereich der verschuldensunabhängigen Haftung

Im chinesischen Taiwan wird auch der Fahrer eines Kraftfahrzeugs aus dem Schutzbereich der verschuldensunabhängigen Haftung des Transportunternehmers nach 64 TÖSG ausgenommen. Der geschädigte angestellte Fahrer hat aber einen Anspruch aus den Arbeiterversicherungsträgen, die keine Haftpflicht des Arbeitsgebers voraussetzen.[547] Die Versicherungspflicht der Arbeiterversicherung nach § 6 Abs. 1 TAVG gilt nur für Arbeitgeber, die mindestens 5 Arbeitnehmer beschäftigen. Hier besteht noch eine Schutzlücke beim Schutz des geschädigten Fahrers.

In § 191 b TBGB wird das schädigende Kraftfahrzeug erneut personalisiert: „Das Auto, Motorrad […], das bei der Benutzung einem anderen Schaden zugefügt hat", ist ebenso wie der Haftpflichtige zu behandeln, so dass der Schaden am schädigenden Kraftfahrzeug nicht von der Haftung nach § 191 b TBGB erfasst ist. Gleiches sollte auch für die verschuldensunabhängige Haftung des Transportunternehmers gelten. Das entspräche jedenfalls der Lebenserfahrung, da der Transportunternehmer normalerweise der Eigentümer des Kraftfahrzeugs ist und daher ein Schadensersatzanspruch für das schädigende Kraftfahrzeug überflüssig ist. Auch wenn der Transportunternehmer nicht der Eigentümer ist, entspricht eine verschuldensunabhängige Haftung für das schädigende Kraftfahrzeug nicht dem Gesetzeszweck. Das folgt daraus, dass die anderen Besitzer mit dem Fahrer eines Kraftfahrzeugs nach dem Gesetzentwurf des TBGB als Gesamtschuldner haften.[548] Nach dem Wortlaut des § 64 Abs. 2 TÖSG gilt die gesetzliche Höchstsumme nur für beförderte Sachen. Daraus kann aber im Kehrschluss entnommen werden, dass die verschuldensunabhängige Haftung auch für beförderte Sachen gilt. Problematisch ist aber, dass eine verschuldensunabhängige Haftung für beförderte Sachen ohne Abdeckung durch die Pflichtversicherung für den Transportunternehmer eine erhebliche Belastung darstellt.

---

546 Vgl. § 1. Versicherungszwang und Verkehrsopferschutz.

547 *Yeh*, Der Verkehrsopferschutz und dessen Entwicklung, S. 20 ff.

548 *Qiu*, Schuldrecht AT I, S. 147.

c. Höchstsumme der Haftung des Transportunternehmers

Die verschuldensunabhängige Haftung des Transportunternehmers ist durch Höchstsummen begrenzt. Bei Überschreitung der jeweiligen Höchstsumme muss sich der Geschädigte auf eine Verschuldenshaftung nach §§ 184 TBGB oder die vermutete Verschuldenshaftung des Fahrers nach § 191 a TBGB stützen. In diesem Fall kommt jedoch noch ein verschuldensunabhängiger Anspruch aus § 7 Verbraucherschutzgesetz (TVSG) in Betracht, wenn der Geschädigte Verbraucher und der Anspruchsgegner Transportunternehmer ist. Wenngleich es umstritten ist, wird die Beförderung von der Rechtsprechung gelegentlich als „Dienstleistung" i. S. v. § 7 Verbraucherschutzgesetz (TVSG) angesehen, womit die Haftung aus § 7 TVSG auf die Beförderung Anwendung findet. Nicht nur Fahrgäste, sondern auch Fußgänger oder der Eigentümer des Kraftfahrzeugs werden von dieser verschuldensunabhängigen Haftung geschützt, da nicht nur der Vertragspartner, sondern auch Dritte von der Haftung nach § 7 TVSG erfasst werden.[549] Im Gegensatz zur Haftung des Transportunternehmers aus dem TÖSG gibt es keine Einschränkung durch Haftungshöchstgrenzen bei § 7 TVSG. Diese Konzeption dient als Nachweis dafür, dass die Einschränkung der Haftung durch Höchstsummen rechtspolitisch eine Schutzlücke darstellt.

D. Zusammenfassung

I. Gefährlichkeit und Haftungsprinzipien

Der Betrieb eines Kraftfahrzeugs bringt ein gesteigertes Schadensrisiko mit sich, insbesondere für andere Verkehrsteilnehmer. Dieses Gefahrpotential kann häufig selbst durch sorgfältiges Handeln nicht beherrscht werden. Zum Schutz des Geschädigten wird daher eine strenge Zurechnung des Gefahrpotentials sowohl in China als auch Deutschland vorgenommen. In Deutschland gibt es eine Gefährdungshaftung für den Halter eines Kraftfahrzeugs, die für alle Verkehrsunfälle gilt. Eine verschuldensunabhängige Haftung kommt auf dem chinesischen Festland nur für Unfälle in Betracht, die sich zwischen Kraftfahrzeugen und anderen Verkehrsteilnehmern ereignet haben. Bei Unfällen ausschließlich zwischen Kraftfahrzeugen muss sich der Geschädigte auf das allgemeine Deliktsrecht berufen. Im Rahmen des Mitverschuldens wird jedoch auch der Verursachungsbeitrag der anderen Kraftfahrzeuge berücksichtigt, so dass sich die Verschuldenshaftung bei Unfällen zwischen Kraftfahrzeugen im Ergebnis der verschuldensunabhängigen

---

549 *Lin*, Gefährdungshaftung, S. 124 f.; a. A. *Lin*, Verbrauchsverhältnis, S. 65; *Yeh*, Der Verkehrsopferschutz und dessen Entwicklung, S. 60 f.

Haftung annähert. Im chinesischen Taiwan wird das Verschulden eines Fahrzeugfahrers gesetzlich vermutet, wobei in der Praxis jedoch große Anforderungen an die Widerlegung der Verschuldensvermutung gestellt werden, so dass die Haftung eher einer verschuldensunabhängigen Haftung gleicht. Eine verschuldensunabhängige Haftung findet sich nur in § 64 TÖSG, wo jedoch eine Benachteiligung des Geschädigten besteht, wenn es sich nicht um gewerblich genutzte Kraftfahrzeuge handelt. Die Haftung bei Verkehrsunfällen kann auf die einheitliche theoretische Grundlage der Gefährdungshaftung zurückgeführt werden, um den Verkehrsopferschutz zu stärken. Deshalb ist es notwendig, die Zurechnungsprinzipien in China weiter zu verschärfen und zu vereinheitlichen.

II. Haftpflichtige

In § 7 Abs. 1 StVG wird der Halter eines Kraftfahrzeugs als Subjekt der Gefährdungshaftung bestimmt. Entscheidend für die Haltereigenschaft ist das tatsächliche, nicht aber das rechtliche Verhältnis. Obwohl der Halter in der Regel der Eigentümer eines Kraftfahrzeugs ist, besteht eine Notwendigkeit dahingehend jedoch nicht. Der Halter muss also im konkreten Fall festgestellt werden. Nach der Definition der Rechtsprechung ist der Kraftfahrzeughalter derjenige, der ein Kraftfahrzeug auf eigene Rechnung in Gebrauch hat und die Verfügungsgewalt darüber besitzt.[550] Die Notwendigkeit eines einheitlichen Halterbegriffs erklärt sich daraus, dass zum einen das Prinzip „die Versicherung folgt der Haftpflicht" für die KH-Versicherung in Deutschland gilt, so dass die Versicherungsleistungspflicht mittels eines einheitlichen Halterbegriffs leichter zu begründen ist. Zum anderen besteht keine verschuldensunabhängige Haftung für das Verhalten Dritter in Deutschland. Dieses Problem kann nur dadurch gelöst werden, dass ein neuer Begriff durch Sondergesetz geschaffen wird. Das hätte jedoch zur Folge, dass die Feststellung der Haltereigenschaft vom Einzelfall abhängig ist.

Auf dem chinesischen Festland wird die „Fahrzeugseite" in § 76 CSVG als Subjekt der verschuldensunabhängigen Haftung bestimmt, wobei dieser personalisierte Begriff ebenfalls im konkreten Fall konkretisiert werden muss. Nach den Vorschriften der §§ 50 ff. CHaftungsG trifft die verschuldensunabhängige Haftung den Fahrer (Benutzer) eines Kraftfahrzeugs, wenn der Eigentümer mit dem Fahrer nicht identisch ist. Nur wenn der Verkehrsunfall von einem angestellten Fahrer oder einem Geschäftsunfähigen bzw. beschränkt Geschäftsfähigen herbeigeführt wird, wird die strikte Haftung auf den Arbeitgeber oder Aufsichtspflichtigen übertragen. Es lässt sich also feststellen, dass der Fahrer eines Kraftfahrzeugs

550 RGZ 127, 175; BGHZ 13, 351, 354.

der eigentlich Haftpflichtige der verschuldensunabhängigen Haftung ist. Im chinesischen Taiwan besteht eine verschuldensunabhängige Haftung nur im TÖSG für den gewerblichen Transportunternehmer, wodurch Schutzlücken hinsichtlich des Verkehrsopferschutzes entstehen. Nach § 191 a TBGB haftet der Fahrer eines Kraftfahrzeugs nur für vermutetes Verschulden, was in der Praxis jedoch als verschuldensunabhängige Haftung behandelt wird.

Der Fahrer eines Fahrzeugs spielt beim Eintritt sowie bei der Verhütung von Verkehrsunfällen eine wichtige Rolle. Das liegt daran, dass der Fahrer mit der Eigenartigkeit und dem Unterhaltungszustand des Fahrzeugs am besten vertraut ist. Aus Gründen der Personen- und Vermögenssicherheit legt der Fahrer bestenfalls auch die größtmögliche Sorgfalt und angemessene Sicherheitsmaßnahmen zur Vermeidung eines Verkehrsunfalls an den Tag.

Dennoch wird für den Fahrer in beiden Ländern ein gänzlich anderes Zurechnungsprinzip vorgesehen. Im deutschen Recht haftet der Fahrer für vermutetes Verschulden, wenngleich diese Haftung wegen der Gefährdungshaftung des Halters in der Praxis nur eine untergeordnete Rolle spielt.

III. Ausschlussgründe für eine verschuldensunabhängige Haftung

1. *Langsame Kraftfahrzeuge*

Der Zurechnungsgrund der Verkehrsunfallhaftung liegt in der Betriebsgefahr des Kraftfahrzeugs, insbesondere in der hohen Geschwindigkeit. Im deutschen Recht werden Fahrzeuge, die nicht mehr als 20 km/h fahren können, von der Gefährdungshaftung nach § 7 Abs. 1 StVG ausgeschlossen. Zu betonen ist aber, dass das PflVG eine niedrigere mögliche Höchstgeschwindigkeit von nur 6 km/h zur Grenze für den verpflichtenden Abschluss einer KH-Versicherung erklärt.

Auf dem chinesischen Festland wird der Anwendungsbereich der verschuldensunabhängigen Haftung aus § 76 CSVG dadurch beschränkt, dass der Begriff des Kraftfahrzeugs gesetzlich definiert wird. Die gesetzliche Definition gilt auch für die versicherungspflichtigen Kraftfahrzeuge. Allerdings führt die Systematik der gesetzlich genannten Kriterien dazu, dass einige Fahrzeugarten der verschuldensunabhängigen Haftung nicht unterliegen, so dass wie bei der Versicherungspflicht eine teleologische Reduktion auf eine mögliche Höchstgeschwindigkeit von 15 km/h notwendig ist. Im chinesischen Taiwan ist der Begriff des Kraftfahrzeugs am weitesten, denn dort wird für alle Fahrzeuge der Abschluss einer KH-Versicherung vorgeschrieben. Es gibt insgesamt keine Ausnahme bezüglich langsam fahrender Fahrzeuge, weder bei der Haftung für vermutetes Verschulden des Fahrers noch bei der verschuldensunabhängigen Haftung des Transportunternehmers.

Eine verschuldensunabhängige Haftung ist für den Haftpflichtigen nur bei Eingreifen der Haftpflichtversicherung zumutbar. Insofern ist eine umfangreiche Versicherungspflicht geboten. Danach kann die Gefährdungshaftung dann auf langsame Fahrzeuge, die zwar der Versicherungspflicht, aber bisher keiner Gefährdungshaftung unterliegen, erstreckt werden. In China muss jedoch zuerst der Umfang der versicherungspflichtigen Kraftfahrzeuge erweitert werden, um dann den Anwendungsbereich der verschuldensunabhängigen Haftung entsprechend anzupassen.

2. *Ausschluss der Schäden der am Unfall Beteiligten aus der verschuldensunabhängigen Haftung*

Obwohl der Haftpflichtige der Gefährdungshaftung in Deutschland und derjenige der verschuldensunabhängigen Haftung in China unterschiedlich sind, ist der Fahrer des schädigenden Kraftfahrzeuges in beiden Ländern aus Schutzbereich der strikten Haftung ausgenommen. Das ist dadurch zu rechtfertigen, dass der Fahrer eines Kraftfahrzeugs sich freiwillig den Gefahren des Straßenverkehrs aussetzt und er außerdem Einfluss auf den Geschehensablauf nehmen kann. Auch wenn der Fahrer eines Kraftfahrzeugs bei Arbeitsunfällen nicht der Haftpflichtige ist, wird er von der Sozialversicherung gut geschützt.

Ausgenommen aus dem Schutzbereich sind ferner die Schäden am schädigenden Kraftfahrzeug. Diese Ausnahme folgt in Deutschland über die Lehre von der Betriebsgefahr und auf dem chinesischen Festland über den Begriff der „Fahrzeugseite", ebenso wie im chinesischen Taiwan. Im chinesischen Taiwan gilt die verschuldensunabhängige Haftung des Transportunternehmers auch für Schäden an beförderten Sachen, allerdings wird sie auf Höchstsummen beschränkt. Schäden an beförderten Sachen sollten jedoch von der verschuldensunabhängigen Haftung ausgeschlossen werden, da sie selbst gewissermaßen einen Teil der Betriebsgefahr bilden.

3. *Andere Ausschlüsse*

Sowohl in Deutschland als auch in China bestehen noch weitere Ausschlussgründe für die verschuldensunabhängige Haftung, die allerdings auf keiner gemeinsamen theoretischen Grundlage beruhen und daher problematisch sind. In Deutschland wird die Gefährdungshaftung durch bestimmte Höchstsummen eingeschränkt, wobei diese Einschränkung jedoch keinen Rechtfertigungsgrund mehr besitzt vor dem Hintergrund der umfassenden Abdeckung durch die KH-Versicherung. Außerdem wird dem Geschädigten eine Anzeigepflicht gesetzlich auferlegt, doch da dem Geschädigten ohnehin die Beweislast zur Last fällt, ist eine solche gesetzliche

Anzeigepflicht überflüssig. Auf dem chinesischen Festland sieht das Gesetz eine Verschuldenshaftung für Unfälle zwischen Kraftfahrzeugen vor. Obwohl in der Praxis durch die Einbeziehung des Verursachungsbeitrags bei der Feststellung des Mitverschuldens das gleiche Ergebnis wie im deutschen Recht erzielt werden kann, sind ohne eine einheitliche theoretische Grundlage der verschuldensunabhängigen Verkehrsunfallhaftung Unverständnis und Streitigkeiten nicht zu vermeiden.

Im geltenden Recht bestehen zu viele Einschränkungen bei der verschuldensunabhängigen Haftung, ohne dass es eine gemeinsame theoretische Grundlage gäbe. Die Einschränkungen der verschuldensunabhängigen Haftung, die sich nicht aus dem Zurechnungsgrund der Gefährdungshaftung ergeben, sollten im Vergleich zur Verschuldenshaftung beseitigt werden.

§ 5. Die zu ersetzenden Schäden und der Umfang der Leistungspflicht

A. Grundstruktur

I. Deutschland

1. Die von der KH-Versicherung versicherten Schäden

Die Leistung des Versicherers bestimmt sich nach Nr. A. 1. 1. 1 AKB 2008, der Vorrang gegenüber den Vorschriften der §§ 100, 101 VVG hat. Nach Nr. A. 1. 1. 1 AKB 2008 umfasst die Leistung des Versicherers die Befriedigung begründeter und die Abwehr unbegründeter Schadensersatzansprüche, die aufgrund von Haftpflichtbestimmungen des BGB und des StVG oder aufgrund anderer gesetzlicher Haftpflichtbestimmungen gegen den Versicherungsnehmer oder gegen eine mitversicherte Person erhoben werden. Durch den Gebrauch des Fahrzeugs müssen Personen verletzt oder getötet worden, Sachen beschädigt oder zerstört worden oder abhanden gekommen bzw. Vermögensschäden verursacht worden sein, wobei letztere weder mit einem Personen- noch mit einem Sachschaden mittelbar oder unmittelbar zusammenhängen (reine Vermögensschäden).

Mit der Beschreibung des Leistungsumfangs im PflVG wird klargestellt, dass in Deutschland so gut wie alle Arten von Schäden von der KH-Versicherung umfasst werden. Der konkrete Umfang der zu ersetzenden Schäden bestimmt sich nach den Regeln des Haftpflichtrechts. Wie bereits dargestellt wurde, gilt in Deutschland der Identitätsgrundsatz des Direkt- und des Haftpflichtanspruchs. Der Direktanspruch des Geschädigten hängt in seiner Entstehung und seinem Bestand vom Vorliegen des zugrunde liegenden Haftpflichtanspruchs ab. Das Gleiche gilt auch für den Umfang des Direktanspruchs des Geschädigten.[551] Der Umfang des Direktanspruchs wird aber durch die vereinbarte Versicherungssumme und die gesetzliche Mindestversicherungssumme beschränkt.

2. Die von der KH-Versicherung ausgenommenen Schäden

a. Genehmigte Autorennen

Nach Nr. A. 1. 5. 2 S. 1 AKB 2008 besteht kein Versicherungsschutz für Schäden, die bei der Beteiligung an einer behördlich genehmigten kraftfahrt-sportlichen

551 *Yeh*, Der Verkehrsopferschutz und dessen Entwicklung, S. 112.

Veranstaltung, bei der es auf die Erzielung einer Höchstgeschwindigkeit ankommt, entstehen. Dies gilt auch für dazugehörige Übungsfahrten. Der Grund dafür ist, dass ein Versicherungsschutz für den am Autorennen teilnehmenden Fahrer nicht nötig ist, weil die Genehmigung einer solchen Veranstaltung voraussetzt, dass der Veranstalter ausreichenden Versicherungsschutz nachweisen kann.[552] Daraus ist zu entnehmen, dass Schäden, die sich aus der Teilnahme an einem nicht genehmigten Autorennen ergeben, noch unter den Versicherungsschutz der KH-Versicherung fallen können. Wie der Hinweis bzgl. Nr. A. 1. 5. 2 S. 1 AKB 2008 klargestellt hat, stellt die Teilnahme an behördlich genehmigten Rennen nur eine Pflichtverletzung nach Nr. D. 2. 2 AKB 2008 dar.[553]

Zu bedenken ist aber, dass die Versicherungspflicht nach § 1 PflVG den Gebrauch eines Kraftfahrzeugs auf öffentlichen Wegen und Plätzen voraussetzt. Die Eigenschaft der öffentlichen Wege und Plätze setzt eine ausdrückliche oder stillschweigende Duldung des Verfügungsberechtigten bzgl. der verkehrsmäßigen Benutzung durch jedermann voraus.[554] Ein nicht öffentlicher Verkehrsraum liegt vor, wenn die Verkehrsfläche nicht der Allgemeinheit zur Verfügung steht, sondern nur für bestimmte Benutzer zugelassen ist.[555] Danach erfüllt ein genehmigtes Autorennen die Voraussetzung des Gebrauchs „auf öffentlichen Wegen und Plätzen“ nicht, so dass eine Versicherungspflicht schon überhaupt nicht besteht. Es ist daher nicht notwendig, genehmigte Rennen als Risikoausschluss der KH-Versicherung auszugestalten.

b. Ansprüche des Versicherungsnehmers gegen mitversicherte Personen wegen Sach- oder Vermögensschäden

Gemäß Nr. A. 1. 5. 6 S. 1 AKB 2008 sind Schadensersatzansprüche des Versicherungsnehmers, Halters oder Eigentümers gegen eine mitversicherte Person vom Versicherungsschutz ausgeschlossen, wenn es sich um Sach- oder Vermögenschäden handelt. Praktische Bedeutung hat dieser Risikoausschluss vorwiegend in dem Fall, in dem der Versicherungsnehmer als Insasse bei einem Unfall geschädigt wird, den der mit dem Versicherungsnehmer nicht identische Fahrer schuldhaft herbeigeführt hat. Dadurch können dem Versicherungsnehmer gegen den Fahrer Schadensersatzansprüche zustehen, soweit alle anderen Voraussetzungen gegeben sind. Rechtspolitisch ist diese Ausgestaltung nicht unproblematisch, da das

552 *Feyock/Jacobsen/Lemor*, Kraftfahrtversicherung AKB Nr. A 1, Rn. 58.
553 *Notthoff*, in: *Ludovisy/Eggert/Burhoff*, Praxis des Straßenverkehrsrechts, Teil 3. Versicherungsvertrag, Rn. 46.
554 BGH, VersR 1977, 58.
555 *Feyock/Jacobsen/Lemor*, Kraftfahrtversicherung § 1 PflVG, Rn. 11.

versicherte Kraftfahrzeug sowie die beförderten Sachen schon nach Nr. 1. 5. 3 AKB 2008 und Nr. 1. 5. 4 S. 1 AKB 2008 von der KH-Versicherung ausgeschlossen sind. Mögliche Ansprüche bestehen nur für Schäden an Sachen, die die Insassen eines Kraftfahrzeugs üblicherweise mit sich führen. Solche Sachen sind aber meistens nicht sehr wertvoll und können die Leistungsfähigkeit des Versicherers nicht gefährden, so dass sie auch in die KH-Versicherung einzubeziehen sind. Nach dem klaren Wortlaut gilt dieser Ausschluss aber nicht für den Ersatz von Personenschäden; dem Geschädigten steht also nach wie vor ein Direktanspruch nach § 115 Abs. 1 Nr. 1 VVG für seine Personenschäden gegen den Versicherer zu.

c. Andere Sachschäden

Nach Nr. 1. 5. 3 AKB 2008 sind Schadensersatzansprüche wegen Beschädigung, Zerstörung oder Abhandenkommens des versicherten Fahrzeugs aus dem Versicherungsschutz ausgenommen. Diese Vorschrift soll verhindern, „dass die für die Gefahr aus dem Betrieb eines Kraftfahrzeugs genommene Haftpflichtversicherung über den Umweg des Einschlusses diverser Versicherter in Bezug auf deren persönliche Haftpflicht aus dem Gebrauch dieses Wagens zur Kaskoversicherung denaturiert wird.“[556] Gemäß Nr. 1. 5. 4 S. 1 AKB 2008 besteht auch kein Versicherungsschutz für die Beschädigung, Zerstörung oder das Abhandenkommen eines mit dem versicherten Fahrzeug verbundenen Anhängers oder Aufliegers oder eines mit dem versicherten Fahrzeug ge- oder abgeschleppten Fahrzeugs. Aus Nr. A. 1. 1. 5 S. 2 AKB 2008 ergibt sich, dass sich dieser Risikoausschluss nur auf die abgeschleppten Fahrzeuge bezieht, für die keine eigene KH-Versicherung abgeschlossen wurde.[557] Der Eigentümer kann sich ebenso für den Schaden am eigenen Kraftfahrzeug nicht auf § 7 Abs. 1 StVG berufen.[558]

Nicht von der KH-Versicherung erfasst werden gemäß Nr. A. 1. 5. 5 AKB 2008 noch die Schadensersatzansprüche, die wegen Beschädigung, Zerstörung oder Abhandenkommens beförderter Sachen entstanden sind. Hiervon sind auch die Sachen erfasst, die sich auf einem Anhänger befinden, sofern eine Einheit zwischen Zugfahrzeug und Anhänger besteht.[559] Gemäß § 8 Nr. 3 HS. 2 StVG sind die durch das Kraftfahrzeug oder den Anhänger beförderten Sachen auch von der Halterhaftung nach § 7 Abs. 1 StVG ausgenommen. Hier sind sich die Ausschlussgründe der Versicherungspflicht und die Ausschlussgründe der Gefährdungshaftung sehr

---

556 *Bruck/Möller/Jacobsen*, VVG, Band 8, Kapitel V., Rn. 75.

557 *Bauer*, Die Kraftfahrtversicherung, Rn. 853.

558 Dazu ausführlich § 4. Die verschuldensunabhängigen Haftungen im Straßenverkehrsrecht; vgl. auch *Greger*, Haftungsrecht des Straßenverkehrs, § 3, Rn. 44.

559 *Stiefel/Hofmann*, Kraftfahrtversicherung, § 11 AKB, Rn. 25.

ähnlich. Versicherungsschutz besteht jedoch nach Nr. A. 1. 5. 5 S. 2, 3 AKB 2008 für Sachen, die Insassen eines Kraftfahrzeugs üblicherweise mit sich führen (z. B. Kleidung, Brille, Brieftasche). Bei Fahrten, die überwiegend der Personenbeförderung dienen, besteht außerdem Versicherungsschutz für Sachen, die Insassen eines Kraftfahrzeugs zum Zweck des persönlichen Gebrauchs üblicherweise mit sich führen (z. B. Reisegepäck, Reiseproviant). Kein Versicherungsschutz besteht aber für Sachen unberechtigter Insassen.

3. Mindestversicherungssummen der KH-Versicherung

Bei der KH-Versicherung wird nicht nur die Vertragsabschlussfreiheit beschränkt, sondern auch die Freiheit, den Inhalt des Vertrages zu bestimmen. Ein wichtiges Beispiel dafür ist, dass der Gesetzgeber im Interesse der Verkehrsopfer und der mitversicherten Personen bestimme Mindestversicherungssummen eingeführt hat, die in jedem Versicherungsvertrag beachtet werden müssen und nicht unterschritten werden dürfen. Nach Anlage 2 zu § 4 Abs. 2 PflVG betragen die Mindestversicherungssummen derzeit bei Kraftfahrzeugen einschließlich der Anhänger je Schadensfall für Personenschäden 7, 5 Millionen Euro, für Sachschäden eine Million Euro und für reine Vermögensschäden 50.000 Euro. Für Kraftfahrzeuge, die der Beförderung von Personen dienen und mehr als neun Plätze haben, gibt es Sonderregelungen. Die Mindestversicherungssummen sind für die Haftung der von der Versicherungspflicht befreiten Kfz-Halter von Bedeutung, für den Umfang des Annahmezwangs, für den Umfang der Versicherungsleistung des KH-Versicherers trotz Leistungsfreiheit und für die Entschädigungspflicht des Entschädigungsfonds.[560] Die konkrete Höhe der Versicherungsleistung wird jedoch bei jedem Schadensfall durch die vereinbarten Versicherungssummen begrenzt. Zu beachten ist, dass die Mindestversicherungssumme für Personenschäden deutlich höher als die Höchstsumme der Gefährdungshaftung nach § 12 StVG ist, was als Argument für die Abschaffung der Höchstsumme bei der Gefährdungshaftung nach § 7 StVG zu werten ist.[561]

II. China

1. Festland

a. Die von der KH-Versicherung versicherten Schäden

Der Umfang der von der KH-Versicherung versicherten Schäden wird in § 21 Abs. 1 CPflVV bestimmt. Danach sind Schäden wegen körperlicher Verletzung

560 *Bauer*, Die Kraftfahrtversicherung, Rn. 804.
561 Vgl. § 4. Die verschuldensunabhängige Haftung im Straßenverkehrsrecht.

oder Tötung und Vermögensschäden (tatsächlich sind Sachschäden gemeint) von der KH-Versicherung umfasst. Im Vergleich zur KH-Versicherung im chinesischen Taiwan stellt die Ersatzfähigkeit von Vermögensschäden eine Besonderheit dar. Mittelbare (reine) Vermögensschäden sind gemäß § 10 Abs. 3 CAKB aus dem Schutzbereich der KH-Versicherung ausgenommen. Obwohl der Ausschluss der reinen Vermögensschäden durch die CAKB auf gesetzgeberischer Ebene nicht unproblematisch ist, ist dem Ergebnis jedoch zuzustimmen, weil die KH-Versicherung auf dem chinesischen Festland wie eine Gefährdungshaftung funktioniert und auf gesetzliche Versicherungssummen beschränkt ist.[562]

Doch bestehen auch Einschränkungen bei Personenschäden, die der Regelung in § 21 Abs. 1 CPflVV aber widersprechen, weil dort keine solchen Einschränkungen vorgesehen sind. Wie bereits dargestellt wurde, ist der Versicherer gemäß § 22 CPflVV nur zur Erstattung der Rettungskosten innerhalb der Höchstsummen der KH-Versicherung verpflichtet, wenn der Fahrer vom Versicherungsnehmer zum Gebrauch des Fahrzeugs nicht ermächtigt wurde, bestimmte Obliegenheiten verletzt hat oder den Verkehrsunfall vorsätzlich herbeigeführt hat. Der Ersatz von Sachschäden ist in solchen Fällen ausgeschlossen. Es gibt auch einige Befürworter, die einen völligen Ausschluss der Sachschäden aus der KH-Versicherung vertreten. Das Hauptargument dafür ist, dass die Einbeziehung von Sachschäden in den Schutzbereich der KH-Versicherung die Prämien steigern und dadurch den Versicherungsnehmer belasten würde. Da viele Eigentümer von Motorrädern und anderen Baumaschinen auf dem Land leben und nur über knappe finanzielle Mittel verfügen, entsprächen derart hohe Prämien nicht der Wirtschaftslage auf dem chinesischen Festland.[563] Dieser Ansicht ist jedoch nicht zuzustimmen, da der Gesetzeszweck nach § 1 CPflVV in erster Linie im Verkehrsopferschutz liegt. Wie im 2. Kapitel dieser Arbeit bereits ausgeführt wurde, werden Personenschäden bei Unfällen, die von einem Dieb oder Räuber herbeigeführt werden, sogar aus der KH-Versicherung ausgenommen.[564] Solche Einschränkungen beruhen aber nicht auf einer vernünftigen theoretischen Grundlage, sondern auf einem gesetzgeberischen Fehler, weil der Gesetzgeber die Rechtsfolge von Obliegenheitsverletzungen für den Befreiungsanspruch des Versicherten und den Direktanspruch des Geschädigten verwechselt hat. Die Beschränkungen sollten unbedingt aufgehoben werden.[565]

562 Vgl. § 3. Direktanspruch und Geschädigte.

563 *Ding*, KH-Versicherung, S. 160.

564 Vgl. § 2. Mitversicherte Personen der KH-Versicherung und Verkehrsopferschutz.

565 Vgl. *Li*, Obligatorische KH-Versicherung, S. 171; vgl. auch § 2. Mitversicherte Personen der KH-Versicherung und Verkehrsopferschutz.

b. Gesetzliche Versicherungssummen

Anders als in Deutschland wird auf dem chinesischen Festland keine Mindestversicherungssumme für die KH-Versicherung vorgeschrieben, sondern nur gesetzliche Höchstversicherungssummen. Da die gesetzliche Versicherungssumme zwar durch die CAKB bestimmt wird, ist Gestaltungsfreiheit bei der KH-Versicherung jedoch fast gänzlich ausgeschlossen. Unter der gesetzlichen Versicherungssumme nach § 6 CAKB versteht man die Höchstsumme für Personenschäden und Sachschäden, zu der der Versicherer gegenüber allen Geschädigten bei jedem Unfall verpflichtet ist. Nach § 23 CPflVV sind die gesetzlichen Versicherungssummen der KH-Versicherung landesweit einheitlich durch die gesamte Summe und nach Art der Schädigung durch unterteilte Höchstsummen beschränkt. In den CAKB werden die gesetzlichen Versicherungssummen in zwei Kategorien unterteilt.

aa. Bei begründeter Haftpflicht der versicherten Person

Nach § 8 CAKB (2009) beträgt die Höchstsumme der KH-Versicherung etwa 122.000 RMB (etwa 14.500 Euro), die Höchstsumme für Tötung oder körperliche Verletzung beträgt 110.000 RMB (etwa 12.950 Euro), für medizinische Behandlungskosten etwa 10.000 RMB (1.180 Euro) und für Sachschäden etwa 2.000 RMB (etwa 235 Euro).

bb. Bei keiner Haftpflicht (keinem Verschulden) der versicherten Person

Obwohl der Direktanspruch des Geschädigten gegen den Versicherer keine Haftpflicht des Versicherten voraussetzt, wird das Prinzip der Loslösung der Versicherungsleistungspflicht von der Haftpflicht nicht immer konsequent eingehalten. In § 8 Nr. 4 CAKB (2009) wird noch eine andere Kategorie der Höchstsummen der KH-Versicherung genannt, wonach die dort vorgesehenen Höchstsummen für die Fälle gelten, in denen den Versicherten keine Haftpflicht trifft. Die jeweilige Höchstsumme beträgt bei Tötung oder körperliche Verletzung 11.000 RMB (etwa 1.375 Euro), für medizinische Behandlungskosten 1.000 RMB (etwa 125 Euro) und für Sachschäden 100 RMB (etwa 12,50 Euro). Daraus ist zu entnehmen, dass die Versicherungsleistung in solchen Fällen doch die Haftpflicht des Schädigers voraussetzt. Diese Veränderung wird von Juristen heftig kritisiert, denn sie steht offensichtlich nicht mit § 76 Abs. 1 CSVG in Einklang, da § 23 CPflVV nur vorschreibt, dass die Höchstsummen der KH-Versicherung landesweit einheitlich durch die gesamte Summe und nach Art der Schäden durch unterteilte Höchstsummen eingeschränkt werden soll.[566] Die hier aufgestellte neue Kategorie passt

566 *Wang*, Studien zum Deliktsrecht II, S. 309.

jedoch nicht. Diese Rechtsänderung schadet nicht nur den Interessen der Geschädigten, sondern auch der Einheit der Rechtsordnung.[567]

Wahrscheinlich hat der Verfasser der CAKB diese neue Kategorie auf § 76 Abs. 2 CSVG aufgebaut, der eine ähnlich umstrittene Vorschrift ist und vorschreibt, dass der Schädiger nur bis zu 10 % der Schäden zu tragen hat, wenn ihn keine Schuld trifft.[568] Die deliktischen Regeln in § 76 StVG gelten grundsätzlich nur für die Schäden, die die gesetzlichen Versicherungssummen der KH-Versicherung übersteigen. Es ist aber darauf hinzuweisen, dass die KH-Versicherung auf dem chinesischen Festland im Wesentlichen wie eine verschuldensunabhängige Haftung funktioniert und damit grundsätzlich kein Verschulden der versicherten Person voraussetzt.[569] Ein Mitverschulden kommt erst in Betracht, wenn der Geschädigte mindestens grob fahrlässig gehandelt hat, so dass § 8 Nr. 4 CAKB ebenso wie § 76 Abs. 2 CSVG teleologisch reduziert werden sollte und daher nur dann Anwendung findet, wenn den Fahrzeugfahrer kein Verschulden trifft und dem Geschädigten grobe Fahrlässigkeit zur Last fällt.[570]

cc. Würdigung

Im Vergleich zu den Mindestversicherungssummen in Deutschland sind die gesetzlichen Versicherungssummen auf dem chinesischen Festland zu niedrig. Der Grund dafür könnte darin liegen, dass die Prämien für die Versicherungsnehmer zumutbar gestaltet werden müssen, damit sich jeder Versicherungsnehmer die Prämien auch leisten kann, denn das durchschnittliche Nettoeinkommen der chinesischen Bürger ist im Vergleich erheblich niedriger.[571] Die Kritik an dieser Ausgestaltung der niedrigen Höchstsummen geht daher dahin, dass angesichts der hohen medizinischen Behandlungskosten in China die meisten schweren Verletzungsfolgen bzw. die Kosten bei Todesfällen nicht abgedeckt werden können. Dies ist daran festzumachen, dass nach Statistiken des CIRC die Auszahlungsrate der Versicherungsleistung im Jahr 2008 nur 66,7 % der jährlichen Einnahmen aus Prämien betrug.[572] Die Statistik zeigt das Paradoxon auf, dass einerseits die

567 *Sun*, Die Probleme der chinesischen Pflichtversicherung und deren Vorschläge zur Nachbesserung, Journal of Law Application, Heft 5, 2009, S. 94.

568 Vgl. § 4. Die verschuldensunabhängige Haftung im Straßenverkehrsrecht.

569 Vgl. § 3. Direktanspruch und Geschädigte.

570 Vgl. § 4. Die verschuldensunabhängige Haftung im Straßenverkehrsrecht.

571 *Yu*, Eine Vergleichende Untersuchung zur Pflichtversicherung zwischen dem Festland und Taiwan Chinas, China Legal Science, S. 110.

572 *Yang*, Anmerkung zur betrieblichen Situation der Pflichtversicherung in China, Financial Observation, S. 99.

Auszahlungsrate der Versicherungsleistung relativ niedrig ist, andererseits viele Schäden aber nicht vollständig ersetzt werden. Außerdem schränkt die Unterteilung der Höchstsummen in Kategorien die mögliche Entschädigung des Geschädigten unbillig ein, da der Geschädigte restliche Summen einer Kategorie nicht zum Ausgleich eines die Höchstsumme einer anderen Kategorie übersteigenden Schadens verlangen darf.[573] Manche Gerichte haben in Einzelfällen die jeweiligen Höchstsummen der bestimmten Schadensarten jedoch nicht eingehalten, um dem Geschädigten ein höheres Schutzniveau zu gewähren.[574] Generell ist die Unterteilung der gesetzlichen Versicherungssumme aufzuheben.

2. *Taiwan*

a. Ausschließliche Versicherung von Personenschäden

Der Umfang der von der KH-Versicherung versicherten Schäden wird im chinesischen Taiwan ausdrücklich im Gesetz geregelt. Nach § 7 TAPflVG sind Sachschäden und reine Vermögensschäden bewusst von der KH-Versicherung ausgeschlossen, damit der Versicherungspflichtige durch Einbeziehung von Sachschäden in den Versicherungsschutz nicht unzumutbar belastet und der Abwicklungsprozess nicht zu kompliziert wird.[575] Es wird jedoch zu Recht vorgeschlagen, dass diese Rechtspolitik aufgrund der praktischen Erfahrung mit der KH-Versicherung überprüft werden muss, damit die Verkehrsopfer einen umfassenden Schutz genießen können.[576]

b. Gesetzliche Versicherungssummen

Im chinesischen Taiwan werden die von der KH-Versicherung zu ersetzenden Schäden nicht konkret berechnet, sondern unabhängig von schadensrechtlichen Regelungen durch besondere Regeln ausgeglichen.[577] Nur die in der Versicherungsleistung enthaltenen Heilungskosten bilden eine Ausnahme, da diese noch konkret bestimmt werden. Wie auf dem chinesischen Festland haben Versicherungsvertragsparteien im chinesischen Taiwan auch keine Vertragsgestaltungsfreiheit, da die Versicherungssummen gesetzlich vorgeschrieben sind. Die gesetzlichen Versicherungssummen werden in drei Gruppen unterteilt, wobei die

---

573 *Xie*, Anmerkung zur „Verordnung über Pflicht-Haftpflichtversicherung für Kraftfahrzeuge", Theory Research, Heft 18, 2010, S. 144 f.

574 *The Insurance Association of China* (Hrsg.), The Annual Report of The Typical Insurance Cases (Volume I), S. 256.

575 *Yeh*, Der Verkehrsopferschutz und dessen Entwicklung, S. 167.

576 *Yeh*, Der Verkehrsopferschutz und dessen Entwicklung, S. 167.

577 *Yeh*, Der Verkehrsopferschutz und dessen Entwicklung, S. 167.

jeweilige Versicherungssumme die Höchstgrenze der jeweiligen zu ersetzenden Schäden darstellt. Die konkreten Summen werden per Rechtverordnung vom FSC bekanntgegeben.[578]

Die Versicherungsleistung für Heilungskosten wird bei einem Versicherungsfall auf 200.000 NTD (etwa 5.218 Euro) beschränkt. Soweit der Geschädigte durch den Verkehrsunfall eine körperliche oder geistige dauernde Behinderung erleidet, wird eine Entschädigungssumme, die nach der Schwere der Behinderung festgelegt wird, ausgezahlt, wobei durch die zuständige Behörde eine Staffelung von 15 Kategorien festgelegt wurde. Die Versicherungssumme bei der ersten, also der schlimmsten Stufe beträgt zwei Millionen NTD (etwa 52.178 Euro), bei letzten 15. Stufe hingegen nur 50.000 NTD (etwa 1.304 Euro). Im Todesfall werden die dann Anspruchsberechtigten ebenfalls durch eine festgelegte Summe entschädigt, die derzeit ebenso bei zwei Millionen NTD (etwa 52.178 Euro) liegt, also genau so hoch ist wie die Entschädigung auf der ersten Stufe bei Behinderung.

Diese Ausgestaltung wird allerdings dahingehend kritisiert, dass eine Entschädigung nach festgelegten Summen mit der Rechtsnatur der Haftpflichtversicherung nicht vereinbar sei, sondern vielmehr eine Eigenschaft der Unfallversicherung darstelle.[579] Da die Versicherungsleistung nicht vom konkreten Schaden abhängt, stellt sich die Frage, welche Schäden von der Versicherungsleistung gedeckt werden sollen, wenn die Versicherungsleistung zur Deckung aller Schäden nicht ausreichend ist. Probleme ergeben sich weiterhin, wenn die Leistung nach festgelegten Summen höher ist als die tatsächlich entstandenen Schäden und wie die überzählige Versicherungsleistung zu bewerten ist.

B. Schadensersatz bei körperlichen Verletzungen

I. Deutschland

1. Heilungskosten und erhöhte verletzungsbedingte Aufwendungen

In Fall einer persönlichen Verletzung kommt eine Naturalrestitution nur in Betracht, wenn die körperliche Integrität und die Gesundheit des Geschädigten durch Heilbehandlungen wiederhergestellt werden kann. Der Ersatzpflichtige ist dann dazu verpflichtet, dem Geschädigten die Heilbehandlungskosten und andere Vermögensnachteile zu ersetzen, die ihm dadurch entstehen, dass er infolge

---

578 Die aktuelle Rechtsverordnung ist auf der Webseite des Justizministeriums des chinesischen Taiwan abrufbar unter: http://law.moj.gov.tw/LawClass/LawAll.aspx?PCode=G0390067 (zuletzt abgerufen am: 03.06.2014).

579 *Yeh*, Der Verkehrsopferschutz und dessen Entwicklung, S. 168.

der Verletzung erhöhte Aufwendungen tätigen muss (§§ 11 StVG i. V. m. 249, 843 BGB). Aus § 249 Abs. 1 S. 1 BGB ist zu entnehmen, dass dem Geschädigten die Entscheidungsfreiheit bei der Durchführung der medizinischen Behandlung zusteht.[580] Auch wenn die Krankenversicherung die Behandlungskosten bereits übernommen hat, liegt dennoch ein normativer Schaden vor, weil die Versicherungsleistung der Krankenversicherung nicht dazu dient, die Haftpflicht des Ersatzpflichtigen zu entlasten.[581] Danach ist die Krankenversicherungsleistung nicht als Vorteil anzurechnen, doch zur Vermeidung einer doppelten Entschädigung des Geschädigten ist zugunsten des Krankenversicherers eine Legalzession vorgesehen.

Unter die Heilungskosten sind alle Aufwendungen zu fassen, „die dem Verletzten durch die ärztliche Behandlung, durch die Versorgung mit Medikamenten, durch den Krankenhausaufenthalt sowie durch Heilkuren, heilgymnastische Übungen und andere, zu der Wiederherstellung der Gesundheit erforderliche Maßnahmen entstehen."[582] Die Erforderlichkeit der Kosten ist durch eine Abwägung im Einzelfall zu bestimmen, sofern ihr Umfang im jeweiligen Fall die durch Treu und Glauben gezogenen Grenzen nicht überschreitet.[583] Das Merkmal der Erforderlichkeit setzt zwar keinen Genesungserfolg voraus, doch müssen durch die Behandlungen ernsthafte Erfolgschancen zur Heilung oder zumindest zur Verbesserung des Zustands jedenfalls zu erwarten gewesen sein.[584] Im Fall des unfallbedingten Todes des Geschädigten sind seine Erben Anspruchsberechtigte für die Heilungskosten, wobei aber erforderlich ist, dass die medizinische Behandlung zu Lebzeiten bereits tatsächlich durchgeführt worden ist. Ersatz für fiktive Behandlungenkosten kommt nicht in Betracht, wohinter der Gedanke steht, dass die Nichtdurchführung der erforderlichen medizinischen Behandlung lediglich einen Nichtvermögensschaden darstellt, der nur im Rahmen des § 253 Abs. 2 BGB zu ersetzen ist. Diese rechtspolitische Entscheidung darf nicht durch den Ersatz für fiktive Behandlungskosten nach § 249 Abs. 2 S. 1 BGB umgegangen werden.[585] Wenn die Heilbehandlung im Krankenhaus durchgeführt wird, muss sich der Geschädigte die ersparten häuslichen Verpflegungskosten anrechnen lassen.[586]

---

580 *Rohde*, Haftung und Kompensation bei Straßenverkehrsunfällen, S. 175.
581 *Brox/Walker*, Schuldrecht AT, § 29, Rn. 7.
582 *Kötz/Wagner*, Deliktsrecht, Rn. 688.
583 Vgl. BGHZ 63, 295.
584 KG Berlin, NZV 2004, 42.
585 *Rohde*, Haftung und Kompensation bei Straßenverkehrsunfällen, S. 177.
586 BGH, NJW 1984, 2628.

Um den Zustand, der ohne das schädigende Ereignis bestehen würde, herzustellen, muss der Geschädigte nicht selten Aufwendungen tätigen, die den Heilungserfolg sichern oder negative Auswirkungen der Verletzung mindern sollen.[587] Solche Aufwendungen hat der Haftpflichtige auch zu tragen. Die Überlegung dahinter ist, dass Heilbehandlungen oft langwierig sein und schwere Verletzungen langfristige Beeinträchtigungen hinterlassen können, die erhöhte Ausgaben notwendig machen.[588] Das gewohnte Leben des Geschädigten soll möglichst beibehalten werden. Im Gegensatz zu Heilungskosten ist diese Art von Aufwendungen zwar verletzungsbedingt, doch sie entstehen ständig und immer wiederkehrend.[589]

2. Erwerbsschaden

Die meisten Personen verdienen sich durch den Einsatz ihrer Arbeitskraft ein Einkommen, entweder als Angestellter oder als Freiberufler. Wegen körperlicher oder gesundheitlicher Verletzungen kommt es häufig zu vorübergehender oder aber sogar lebenslanger Arbeitsunfähigkeit. Auch der Verdienstausfall ist in Deutschland gemäß § 11 StVG und § 842 BGB grundsätzlich ersatzfähig. Die Arbeitskraft hat aber erst dann einen Vermögenswert, wenn sie konkret eingesetzt wird.[590] Folglich hat derjenige, der keine Arbeitsabsicht hat, auch keinen Schadensersatzanspruch in Bezug auf einen potentiellen Verdienstausfall.[591] Dieses Prinzip wird jedoch nicht strikt eingehalten, so dass auch Kinder, Auszubildende, Studenten sowie Arbeitslose einen Anspruch wegen Erwerbsschäden haben.[592] Die Berechnung eines Dauerschadens ist mittels einer Prognose vorzunehmen, um die voraussichtliche berufliche Entwicklung des Geschädigten zu beurteilen, wenn das Schadensereignis nicht eingetreten wäre. Bei der Prognose muss das Gericht von möglichst konkreten Anhaltspunkten ausgehen, an die jedoch keine hohen Anforderungen gestellt werden sollten.[593] Wichtige Kriterien sind das Lebensalter, Vorbildung und Kenntnisse des Verletzten, Familienverhältnisse und die Arbeitsmarktlage.[594] Den

---

587 *Lange/Schiemann*, Schadensersatz, S. 311.

588 *Kötz/Wagner*, Deliktsrecht, Rn. 691.

589 *Kuhn*, in: *Ludovisy/Eggert/Burhoff*, Praxis des Straßenverkehrsrechts, Teil 4. Haftungsrecht, Rn. 1089.

590 BGH, NJW 2001, 1640, 1641.

591 *Rohde*, Haftung und Kompensation bei Straßenverkehrsunfällen, S. 188.

592 MünchKomm-BGB/*Wagner*, § 843, Rn. 49.

593 *Kuhn*, in: *Ludovisy/Eggert/Burhoff*, Praxis des Straßenverkehrsrechts, Teil 4. Haftungsrecht, Rn. 1101.

594 Vgl. MünchKomm-BGB/*Wagner*, §§ 842, 843, Rn. 30 ff.

zu ersetzenden Erwerbsschaden eines Selbstständigen muss der Geschädigte konkret darlegen und beweisen.

Der Haftpflichtige hat jedenfalls nur für die vermutliche Dauer der Erwerbsfähigkeit zu entschädigen. Obwohl der Ersatz des Verdienstausfalls bis zur Dauer von sechs Wochen technisch gesehen vom Arbeitgeber in Form von Entgeltfortzahlung getragen wird, haben die meisten Geschädigten zudem einen Anspruch auf Krankengeld gegen ihre Versicherer, wobei der Geschädigte aber die Differenz zwischen Krankengeld und Nettolohn vom Schädiger verlangen kann.[595] Die anderen Schäden liegen in Form von normativen Schäden weiter vor, sind aber auf den Arbeitgeber oder die Krankenversicherung übergegangen.

3. *Schäden Dritter*

Obwohl nach § 844 BGB und § 10 StVG nur der unmittelbar Geschädigte Schadensersatz verlangen kann, kann der Tot oder die Verletzung des Geschädigten auch bei anderen Personen, die zu diesem in einem engen Verhältnis stehen, wirtschaftliche Einbußen verursachen. Der Gesetzgeber hat auch dieser Situation Rechnung getragen und das Ausgangsprinzip an einigen Stellen durchbrochen. In Deutschland wird der Betreuungsaufwand naher Angehöriger des Verletzten als Mehrbedarf des Geschädigten angesehen und ist damit ersatzfähig.[596] Das gleiche gilt auch für Besuchskosten.[597] Ein Anspruch eines nahen Angehörigen als solcher kommt nur aus § 677 BGB oder § 812 BGB in Betracht.[598] Die Betreuung kann von einem nahen Angehörigen vorgenommen werden und in diesem Fall stellt der Mehrbedarf einen Verdienstausfall dar. Die Betreuung kann aber auch von einer fremden Hilfskraft übernommen werden, wobei dann jedoch nur die durchschnittliche Vergütung einer vergleichbaren Hilfskraft zu ersetzen ist, die entgeltlich eingesetzt wird.[599]

Nach § 844 Abs. 1 BGB und § 10 Abs. 1 S. 2 StVG kann derjenige, der zur Übernahme der Beerdigungskosten verpflichtet ist, vom Haftpflichtigen die Kosten verlangen. Nach § 1968 BGB sollen die Erben oder die Erbengemeinschaft diese Verpflichtung tragen. Zu ersetzen sind alle Kosten, die der Beerdigung dienen, sofern sie nach dem vorherigen Lebensstandard des Verstorbenen angemessen sind.

---

595 Vgl. *Kötz/Wagner*, Deliktsrecht, Rn. 767.

596 *Deutsch/Ahrens*, Deliktsrecht, Rn. 640.

597 *Kuhn*, in: *Ludovisy/Eggert/Burhoff*, Praxis des Straßenverkehrsrechts, Teil 4. Haftungsrecht, Rn. 1074.

598 BGH, NJW 1979, 598.

599 BGHZ 140, 39, 46.

Wichtige Kriterien dabei sind das Verhältnis zu dem Getöteten, Religionszugehörigkeit sowie Sitten und Gebräuche des Verkehrskreises, dem der Verstorbene angehörte. Nicht ersatzfähig sind aber die Kosten, die wegen der Erfüllung einer sittlichen Pflicht entstehen.[600]

Nach § 844 Abs. 2 S. 1 BGB und § 10 Abs. 2 S. 1 StVG ist ferner der Unterhaltsschaden eines Dritten zu ersetzen, der zum Zeitpunkt der Verletzung mit dem Verstorbenen in einem Verhältnis stand und aufgrund dessen der Verstorbene dem Dritten kraft Gesetzes unterhaltspflichtig war. Anspruchsberechtigt sind also nur die Gläubiger einer gesetzlichen Unterhaltspflicht. Diese Systematik erscheint aber in den Fällen zu eng, in denen zwar keine gesetzliche, wohl aber eine moralische oder tatsächliche Unterhaltspflicht besteht wie die des Stiefvaters gegenüber dem Stiefkind.[601] Der Ersatzanspruch wegen Unterhaltsschäden ist auf die mutmaßliche Lebensdauer des Getöteten begrenzt, die durch amtliche „Sterbetafeln" festzustellen ist, wobei auch die konkrete gesundheitliche Lage des Geschädigten zu berücksichtigen ist.[602]

II. China

1. Festland

a. Der Begriff des Personenschadens

§ 20 S. 1 CHaftungsG schreibt vor, dass der Schädiger den tatsächlich erlittenen Schaden zu ersetzen hat, wenn dem Geschädigten ein Vermögensschaden wegen Verletzung persönlicher Rechte entstanden ist. Unter persönlichen Rechten versteht man insbesondere das Leben, die Gesundheit und den Körper. Streitigkeiten bestehen jedoch darüber, ob der Ersatz von Personenschäden ausgeschlossen ist, wenn die betreffende Rechtsnorm von einem Vermögenschaden spricht.[603] Wie § 14 der *Auslegung zur Haftung bei Verkehrsunfällen* klarstellt, ist mit der Formulierung der „körperlichen Verletzung oder Tötung" in § 76 CSVG tatsächlich die Verletzung persönlicher Rechte im Allgemeinen gemeint.[604] Es handelt sich also um die Arten der verletzten Rechte, nicht um die Arten des Schadensersatzes.

---

600 Ausführlich s. *Rohde*, Haftung und Kompensation bei Straßenverkehrsunfällen, S. 205.

601 BGH, NJW 1967, 2007.

602 *Küppersbusch*, Ersatzansprüche bei Personenschäden, Rn. 864 ff.

603 Für die Rechtsfolge bei Obliegenheitsverletzungen, s. § 2. Mitversicherte Personen der KH-Versicherung und Verkehrsopferschutz.

604 Vgl. *Xi*, Verständnis und Anwendung der *Auslegung zur Haftung bei Verkehrsunfällen*, S. 178.

b. Die erlittenen Schäden

Schadensersatz wird auf dem chinesischen Festland in zwei Gruppe unterteilt, nämlich „erlittene Schäden“ und „entgangene Vorteile“.[605] § 76 SVG gebraucht die nicht wissenschaftliche Formulierung „Tötung oder körperliche Verletzung“, die auch in § 21 CPflVV verwendet wird. Welche Schäden unter diesen Begriff fallen, ist unklar. In § 16 CHaftungsG wird der Umfang der zu ersetzenden Schäden bei der Verletzung von Personen ausführlich geregelt, wonach der Schädiger die Heilbehandlungskosten, Pflegekosten, Fahrtkosten und andere Kosten, die zur medizinischen Behandlung und Heilung erforderlich sind, ersetzen muss.

aa. Medizinische Behandlungskosten

Die medizinischen Behandlungskosten sind für die Wiederherstellung der Gesundheit des Geschädigten von großer Bedeutung, sie sind jedenfalls zu ersetzen. Nach § 8 Abs. 3 CAKB versteht man unter medizinischen Behandlungskosten alle Kosten, die der medizinischen Heilung dienen, also z. B. Anmeldungskosten, Kosten für Medikamente, Untersuchungskosten sowie Kosten für einen Krankenhausaufenthalt.

bb. Andere angemessene Kosten

Wenn der Verletzte aufgrund der Schädigung pflegebedürftig wird, sind die Pflegekosten ebenfalls zu ersetzen. Der Umfang der Pflegekosten ist in § 21 der *Auslegung zum Ersatz von Personenschäden* geregelt, wonach sich die Pflegekosten grundsätzlich nach dem durchschnittlichen Lohn einer Pflegekraft auf dem Markt bestimmen. Zu ersetzen sind weiterhin Fahrtkosten, die der Geschädigte für die medizinische Behandlung und Heilung ausgegeben hat. Für die Wiederherstellung der Gesundheit kommt auch eine „Heilung“ durch Stärkungsmittel in Betracht, deren Kosten nach § 24 der *Auslegung zum Ersatz von Personenschäden* ebenfalls zu ersetzen sind. Die Notwendigkeit des Einsatzes von Stärkungsmitteln bestimmt sich nach § 26 der *Auslegung zum Ersatz von Personenschäden* grundsätzlich nach der Einschätzung des behandelnden Arztes. Nach § 23 der *Auslegung zum Ersatz von Personenschäden* ist außerdem ein Zuschuss zum Lebensunterhalt während des Krankenhausaufenthaltes des Geschädigten zu leisten. Bei einer durch den Verkehrsunfall verursachten dauerhaften Behinderung ist oftmals der Erwerb bestimmter Hilfsmittel für den Geschädigten nötig. Nach § 26 der *Auslegung zum Ersatz von Personenschäden* ist für den Ersatz solcher Kosten grundsätzlich auf den Kaufpreis eines angemessenen Hilfsmittels abzustellen. Nur bei besonderen

605 *Cheng*, Deliktsrecht, S. 552.

Bedürfnissen aufgrund der konkreten Verletzungen kann eine andere Betrachtung notwendig sein.

c. Entgangene Vorteile

aa. Entschädigung für Verdienstausfall

Auf dem chinesischen Festland wird gemäß § 20 der *Auslegung zum Ersatz von Personenschäden* nur der Schaden, den der Geschädigte vor der Feststellung einer Behinderung erlitten hat, als Verdienstausfall angesehen. Grundsätzlich wird hinsichtlich der Summe der Entschädigung auf den tatsächlichen Schaden abgestellt, der nach dem vorherigen Lohn des Geschädigten bestimmt wird. Wenn der Geschädigte Freiberufler ist, wird für den Verdienstausfall auf das durchschnittliche Jahreseinkommen der letzten drei Jahren abgestellt. Wenn der Geschädigte sein durchschnittliches Jahreseinkommen der letzten drei Jahre nicht nachweisen kann, wird der durchschnittliche Lohn eines Arbeitnehmers in der gleichen oder einer ähnlichen Branche im Bezirk des zuständigen Gerichts als Berechnungsgrundlage herangezogen.[606] Der Schaden wird also nur dann abstrakt berechnet, wenn der konkrete Schaden nicht ermittelt werden kann.[607] Diese Berechnungsweise ähnelt der im italienischen Recht, wonach es auf die Einkommenssteuererklärungen der letzten drei Jahre ankommt.[608]

Auch Rentner, die weiterhin arbeiten und damit zusätzliches Einkommen erwirtschaften und ebenso die ältere Bevölkerung auf dem Land, die noch arbeitet und Geld verdient, können eine Entschädigung für den Einkommensausfall verlangen, wobei sich der Schaden nach dem durchschnittlichen Einkommen in der entsprechenden Branche richtet.[609] Es wird daher die Meinung vertreten, dass die Entschädigung für Verdienstausfall der Sicherstellung des Lebensunterhalts dient.[610] Ein Gericht in Beijing hat jedoch den Anspruch eines 78-jährigen Landbürgers auf Entschädigung für Verdienstausfall mit der Begründung abgelehnt,

---

606 § 20 der *Auslegung zum Ersatz von Personenschäden;* vgl. auch *Chen*, Difficult Litigation Cases' Judgment Essences and References in Motor Vehicle and Traffic Accidents, S. 523.

607 *Cheng*, Deliktsrecht, S. 554.

608 Vgl. *Mansel/Seilstorfer*, Ersatz von entgangenem Verdienst eines Freiberuflers sowie Ersatz der Rückreisekosten bei einem Verkehrsunfall nach italienischem Recht, in: *Jayme/Mansel/Pfeiffer/Stürner* (Hrsg.): Jahrbuch für Italienisches Recht, Band 23, S. 123f.

609 Urteil Zivil. Berufung Nr. 237 (2010) des LG Nanyang Henan; Urteil Zivil. Berufung Nr. 140 (2006) des LG Zhuzhou Hunan.

610 *Chen*, Difficult Litigation Cases' Judgment Essences and References in Motor Vehicle and Traffic Accidents, S. 524.

dass sich der Geschädigte aufgrund seines Alters bereits im Ruhestand befinden sollte und er Gegenteiliges auch nicht beweisen konnte.[611] Die Entscheidung entbehrt aber eine rechtliche Grundlage, da die Entschädigung für eine erlittene Behinderung nach § 17 der *Auslegung zum Ersatz bei Personenschäden* bis zum 80. Lebensjahr berechnet wird. Diese Altersgrenze kann auch als Einschränkung für die Entschädigung beim Dienstausfall angesehen werden.

bb. Entschädigung bei verursachter Behinderung

Bisweilen wird der Geschädigte bei einem Verkehrsunfall derart schwer verletzt, dass er danach arbeitsunfähig ist. Der Begriff der „Entschädigung bei verursachter Behinderung" wird auf dem chinesischen Festland nur bei langfristigem Dienstausfall verwendet. § 17 Abs. 2 der *Auslegung zum Ersatz von Personenschäden* schreibt außerdem einen Anspruch bei Unterhaltsausfall für den Unterhaltsberechtigten vor. Der Verfasser der Auslegung hat jedoch der Tatsache nicht Rechnung getragen, dass die Höhe des Unterhaltsanspruchs des Unterhaltsberechtigten gegen den Unterhaltspflichtigen auf das Einkommen des Unterhaltspflichtigen beschränkt wird, so dass dem Unterhaltsberechtigten kein Anspruch auf Unterhaltsausfall gegen den Haftpflichtigen zusteht. Das hat der Gesetzgeber beachtet und in § 16 CHaftungsG die Entschädigung bei dauerhafter Behinderung und bei Tod verankert, ein Anspruch eines nahen Angehörigen wegen Unterhaltsschäden fehlt jedoch. Da es auf dem chinesischen Festland keinen selbständigen Anspruch für Haushaltsführungsschäden wie im deutschen Recht gibt, kann der Schaden naher Angehöriger dafür bei der Entschädigung aufgrund der dauerhaften Behinderung berücksichtigt werden.[612]

§ 25 der *Auslegung zum Ersatz von Personenschäden* regelt die Berechnung der Entschädigung bei dauerhafter Behinderung, wonach die Entschädigung nach der Schwere der Behinderung ermittelt wird sowie nach dem durchschnittlichen verfügbaren Einkommen der Menschen in derselben Stadt bzw. nach dem Nettoeinkommen der Menschen auf dem Land im vergangenen Jahr. Da es auf dem chinesischen Festland noch das Haushaltsregistrierungssystem (Hukou) gibt,[613] das der Wohnsitzkontrolle dient, arbeiten viele Menschen vom Land zwar in der Stadt, doch fehlt ihnen ein *Hukou* in der Stadt. Es stellt sich also die Frage, auf welcher Grundlage die Entschädigung für diese Fälle bei schweren Verletzungen berechnet wird, da die Differenzen eines „Stadteinkommens" und eines

611 Urteil Zivil. Berufung Nr. 140 (2006) vom Ersten LG Beijing.

612 *Chen*, Difficult Litigation Cases' Judgment Essences and References in Motor Vehicle and Traffic Accidents, S. 610.

613 Vgl. *Bu*, Einführung in das Recht Chinas, § 6 Rn. 76 ff.

„Landeinkommens" erheblich sind. Nach § 17 der *Auslegung zum Ersatz von Personenschäden* ist auf die Haupteinkommensquelle sowie den Hauptwohnsitz abzustellen. Besonderheiten in konkreten Fällen sind aber auch zu berücksichtigen, wie z.B. Einwirkungen der Behinderung auf die Arbeit sowie die persönlichen Fähigkeiten des Geschädigten.[614] Grundsätzlich wird die Entschädigung bei dauerhafter Behinderung für 20 Jahre berechnet, bei über 60-jährigen Menschen wird eine Berechnung jedoch nur bis zum 80. Lebensjahr vorgenommen.

d. Schäden Dritter

aa. Beerdigungskosten

Auf dem chinesischen Festland ist das Prinzip, wonach nur direkt Verletzte einen Schadensersatzanspruch geltend machen können, unbekannt.[615] Da die Beerdigungskosten im Todesfall notwendigerweise anfallen, hat der Haftpflichtige diese Kosten zu ersetzen. Da diese Kosten sehr unterschiedlich ausfallen können, hat das Oberste Volksgericht in § 27 der *Auslegung zum Ersatz von Personenschäden* ein einheitliches Kriterium bestimmt, wonach das Sechsfache des durchschnittlichen Lohns im Bezirk des zuständigen Gerichts zu leisten ist. Nach § 18 CHaftungG steht auch einem Dritten der Anspruch auf Beerdigungskosten zu, wenn er diese Kosten tatsächlich übernommen hat.

bb. Die Entschädigung für den Tod

Die Entschädigung für den Tod wird in §§ 17 ff. der *Auslegung zum Ersatz von Personenschäden* geregelt, die gleichzeitig auch noch einen Anspruch für Unterhaltsschäden der Unterhaltsberechtigten enthalten. Dadurch sind Streitigkeiten über die Rechtsnatur der Entschädigung bei Tod des Geschädigten entstanden. Sicher ist, dass die Entschädigung bei Tod kein Schmerzensgeld darstellt, weil § 22 CHaftungsG einen gesonderten Anspruch auf Schmerzensgeld vorsieht.

Da der Unterhaltsschaden nur dann eintritt, wenn der Geschädigte beim oder als Folge des Verkehrsunfalls ums Leben gekommen ist, wird die Entschädigung bei Tod von vielen Autoren als Unterhaltsschaden der nahen Angehörigen angesehen.[616] Zur Geltendmachung dieses Anspruchs sind auch Kinder berechtigt, die zum Zeitpunkt des Todes des Getöteten noch nicht geboren sind, damit ihr

614 *Chen*, Difficult Litigation Cases' Judgment Essences and References in Motor Vehicle and Traffic Accidents, S. 610.

615 *An* (Hrsg.), Kommentar zum Versicherungsrecht, S. 33.

616 *Zhang*, Study on Legislation of Tort Liability Law, S. 394.

Lebensunterhalt sichergestellt werden kann.[617] Die Berechtigung setzt auch keine gesetzliche Unterhaltspflicht voraus, sondern ein tatsächliches Zusammenleben und damit ein Unterhaltsverhältnis reicht bereits aus. Ein Gericht sah auch die Vettern als anspruchsberechtigt an, weil der Getötete wegen der Geisteskrankheit seines Vaters bei seinem Onkel aufgewachsen war.[618] Für die Berechnung des Unterhaltsausfalls gelten die gleichen Regeln wie bei der Entschädigung bei dauerhafter Behinderung.

Es ist aber darauf hinzuweisen, dass den nahen Angehörigen des Getöteten gleichfalls ein Anspruch auf Entschädigung bei Tod eingeräumt wird, wenn der Getötete ihnen gegenüber nicht zum Unterhalt verpflichtet war. Nach Ansicht der Verfasser der *Auslegung zum Ersatz von Personenschäden* handelt es sich dabei um den Ersatz für den Ausfall hypothetischer Bestandteile des Erbes.[619] Nach dieser Auffassung erleiden die Erben dadurch einen Schaden, dass der Getötete noch hätte Geld verdienen können, das den Erben in Zukunft beim Anfall der Erbschaft zugute gekommen wäre, wenn der Todesfall nicht eingetreten wäre.[620] Für die Dauer der Entschädigung ist auf die bis zum durchschnittlichen Lebensalter noch ausstehenden Jahre abzustellen und bei der Höhe sind die allgemeinen Unterhaltskosten anzurechnen.[621]

cc. Andere angemessene Kosten

Soweit den nahen Angehörigen noch andere Kosten durch das schädigende Ereignis entstanden sind, hat der Haftpflichtige auch diese zu tragen, wenn die Kosten für notwendig und gerechtfertigt gehalten werden dürfen. Darunter können Fahrtkosten sowie mögliche Übernachtungskosten oder Dienstausfall fallen.[622] Denkbar sind auch Rückreisekosten der Insassen nach einem Verkehrsunfall.[623]

---

617 National Judges College (Hrsg.), Fälle chinesischer Gericht aus dem Jahr 2013-Verkehrsunfälle, S. 19.

618 National Judges College (Hrsg.), Fälle chinesischer Gericht aus dem Jahr 2013-Verkehrsunfälle, S. 32.

619 Der 1. Senat des Obersten Volksgerichts (Hrsg.), Kommentar zur *Auslegung zum Ersatz von Personenschäden,* S. 438.

620 *Cheng*, Deliktsrecht, S. 555.

621 *An* (Hrsg.), Kommentar zum Versicherungsrecht, S. 99.

622 *An* (Hrsg.), Kommentar zum Versicherungsrecht, S. 98.

623 Zur Rechtslage in Italien vgl. *Mansel/Seilstorfer*, Ersatz von entgangenem Verdienst eines Freiberuflers sowie Ersatz der Rückreisekosten bei einem Verkehrsunfall nach italienischem Recht in *Jayme/Mansel/Pfeiffer/Stürner* (Hrsg.): Jahrbuch für Italienisches Recht Band 23, Heidelberg 2011, S. 125.

2. *Taiwan*

a. Die erlittenen Schäden

Die Schäden, die dem Geschädigten aufgrund von Körperverletzungen durch den Verkehrsunfall entstehen, werden im Rahmen der Heilungskosten ersetzt. Heilungskosten hängen, wie bereits dargestellt, ausnahmsweise vom konkreten Schaden ab. Darunter fallen in erster Linie die Kosten für den Rettungsdienst und medizinische Behandlung. Nach § 2 TPflVLM sind die erhöhten Aufwendungen auch von der Versicherungsleistung erfasst. Allerdings müssen sie für die medizinische Behandlung erforderlich sein, worunter z. B. Fahrt- und Pflegekosten fallen, ebenso wie Kosten für eine Diät oder Hilfsmittel, die von der Grund-Krankenversicherung nicht übernommen werden. Durch die Erweiterung des Schutzumfangs wird die Versicherungsleistung an dieser Stelle an das Haftungsrecht angenähert.[624]

b. Entgangene Vorteile

aa. Die Entschädigung bei Verdienstausfall bei körperlicher Verletzung

Verdienstausfall war zwar im ursprünglichen Entwurf des TAPflVG enthalten, der Gesetzgeber sah aber schließlich mit der Begründung davon ab, dass dies eine erhebliche finanzielle Belastung des Versicherungsnehmers darstelle.[625] In § 2 TPflVLM wird auch kein Verdienstausfall erwähnt. Da der Verdienstausfall von der KH-Versicherung nicht übernommen wird, kann der Geschädigte nur auf das Haftungsrecht verwiesen werden. Dabei hat der Geschädigte wegen der strikten Zurechnungsprinzipien jedoch vermehrte Hindernisse zu bewältigen. Diese Ausgestaltung ist nicht unproblematisch, weil der Verdienstausfall bei reiner körperlicher Verletzung (also noch keiner körperlichen Behinderung) nicht berücksichtigt wird. Dies ist mit dem Prinzip der Gleichbehandlung nicht zu vereinbaren, denn bei dauerhafter Behinderung kann der Verdienstausfall berücksichtigt werden.

bb. Summenleistung bei Behinderung

Im chinesischen Taiwan bietet die KH-Versicherung eine Entschädigung durch festgelegte Summen nur an, wenn der Geschädigte durch den Verkehrsunfall eine dauerhafte Behinderung erleidet; in diesem Fall besteht sie neben der Versicherungsleistung für Heilungskosten. Die bei Behinderung zu leistende Summe bestimmt sich nach der Schwere der Behinderung, die durch eine von

---

624 *Jiang*, Obligatorische KH-Versicherung, S. 338.
625 *Yeh*, Der Verkehrsopferschutz und dessen Entwicklung, S. 171.

der zuständigen Behörde erlassene Tabelle konkret bestimmt wird, so dass die Schadensberechnung auf einer abstrakten Grundlage beruht.

Fraglich ist allerdings, ob der Verdienstausfall in den Summen enthalten ist. Da der Ersatz bei Aufhebung oder Minderung der Erwerbsfähigkeit in der Praxis auch nach Tabellen der Arbeitnehmerversicherung abstrakt berechnet wird, ist anzunehmen, dass die zu zahlende Summe bei Behinderung auch den Ersatz der Aufhebung oder Minderung der Erwerbsfähigkeit beinhaltet.[626] Das ergibt sich auch daraus, dass die von der KH-Versicherung erbrachte Leistung nach § 32 TAPflVG vom Schadensersatzanspruch gegen den Haftpflichtigen abgezogen wird. Nach der Gegenansicht ist der Ersatz bei Aufhebung oder Minderung der Erwerbsfähigkeit nicht in der KH-Versicherung enthalten, weil die Berechnung der Aufhebung bzw. Minderung der Erwerbsfähigkeit erhebliche Kosten verursachen kann und die Summenleistung aber knapp ist, um diese Beträge zu erfassen.[627] Dieser Auffassung ist jedoch nicht zuzustimmen, da die restlichen Schäden des Geschädigten durch deliktsrechtliche Ansprüche gegen den Haftpflichtigen geltend gemacht und bewiesen werden müssen, wenn die Summenleistung der KH-Versicherung für den Schadensersatz nicht genüg ist, so dass eine konkrete Berechnung der Schäden für die Aufhebung oder Minderung der Erwerbsfähigkeit unverzichtbar ist.

c. Schäden Dritter

aa. Aufwendungen Dritter im Hinblick auf Heilbehandlungen

Es ist nicht selten, dass nahe Angehöriger selbst durch den Eintritt des Verkehrsunfalls einen Schaden erleiden, z. B durch Besuchskosten oder Dienstausfall. Weder im TAPflVG noch im TBGB findet sich jedoch eine Anspruchsgrundlage für den Ersatz solcher Aufwendungen.

bb. Beerdigungskosten

Wenn der Getötete keine in § 11 Abs. 1 Nr. 2 TAPflVG aufgelisteten Angehörigen hat, kann derjenige, der die Beerdigungskosten tatsächlich übernommen hat, vom Pflichtversicherer die Erstattung der Kosten verlangen. Das ist daraus zu entnehmen, dass den dort genannten Angehörigen kein selbständiger Anspruch auf Ersatz der Beerdigungskosten zusteht, sondern diese in der Summenleistung bei Tötung enthalten sind.[628] Nach dem Wortlaut kann der Dritte diesen Anspruch aber nicht mehr geltend machen, wenn es gesetzliche nahe Angehörige gibt. Aus der Sicht der Haftpflichtversicherung besteht die Summe bei Entschädigung für

626 Vgl. *Yeh*, Der Verkehrsopferschutz und dessen Entwicklung, S. 171.
627 Vgl. *Jiang*, Obligatorische KH-Versicherung, S. 340.
628 Vgl. *Yeh*, Der Verkehrsopferschutz und dessen Entwicklung, S. 170.

den Tod aus dem Ersatz für Beerdigungskosten und dem Ersatz für Unterhaltsschäden.[629]

cc. Summenleistung bei Tötung

Da im Todesfall nur Schadensersatz naher Angehöriger in Betracht kommt, werden die Anspruchsberechtigen im Todesfall in § 11 Abs. 1 Nr. 2 TAPflVG aufgezählt, der sie in vier Stufen einteilt: Auf erster Stufe stehen die Eltern, Kinder und der Ehepartner, auf der zweiten Stufe die Großeltern, die dritte Stufe nehmen die Enkelkinder ein, und auf der vierten Stufe folgen die Geschwister. Es wird aber zu Recht darauf hingewiesen, dass die in § 1116 Abs. 1 TBGB vorgeschriebenen Unterhaltsberechtigten mit den in § 11 Abs. 1 Nr. 2 TAPflVG bestimmten Anspruchsberechtigten nicht übereinstimmen.[630]

Im Todesfall können die nahen Angehörigen von der KH-Versicherung auch nur eine feste Summenleistung verlangen. Wie im Falle einer dauerhaften Behinderung ist jedoch die Frage zu stellen, welche Schäden von der KH-Versicherung übernommen werden. § 7 TAPflVG macht klar, dass die Heilbehandlungskosten für die Zeit vor dem Tod durch die Versicherungsleistung für Heilungskosten auszugleichen sind. Wie oben bereits erklärt wurde, sind die Beerdigungskosten auch von der Summenleistung erfasst. Den wesentlichen Teil der Summenleistung bei Tötung sollen jedoch die Unterhaltsschäden der nahen Angehörigen ausmachen. Die in § 1116 Abs. 1 TBGB vorgesehenen Unterhaltsberechtigten sind mit den in § 11 Abs. 1 Nr. 2 TAPflVG bestimmten Anspruchsberechtigten nicht identisch, so dass sich nicht ohne weiteres klären lässt, ob die Unterhaltsschäden der Unterhaltsberechtigten sichergestellt werden können. Es wird daher vorgeschlagen, die Regeln des Schadensersatzes gleichfalls auf die KH-Versicherung anzuwenden.[631]

III. Schmerzensgeld

1. Deutschland

Bei Verkehrsunfällen können nicht nur Vermögensschäden, sondern auch Nichtvermögenschäden verursacht werden. Unter einem Nichtvermögensschaden sind alle Einbußen und Beeinträchtigungen zu verstehen, die sich zwar nicht in Geld messen lassen, die aber eine Minderung der „Wertinhalte des menschlichen Lebens" zur Folge haben.[632] Nichtvermögensschäden können in Form von

629 *Jiang*, Obligatorische KH-Versicherung, S. 205.

630 *Yeh*, Der Verkehrsopferschutz und dessen Entwicklung, S. 173.

631 *Jiang*, Obligatorische KH-Versicherung, S. 341.

632 *Deutsch/Ahrens*, Deliktsrecht, Rn. 682.

Schmerzen und Leiden hinsichtlich des körperlichen und psychischen Wohlbefindens und der Lebensqualität bestehen.[633] Aus dieser Definition ergibt sich, dass Nichtvermögensschäden anders als Vermögensschäden grundsätzlich nicht in Geld ersetzt werden können. Nichtvermögensschäden als Folge von Personenschäden werden von der KH-Versicherung in Deutschland übernommen, wenn für sie eine Anspruchsgrundlage nach deliktsrechtlichen Bestimmungen vorliegt. Erst seit 2002 ist der Anspruch auf Schmerzensgeld vom Haftungsgrund unabhängig. Diese Rechtsänderung hat die Rechtsstellung des Geschädigten im Hinblick auf Schmerzensgeld erheblich verbessert, da die Gefährdungshaftung nach § 7 Abs. 1 StVG nunmehr auch einen Anspruch auf Schmerzensgeld gemäß § 11 S. 2 StVG begründet.

In Deutschland kann nur dann ein Schmerzensgeld verlangt werden, wenn eines der in § 253 Abs. 2 BGB genannten Rechtsgüter verletzt wird. Darunter fallen Körper, Gesundheit, Freiheit sowie sexuelle Selbstbestimmung. Auffällig ist, dass das Rechtsgut „Leben" nicht in § 253 Abs. 2 BGB genannt wird, so dass nahen Angehörigen kein Anspruch auf Schmerzensgeld wegen der Tötung eines Menschen zusteht.[634] Dieser Standpunkt wurde seit dem Jahr 1999 durch die Anerkennung der Übertragbarkeit und die Erblichkeit des Schmerzensgeldanspruchs des Getöteten gemildert, weil die Schmerzensgeldansprüche seitdem ohne Einschränkung auf die Erben übergehen.[635] Außerdem wird der persönliche Schutzbereich des Schmerzensgeldes durch die Anerkennung des sog. Schockschadens erheblich erweitert. Die Tötung eines Menschen kann einen Schmerzensgeldanspruch eines nahen Angehörigen auslösen unter der Bedingung, dass die Gesundheit des Angehörigen selbst durch das schädigende Ereignis beeinträchtigt wird. Die Anerkennung des Schockschadens führt also dazu, dass der Täter ggf. auch die Hinterbliebenen des Opfers zu entschädigen hat.[636] Bei der Feststellung des zu leistenden Schmerzensgeldes sind alle erheblichen Umstände des Einzelfalles zu berücksichtigen. Dabei spielen insbesondere die Schwere und das Ausmaß der Verletzungen, das Verschulden des Schädigers sowie die Mitverantwortung des Geschädigten eine wichtige Rolle.[637] Außerdem sind wirtschaftliche Auswirkungen sowie die Lebensumstände mit einzubeziehen.[638]

---

633 *Kötz/Wagner*, Dliktsrecht, Rn. 706.

634 *Looschelders*, Schuldrecht AT, Rn. 972.

635 *Greger*, Haftungsrecht des Straßenverkehrs, § 30, Rn. 4.

636 *Deutsch/Ahrens*, Deliktsrecht, Rn. 693.

637 Vgl. *Fuchs/Pauker*, Delikts- und Schadensersatzrecht, S. 231.

638 *Greger*, Haftungsrecht des Straßenverkehrs, § 30, Rn. 21 ff.

2. *China*

a. Festland

Ob immaterielle Schäden in den Schutzbereich der KH-Versicherung einbezogen werden, wird im CPflVV nicht geregelt, so dass diese Frage heftig umstritten ist.[639] Gegen die Einbeziehung spricht, dass die gesetzlichen Versicherungssummen der KH-Versicherung relativ niedrig sind, so dass die knappe Versicherungsleistung auf die Geschädigten selbst beschränkt werden sollte. Für diese Auffassung lässt sich jedoch keine Grundlage im Gesetz finden. Zunächst ist sicher, dass der Ersatz der immateriellen Schäden jedenfalls nicht ausdrücklich ausgeschlossen wird. Wie aber bereits ausgeführt wurde, funktioniert die KH-Versicherung in China in der Praxis wie eine verschuldensunabhängige Haftung,[640] so dass auch die Regeln über den Umfang des Schutzbereichs identisch sein sollten. Diese Auffassung wurde erst durch den Erlass der amtlichen CAKB bestätigt, nach dessen § 8 Nichtvermögensschäden als Teil der Entschädigung bei Tötung oder dauerhafter Behinderung in den Schutzbereich der KH-Versicherung einbezogen werden.

Anders als beim Ersatz von Vermögensschäden kann nicht jeder Nichtvermögensschaden ersetzt verlangt werden, sondern nach § 22 CHaftungsG nur solche, die sich als Schmerzensgeld wegen einer schweren Verletzung personenbezogener Rechte und Interessen darstellen. Auf eine ausführliche Aufzählung hat der Gesetzgeber jedoch bewusst verzichtet, um den Schutzbereich des Schmerzensgelds offen zu halten. Erforderlich ist aber, dass der Schaden erheblich ist, damit der Anwendungsbereich des Schmerzensgelds angemessen eingeschränkt werden kann.[641] Früher konnte ein Schmerzensgeldanspruch gemäß § 3 Nr. 4 der *Auslegung zum Ersatz von Nichtvermögensschäden* auch geltend gemacht werden, wenn eine Sache ohne bestehende Reparaturmöglichkeit zerstört wurde, z. B. beim Verlust des einzigen Bildes der Eltern, die bei einem Erdbeben verstorben waren.[642] Dahinter steht der Gedanke der moralischen Wiedergutmachung für erlittene Beeinträchtigungen, Schock sowie seelische Belastungen.[643] Diese Vorschrift wurde jedoch nicht ins CHaftungsG aufgenommen, wenngleich die *Auslegung zum*

---

639 *Xie*, Research on Legal System of Motor Vehicle Compulsory Liability Insurance, S. 140.

640 Vgl. § 3. Direktanspruch und Geschädigte.

641 *An* (Hrsg.), Kommentar zum Versicherungsrecht, S. 123.

642 *Zhang* (Hrsg.), Studien zum Ersatz des immateriellen Schadens, S. 317.

643 Im italienischen Recht ergibt sich die gleiche Rechtslage, vgl. *Mansel/Seilstorfer*, Nutzungsausfallschaden und Schmerzensgeld bei einem Verkehrsunfall nach italienischem Recht, in: *Jayme/Mansel/Pfeiffer/Stürner* (Hrsg.), Jahrbuch für Italienisches Recht, Band 22, S.105.

Ersatz von Nichtvermögensschäden noch heute gültig ist. Systematisch würde es sich anbieten, das Interesse der Hinterbliebenen an einer Sache des Verstorbenen als Persönlichkeitsrecht zu schützen, da Schmerzensgeldansprüche in China nicht an bestimmte im Gesetz aufgezählte Persönlichkeitsrechte gebunden sind. Nach dieser Ansicht besteht daher kein Schmerzensgeldanspruch wegen der Tötung eines Hundes.[644]

Ein Anspruch auf Schmerzensgeld kann nur auf deliktsrechtliche Anspruchsgrundlagen gestützt werden, da solche Schäden im Vertragsrecht nicht vorgesehen sind. Ein Schmerzensgeldanspruch aufgrund eines Reisevertrages wird in § 21 der *Auslegung zu Reisefällen* ausdrücklich ausgeschlossen. Einige Gerichte haben jedoch Schmerzensgeldansprüche auf vertraglicher Grundlage zuerkannt und auch in der Literatur finden sich Befürworter für die Unabhängigkeit des Schmerzensgeldanspruchs vom Rechtsgrund.[645] § 14 der *Auslegung zur Haftung bei Verkehrsunfällen* macht klar, dass alle in §§ 16 (Ersatz von Personenschäden), 22 (Ersatz von Nichtvermögensschäden) CSVG aufgelisteten Arten von Schäden vom Begriff der „Tötung und körperlichen Verletzung“ in § 76 CSVG erfasst sind, woraus entnommen werden kann, dass die verschuldensunabhängige Haftung auch einen Schmerzensgeldanspruch herbeiführen kann.

Ganz anders als im deutschen Recht werden die engen Beziehungen zwischen Familienmitgliedern als besonderes Persönlichkeitsrecht (Recht der nahen Verwandten) angesehen,[646] so dass die Anspruchsberechtigten eines Nichtvermögensschadens wie bei Personenschäden nicht auf den unmittelbar Geschädigten beschränkt werden. Ebenso können nahe Angehörige bei Tötung einen eigenen Schmerzensgeldanspruch geltend machen, der in § 1 Abs. 1 Nr. 1 der *Auslegung zum Ersatz von Nichtvermögensschäden* explizit benannt wird. Einen ähnlichen Gedanken bringt auch § 18 CHaftungsG zum Ausdruck, wonach nahe Angehörige zum Schadensersatz berechtigt sind, wenn der eigentlich Geschädigte infolge des Unfalls verstorben ist. Nichtvermögensschäden werden auch hier nicht ausgeschlossen.[647]

Ein selbstständiger Schmerzensgeldanspruch der nahen Angehörigen liegt auch dann vor, wenn ein Mensch durch den Verkehrsunfall eine dauerhafte Behinderung erleidet oder schwer verletzt wird.[648] Fraglich ist aber, ob der Getötete selbst

644 *Chen*, Difficult Litigation Cases' Judgment Essences and References in Motor Vehicle and Traffic Accidents, S. 644.

645 *Han*, Allgemeiner Teil des Vertragsrechts, S. 620.

646 *Yao*, Allgemeiner Teil des Persönlichkeitsrechts, S. 143.

647 *An* (Hrsg.), Kommentar zum Versicherungsrecht, S. 124.

648 *Zhang* (Hrsg.), Studien zum Ersatz des immateriellen Schadens, S. 252.

einen Anspruch auf Schmerzensgeld hat, wenn er vor dem Tot wegen einer Körperverletzung einen Nichtvermögensschaden erlitten hat. Für einen Schmerzensgeldanspruch spricht, dass solche Nichtvermögensschäden vor dem Tot bereits tatsächlich entstanden sind. Die Geltendmachung des Schmerzensgeldanspruchs des Getöteten durch die nahen Angehörigen setzt jedoch voraus, dass dieser Anspruch vererblich ist. Die h. M. geht allerdings davon aus, dass der Anspruch auf Schmerzensgeld einen persönlichen Charakter hat und daher grundsätzlich nicht übertragen werden kann.[649] Nach § 18 Abs. 2 der *Auslegung zum Ersatz von Personenschäden* darf der Anspruch auf Schmerzensgeld nur dann auf einen anderen übertragen werden, wenn der Haftpflichtige schriftlich versprochen hat, den immateriellen Schaden zu ersetzen oder wenn der Anspruchsberechtigte bereits Klage auf Schmerzensgeld erhoben hat. Dass ein Anspruch auf Schmerzensgeld für den Getöteten selbst ausgeschlossen wird, ist darauf zurückzuführen, dass eine ggf. vorsätzliche Tötung des durch den Unfall schwer verletzten Geschädigten durch den Schädiger ausgeschlossen werden sollte. Denn ein solcher Schmerzensgeldanspruch würde sich in seiner Höhe danach richten, wie lange der Geschädigte vor dem Eintritt des Todes mit seinen Schmerzen gerungen hat, so dass dies für den Schädiger einen Anreiz bieten könnte, dem Leiden ein schnelleres Ende zu bereiten, um einem hohen Schmerzensgeldanspruch zu entgehen.[650]

Da den nahen Angehörigen wegen der Tötung des Geschädigten ein eigener Schmerzensgeldanspruch eingeräumt wird, geht die h. M. davon aus, dass der Anspruch auf Schmerzensgeld des Getöteten mit dessen Tod erloschen ist, wodurch auch vermieden werden kann, dass der Haftpflichtige zu sehr belastet wird.

b. Taiwan

Im chinesischen Taiwan besteht die Versicherungsleistung normalerweise neben der deliktischen Haftung. Es stellt sich daher die Frage, ob Nichtvermögensschäden auch von der KH-Versicherung übernommen werden. Nichtvermögensschäden werden jedenfalls nicht von der ersten Gruppe für Heilbehandlungskosten erfasst, weil sie in § 2 TPflVLM nicht erwähnt werden. Das liegt daran, dass körperliche Verletzungen, die noch nicht zu einer dauerhaften Behinderung führen, als nicht gravierend genug angesehen werden. Da die Versicherungsleistung bei dauerhafter Behinderung oder Tötung nur aus einer Summenleistung besteht, lässt sich nicht klären, ob Nichtvermögensschäden von der KH-Versicherung erfasst werden. In der Begründung zu § 27 TAPflVG werden Nichtvermögensschäden

649 *Wang*, Studien zum Deliktsrecht I, S. 707.
650 *Zhang* (Hrsg.), Studien zum Ersatz des immateriellen Schadens, S. 281.

aber ausdrücklich ausgeschlossen.[651] Dem ist jedoch nicht zuzustimmen, da die Summenleistung bei Behinderung oder Tötung gemäß § 32 TPflVG im Haftpflichtprozess vom Schadensersatzanspruch abzurechnen ist, wenn die Summenleistung bei Behinderung oder Tötung die tatsächlichen Schäden, insbesondere Unterhaltsschäden, des Geschädigten übersteigen. Die restliche Versicherungsleistung kann aber als Ersatz für Nichtvermögensschäden des Anspruchsberechtigten angesehen werden.

Die Regeln im chinesischen Taiwan über den Ersatz von Nichtvermögensschäden nähern sich an die Rechtslage auf dem chinesischen Festland an. Obwohl in § 195 Abs. 1 TBGB Rechtsgüter wie der Körper, die Gesundheit, die Ehre, die Bewegungsfreiheit, Kredite, Intimsphäre oder die sexuelle Selbstbestimmung aufgelistet werden, kann ein Anspruch auf Schmerzensgeld aber auch begründet werden, wenn ein sonstiges Persönlichkeitsrecht verletzt wird. Nach § 227 a TBGB finden die Vorschriften der §§ 192–195 und 197 TBGB entsprechend Anwendung, wenn Persönlichkeitsrechte des Geschädigten durch Pflichtverletzungen des Schuldners verletzt werden. Der Ersatz von Nichtvermögensschäden wird im Rahmen der verschuldensunabhängigen Haftung auch nicht ausgeschlossen. Mit anderen Worten ist der Schmerzensgeldanspruch wie im deutschen Recht vom Haftungsgrund unabhängig. Bei der Berechnung des Schmerzensgeldes sind das Verschulden des Schädigers, das Mitverschulden des Geschädigten sowie die wirtschaftlichen Verhältnisse beider Parteien einzubeziehen.

Nach § 194 TBGB können die Eltern, Kinder und Ehepartner wegen der Nichtvermögensschäden eine angemessene Entschädigung in Geld verlangen, wenn ein Mensch getötet wurde. Darin wird kein eigener Anspruch auf Schmerzensgeld des Getöteten erwähnt. Wie in der Rechtsprechung klargestellt wurde, ist der Anspruch auf Schmerzensgeld weder übertragbar noch vererblich,[652] so dass er mit dem Tot des Geschädigten erlischt.[653]

C. Der Ersatz von Sachschäden

I. Deutschland

Beim Ersatz von Sachschäden kann danach unterschieden werden, ob eine Reparatur der beschädigten Sache noch möglich ist oder nicht. Die beschädigte Sache kann aus drei Gründen (Arten der Totalschäden) nicht mehr reparaturfähig sein; in diesen Fällen der Zerstörung der Sache kommt nur der Ersatz des Sachwertes

651 *Yeh*, Der Verkehrsopferschutz und dessen Entwicklung, S. 171.
652 Vgl. *Zheng/Chen*, Schuldrecht AT, S. 184.
653 *Yeh*, Der Verkehrsopferschutz und dessen Entwicklung, S. 80.

in Betracht. Wenn die beschädigte Sache noch reparaturfähig ist, wird der Schaden in erster Linie durch die Erstattung der Reparaturkosten ersetzt.

1. *Wertersatz bei Totalschäden*

Ein Totalschaden liegt nur dann vor, wenn die beschädigte Sache nicht mehr reparaturfähig ist.[654] Ein Totalschaden besteht in erster Linie dann, wenn eine Reparatur aus technischen Gründen unmöglich ist, es sich also um einen technischen Totalschaden handelt. Ein sog. wirtschaftlicher Totalschaden liegt dann vor, wenn die Reparatur technisch zwar möglich, die Kosten dafür sind aber so ungewöhnlich hoch sind, dass der Schädiger nach § 251 Abs. 2 S. 1 BGB die Naturalrestitution ablehnen und den Geschädigten stattdessen auf Wertersatz verweisen darf. In der Rechtsprechung wird eine Unverhältnismäßigkeit angenommen, wenn die fachgerechten Reparaturkosten den Wiederbeschaffungswert um mehr als 30 % übersteigen.[655] Die dritte Variante des Totalschadens ist der sog. unechte Totalschaden. Unter diesem versteht man den Fall, dass die Herstellung zwar technisch möglich und auch wirtschaftlich tragbar, für den Geschädigten aber unzumutbar ist, z. B weil es sich um die Beschädigung einer neuen oder fast neuen Sache handelt.[656]

Normalerweise wird der sog. Zeitwert der Sache ersetzt. Unter dem Zeitwert ist der Betrag zu verstehen, den der Geschädigte unmittelbar vor dem Schadensereignis durch den Verkauf der Sache hätte erzielen können. Bei einigen Sachen kann der Schaden jedoch erst dadurch beseitigt werden, dass der Wiederbeschaffungswert der Sache erstattet wird. Als Wiederbeschaffungswert wird der Betrag bezeichnet, den der Geschädigte aufwenden müsste, um eine mit der beschädigten Sache vergleichbare Sache zu erwerben.[657] Beim unechten Totalschaden geht es also gerade um den Preis eines Neuwagens, in den anderen Fällen beschränkt sich die Entschädigung aber auf den Kaufpreis eines Gebrauchtwagens.[658]

2. *Reparaturkosten*

Der Schadensersatzanspruch auf Reparaturkosten setzt nach der h. M. nicht voraus, dass der Geschädigte den Betrag tatsächlich für die Reparatur verwendet.[659]

---

654 *Medicus/Lorenz*, Schuldrecht I, Rn. 658.
655 BGH, NJW 1999, 500.
656 BGH, NJW 2009, 3022.
657 *Medicus/Lorenz*, Schuldrecht I, Rn. 662.
658 *Medicus/Lorenz*, Schuldrecht I, Rn. 663.
659 *Kötz/Wagner*, Deliktsrecht, Rn. 667.

Nach dem neuen § 249 Abs. 2 S. 2 BGB schließt der Ersatzbetrag die Umsatzsteuer nur dann ein, „wenn und soweit sie tatsächlich angefallen ist“. Die Sache kann auch nur einen geringeren Preis erzielen, wenn sie selbst schon erfolgsreich repariert war. Man spricht von einem merkantilen Minderwert als Gegensatz zum technischen Minderwert.[660] Die h. M. erlaubt einen sofortigen Ersatz dieses merkantilen Minderwerts.[661]

3. *Sachfolgeschäden*

a. Die Entschädigung des Nutzungsausfalls

Neben dem primären Sachschaden können dem Geschädigten weitere Folgeschäden entstehen, die adäquat kausal aus dem primären Schaden hervorgehen. Nach §§ 249 ff. BGB sind auch solche Schäden ersatzfähig. Der Sachfolgeschaden kann darin liegen, dass der Geschädigte dadurch einen Verdienstausfall erlitten hat, dass die Benutzung des im Gewerbebetrieb eingesetzten Kraftfahrzeugs entfällt.

Wegen Zerstörung oder Beschädigung wird die Benutzung des Kraftfahrzeugs dem Eigentümer für einige Zeit entzogen, so dass sich die Frage stellt, ob der Geschädigte Ersatz für den Verlust von Gebrauchsvorteilen verlangen kann, wenn das Fahrzeug nur zu privaten Zwecken eingesetzt wurde. Allgemein anerkannt ist, dass der Geschädigte dazu berechtigt ist, vom Schädiger nach § 249 Abs. 2 S. 1 BGB Kostenersatz zu verlangen, wenn der Geschädigte für die Dauer der Reparatur einen gleichwertigen Ersatzwagen angemietet hat.

Fraglich ist, ob der Geschädigte auch Schadensersatz für die entgangene Gebrauchsmöglichkeit verlangen kann, wenn er keinen Ersatzwagen anmietet. Gegen die Ersatzfähigkeit der entgangenen Gebrauchsvorteile spricht, dass der Verlust solcher Vorteile ein Nichtvermögensschaden zu sein scheint, der nach § 253 BGB grundsätzlich nicht ersatzfähig ist.[662] Der BGH hat jedoch den Ersatz der entgangenen Gebrauchsvorteile auch dann zugebilligt, wenn der Geschädigte keinen Ersatzwagen angemietet hat.[663]

b. Andere Sachfolgeschäden

Wenn der Schädiger den Ersatz nicht rechtzeitig leistet, kann auch Ersatz von Kreditkosten in Form von Zinsen in Betracht kommen.[664] Der Schädiger hat

660 *Kötz/Wagner*, Deliktsrecht, Rn. 672.
661 BGHZ 35, 396.
662 *Kötz/Wagner*, Deliktsrecht, Rn. 678.
663 BGH, NJW 2005, 277; VersR 2013, 515, 517; zu den Voraussetzungen s. *Kötz/Wagner*, Deliktsrecht, Rn. 679.
664 BGHZ 61, 347.

auch den Schaden für die Minderung des Schadensfreiheitsrabattes zu ersetzen, den der Geschädigte zunächst gegen den Versicherer der Kaskoversicherung geltend machen muss.[665] Auch die aus dem beschädigten Kraftfahrzeug entwendeten Sachen sind vom für den Unfall Verantwortlichen zu ersetzen.[666]

II. China

1. Festland

Der Ersatz von Sachschäden ist gemäß § 21 CPflVV auch von der KH-Versicherung erfasst. Da der Fahrer nicht als Geschädigter angesehen werden kann,[667] sind die Sachschäden mitversicherter Personen nach § 10 Nr. 2 CAKB aus der KH-Versicherung ausgenommen, ebenso wie die Schäden am versicherten Kraftfahrzeug. Der Ersatz von Sachschäden ist in § 19 CHaftungG geregelt, wonach sich der Schaden nach dem Kaufpreis auf dem Markt zum Zeitpunkt, in dem der Schaden eingetreten ist, bestimmt.

a. Erlittene Schäden

Das Prinzip der Naturalrestitution ist im Recht des chinesischen Festlandes nicht bedeutend. Dies lässt sich daraus schließen, dass die in § 15 CHaftungsG genannten Rechtsbehelfe getrennt oder gemeinsam geltend gemacht werden können. Darunter fallen auch der Anspruch auf Wiederherstellung sowie Entschädigung in Geld. Grundsätzlich steht es dem Geschädigten offen, die Art und Weise der Entschädigung im Rahmen des § 15 CHaftungsG auszuwählen, sofern die gewählte Entschädigungsweise für den Schadensersatz geeignet ist und für den Haftpflichtigen keine unangemessene Belastung bedeutet.[668] Ein Anspruch auf Naturalrestitution kommt nur dann in Betracht, wenn die Sache beim Unfall nicht völlig zerstört worden ist oder nicht mehr bzw. nur mit unverhältnismäßigen Kosten repariert werden kann. In solchen Fällen kann nur eine Entschädigung in Geld verlangt werden.

aa. Beschaffungswert

Zu ersetzen ist zunächst der Schaden, der wegen der Zerstörung oder Beschädigung der Sache unmittelbar entstanden ist. Für die Feststellung des Schadens ist der Wert einer vergleichbaren Sache auf dem Markt von entscheidender Bedeutung.

---

665 *Medicus/Lorenz*, Schuldrecht I, Rn. 677.

666 BGH, NJW 1997, 865.

667 Vgl. § 3. Direktanspruch und Geschädigte.

668 *Wang* (Hrsg.), Kommentar zum chinesischen Haftungsgesetz, S. 92.

Wichtig ist nicht der ursprüngliche Kaufpreis der beschädigten Sache, sondern vielmehr der Beschaffungswert einer vergleichbaren Sache auf dem Markt. Gelegentlich kann es auch auf den Zeitwert ankommen, wenn ein Wiederbeschaffungswert nicht ermittelt werden kann wie bspw. bei gebrauchter Kleidung.[669] Die meisten Gerichte haben jedoch die hohen Kaufpreise von Luxushunden gekürzt und nur einen relativ niedrigen Marktpreis zugebilligt, ohne dafür jedoch einen überzeugenden Grund zu liefern.[670] Der Grund könnte darin liegen, dass es in China keine Lehre ähnlich der Lehre über die allgemeine Betriebsgefahr bei der verschuldensunabhängigen Haftung gibt, so dass bei der Feststellung der Mitverantwortlichkeit die Zurechnung der tierischen Gefährlichkeit neben dem Mitverschulden des Tierhalters nicht ausreichend berücksichtigt wird.[671] Sofern es keinen Marktpreis gibt, wird der Preis durch ein Gutachten eines Sachverständigen bestimmt.[672] Der Restwert der zerstörten Sache ist aber abzuziehen.

bb. Reparaturkosten

Wurde die Sache beim Unfall nur beschädigt, sind die Reparaturkosten zu ersetzen, wenn die Reparatur noch möglich ist. Grundsätzlich ist auf die tatsächlich aufgewendeten Reparaturkosten abzustellen, auch wenn sie über dem vom Sachverständigen festgestellten Marktpreis liegen.[673] Die Differenz zwischen den tatsächlich angefallenen Reparaturkosten und dem festgestellten Marktwert muss sich allerdings in einem angemessenen Verhältnis bewegen, wobei die Beweislast dafür den Versicherer bzw. den Haftpflichtigen trifft.[674]

Da der Geschädigte bei der Wahl der Entschädigungsweise frei ist, kann der Geschädigte auch die fiktiven Reparaturkosten verlangen, soweit diese festgestellt werden können. In einer Gerichtsentscheidung wurde zum Ausdruck gebracht, dass der tatsächlich erlittene Schaden vom Haftpflichtigen zu ersetzen ist, auch wenn tatsächlich keine Reparatur vorgenommen wurde. Der Geschädigte kann also den festgestellten Schaden statt der Reparatur verlangen.[675]

---

669 Zur Rechtslage im italienischen Recht, s. *Mansel/Seilstorfer*, Nutzungsausfallschaden und Schmerzensgeld bei Verkehrsunfall nach italienischem Recht, in: *Jayme/Mansel/Pfeiffer/Stürner* (Hrsg.), Jahrbuch für Italienisches Recht, Band 22, S. 103.

670 *Chen*, Difficult Litigation Cases' Judgment Essences and References in Motor Vehicle and Traffic Accidents, S. 643.

671 Vgl. *Wang/Shen*, Review of Responsibility Principle of China's Traffic Accident between Automobiles: Reference to German Law, Modern Law Science, Heft 1, 2014.

672 *Wang* (Hrsg.), Kommentar zum chinesischen Haftungsgesetz, S. 107.

673 Urteil Zivilrecht letzte Instanz Nr. 857, 2011 vom Fünften LG Chongqing.

674 Urteil Zivilrecht letzte Instanz Nr. 9897, 2011 vom Zweiten LG Beijing.

675 Urteil Handelsrecht Nr. 270, 2011 von Tianning, Suzhou AG.

Eine mögliche Reparatur ist nicht immer ausreichend, um die Schäden an einer Sache endgültig zu beseitigen, da oftmals ein Minderwert verbleibt. Eine solche Wertminderung kann sich sowohl aus technischen als auch aus merkantilen Gründen ergeben. In § 10 Nr. 3 CAKB werden die Schäden, die dem Geschädigten wegen der Veränderung des Marktpreises oder wegen der Wertminderung durch eine Reparatur entstanden sind, aus der KH-Versicherung ausgenommen. In einem Urteil des LG Beijing hat das Gericht aber den Ersatz des Minderwertes durch die KH-Versicherung bejaht und die Wirksamkeit der AGB der freiwilligen Haftpflichtversicherung über den Ausschluss des Minderwertersatzes mit der Begründung abgelehnt, dass der Versicherer die Erklärungspflicht verletzt habe.[676]

Obwohl der Ersatz des Minderwertes nach den gesetzlichen Vorschriften im CHaftungG und CAGZ[677] theoretisch möglich ist, da die Vorschriften sehr abstrakt gehalten sind, besteht aber keine ausdrückliche Regelung im Gesetz. Die Behandlung des Ersatzes des Minderwertes in der Praxis ist ebenfalls nicht einheitlich. Das OLG Shandong hat den Minderwert in einer juristischen Leitlinie im Jahr 2011 als reinen Vermögensschaden angesehen, womit der Minderwert nicht ersatzfähig ist. Ganz anderer Meinung war jedoch das untergeordnete Gericht LG Zibo in einer kurz davor erlassenen juristischen Leitlinie, und auch das OLG Wuhan hat den Ersatz des Minderwertes durch eine juristische Leitlinie zugebilligt.[678]

Nach dem Prinzip der Totalrestitution wird jede Art von Schäden entschädigt, soweit der jeweilige Schaden vom Schutzzweck der Norm erfasst ist. Auch Schäden, die in einem Minderwert der Sache bestehen, sind tatsächlich vorhanden und daher nach den allgemeinen Regeln zu ersetzen.[679] Für neue Kraftfahrzeuge und die Kraftfahrzeuge, die nicht älter als ein Jahr sind, wird der Ersatz des Minderwertes in den meisten Entscheidungen zugebilligt.[680] Es gibt aber keine sachlichen Gründe, den Ersatz des Minderwertes an sonstigen Gebrauchtwagen abzulehnen, da es nur einen Unterschied bei der Feststellung der Höhe des

---

676 Fälle chinesischer Gerichte aus dem Jahr 2012, Versicherungsrechtliche Fälle, S. 32.

677 § 117 Abs. 2 CAGZ lautet: „Der Haftpflichtige hat auch den Schaden zu ersetzen, der dem Geschädigten wegen des schädigenden Ereignisses als weiterer erheblicher Schaden entstanden ist."

678 *Chen*, Difficult Litigation Cases' Judgment Essences and References in Motor Vehicle and Traffic Accidents, S. 645 ff.

679 Urteil Zivilrecht letzte Instanz Nr. 1613, 2007 vom LG Chengdu.

680 *Chen*, Difficult Litigation Cases' Judgment Essences and References in Motor Vehicle and Traffic Accidents, S. 645.

konkreten Schadens gibt. Dieser konkrete Schaden kann von einem Sachverständigen bestimmt werden.[681]

cc. Sachfolgeschäden

aaa. Ersatz für Mietersatzwagen

Vor dem Erlass der *Auslegung zur Haftung bei Verkehrsunfällen* wurde von vielen Gerichten die Ansicht vertreten, dass ein Schadensersatz für einen Mietersatzwagen nur dann zuzubilligen sei, wenn das beschädigte Kraftfahrzeug gewerblich eingesetzt wurde. In einer Entscheidung wurden die Mietkosten für ein Privatfahrzeug vom AG Haidian Beijing verneint.[682] In § 15 Nr. 4 der *Auslegung zur Haftung bei Verkehrsunfällen* wird klargestellt, dass die angemessenen Kosten für ein übliches Ersatzverkehrsmittel auch zu ersetzen sind, wenn ein nicht gewerblich genutztes Kraftfahrzeug vorübergehend nicht mehr gebraucht werden kann. Wenn der Geschädigte tatsächlich ein Ersatzfahrzeug angemietet hat, ist auf die tatsächlich entstandenen Mietkosten abzustellen. Erforderlich ist aber, dass das Ersatzfahrzeug mit dem beschädigten Kraftfahrzeug vergleichbar ist.[683] Einige Gerichte schränken den Umfang der Mietkosten für ein Ersatzfahrzeug mit der Begründung ein, dass in den Mietkosten Betriebskosten und der Gewinn des Vermieters enthalten sind, die bei der Schadensberechnung abzuziehen seien. In einem Urteil des Ersten LG Beijing wurde nur der Hälfte der Mietkosten als Ersatz stattgegeben, obwohl es sich bei dem Ersatzfahrzeug um das gleiche Modell wie das des beschädigten Kraftfahrzeugs handelte.[684] Dieser Ansicht ist folglich nicht zuzustimmen, da die Betriebskosten und der Gewinn des Vermieters zwar in der Miete verkörpert sind, aber dennoch einen Schaden für den Mieter darstellen und damit ersatzfähig sind.

bbb. Entschädigung bei Nutzungsausfall

Der Wert des Kraftfahrzeugs verkörpert sich in dessen Einsatz und Betrieb. Dieser Wert wird ohne Zweifel gemindert, wenn die Sache wegen der Beschädigung über einige Zeit nicht gebraucht werden kann. Nach § 15 Nr. 4 der *Auslegung zur Haftung bei Verkehrsunfällen* kann nunmehr auch eine angemessene Entschädigung für die Kosten einer Ersatzfahrt wegen des Nutzungsausfalls für nicht betrieblich

---

681 Urteil Zivilrecht letzte Instanz Nr. 591, 2010 vom LG Sanming Fujian.

682 Fälle chinesischer Gerichte aus dem Jahr 2013 - Verkehrsunfälle, S. 183.

683 *Chen*, Difficult Litigation Cases' Judgment Essences and References in Motor Vehicle and Traffic Accidents, S. 647.

684 National Judges College (Hrsg.), Fälle chinesischer Gerichte aus dem Jahr 2013-Verkehrsunfälle, S. 184.

genutzte Kraftfahrzeuge verlangt werden. In Ermangelung des Nachweises eines konkreten Schadens ist die Entschädigung nach Billigkeit zu bemessen.[685]

b. Entgangene Vorteile

Der Wert des Kraftfahrzeugs verwirklicht sich im Betrieb, der entweder gewerblich oder privat ausgestaltet sein kann. Im Jahr 1999 hat das Oberste Volksgericht auf eine Vorlagefrage hin zum Ausdruck gebracht, dass der Haftpflichtige auch den Schaden wegen des Ausfalls des Betriebs während der Reparaturzeit zu ersetzen hat, wenn das beschädigte Kraftfahrzeug für Gütertransport oder Personenbeförderung eingesetzt wurde.[686] Diese Auffassung wurde in § 15 Nr. 3 der *Auslegung zur Haftung bei Verkehrsunfällen* für betriebliche Kraftfahrzeuge bestätigt.

2. Taiwan

Nach dem klaren Wortlaut des § 27 TPflVG sind Sachschäden und reine Vermögensschäden nicht von der KH-Versicherung erfasst. Nach der amtlichen Gesetzesbegründung wurde der Ausschluss solcher Schäden bewusst vorgeschrieben, damit die finanzielle Belastung des Kraftfahrzeugeigentümers nicht durch die Erweiterung des Schutzumfangs erschwert wird.[687] Dies stellt eine Begrenzung der Schutzfunktion der KH-Versicherung dar.[688] Es wird aber vorgeschlagen, dass diese Rechtspolitik aufgrund der gesammelten Erfahrung erneut überprüft werden sollte, um dem Opfer einen umfangreichen Schutz zu gewähren. Der Ersatz von Sachschäden richtet sich also ausschließlich nach den Regeln der deliktischen Haftung.

a. Der Grundsatz der Naturalrestitution

Im chinesischen Taiwan hat der Haftpflichtige nach § 213 Nr. 1 TBGB den Zustand herzustellen, der ohne das schädigende Ereignis bestehen würde, soweit das Gesetz nicht etwas anderes vorschreibt oder die Parteien nicht etwas anderes vereinbart haben. Da der Zweck des Schadensersatzes in der Beseitigung des Schadens besteht, hat der Haftpflichtige nicht den ursprünglichen Zustand, sondern

---

685 Für die gleiche Rechtslage im italienischen Recht, s. *Mansel/Seilstorfer*, Nutzungsausfallschaden und Schmerzensgeld bei Verkehrsunfall nach italienischem Recht, in: *Jayme/Mansel/Pfeiffer/Stürner* (Hrsg.), Jahrbuch für Italienisches Recht, Band 22, S. 102.

686 *Chen*, Difficult Litigation Cases' Judgment Essences and References in Motor Vehicle and Traffic Accidents, S. 664.

687 Vgl. *Yeh*, Der Verkehrsopferschutz und dessen Entwicklung, S. 167.

688 *Yeh*, Der Verkehrsopferschutz und dessen Entwicklung, S. 167.

den hypothetisch bestehenden Zustand herzustellen. Die Situation nach dem schädigenden Ereignis ist also auch zu berücksichtigen.[689]

Nach § 196 TBGB kann der Geschädigte den Ersatz des Wertes verlangen, der dem Geschädigten wegen der Zerstörung oder Beschädigung verloren gegangen ist. Im Falle irreparabler Beschädigung kommt nur ein Wertersatz in Betracht, da die Herstellung des ursprünglichen Zustands aus tatsächlichen Gründen unmöglich ist. Wenn die beschädigte Sache neu ist, sollte ebenfalls Wertersatz geleistet werden, um auf dem Markt eine vergleichbare neue Sache beschaffen zu können. Der Restwert der beschädigten Sache muss abgezogen werden. Wenn es um eine bereits benutzte Sache handelt, sollte der Marktwert abzüglich des Restwerts ersetzt werden.[690] Der für den Wertersatz entscheidende Zeitpunkt ist nicht der der Beschädigung, sondern der der Geltendmachung des Anspruchs, weil der Zweck des Ersatzes darin liegt, den Soll-Zustand herzustellen und nicht den ursprünglichen Zustand. Deshalb müssen die Veränderungen der Umstände nach dem schädigenden Ereignis gleichfalls berücksichtigt werden.[691]

b. Der Grundsatz der Totalrestitution

Nach § 216 Abs. 1 TBGB hat der Haftpflichtige dem Geschädigten nicht nur die erlittenen Schäden, sondern auch entgangene Vorteile zu ersetzen, soweit das Gesetz nicht etwas anderes vorschreibt oder die Parteien nichts anderes vereinbart haben. Unter dem erlittenen Schaden versteht man den Verlust von Vermögen oder Interessen, wie z. B. die Reparaturkosten und den merkantilen Minderwert. Entgangene Vorteile hingegen bedeuten den Verlust solcher Vorteile, die ohne das schädigende Ereignis erzielt worden wären.[692] Als Beispiel kann der entgangene Gewinn eines gewerblich eingesetzten Kraftfahrzeugs genannt werden.

D. Der Ersatz reiner Vermögensschäden

I. Deutschland

A 1. 1 AKB 2008 bringt zum Ausdruck, dass reine Vermögensschäden, die weder mit einem Personen- noch mit einem Sachschaden mittelbar oder unmittelbar zusammenhängen, auch von der KH-Versicherung erfasst werden. Unter reinen Vermögensschäden versteht man also solche Vermögenseinbußen, die nicht als

---

689 *Liu*, Allgemeiner Teil des Schuldrechts in Entscheidungen, S. 204.
690 *Zeng*, Das Schadensersatzrecht, S. 542.
691 *Lin*, Schuldrecht AT, S. 290.
692 *Liu*, Allgemeiner Teil des Schuldrechts in Entscheidungen, S. 204.

Folgeschäden aus einer Rechtsgutsverletzung resultieren.[693] Aus dem Wortlaut ergibt sich aber, dass die Halterhaftung nach § 7 Abs. 1 StVG auch eine Rechtsgutverletzung voraussetzt. Danach besteht die verschuldensunabhängige Haftung nur dann, wenn beim Betrieb eines Kraftfahrzeugs oder Anhängers ein Mensch getötet, dessen Körper oder Gesundheit verletzt oder eine Sache beschädigt wurde. Darin wird das Vermögen als solches nicht erwähnt, so dass sog. reine Vermögensschäden nicht erfasst sind. Der Ersatz reiner Vermögensschäden kann deshalb auch nicht auf die Haftung des Führers nach § 18 Abs. 1 StVG gestützt werden.

Der historische Gesetzgeber hat sich dafür entschieden, die Haftung für Fahrlässigkeit beim Ersatz reiner Vermögensschäden auszuschließen.[694] Für den Ersatz reiner Vermögensschäden sind zwei Anspruchsgrundlagen von Bedeutung, zum einen § 823 Abs. 2 BGB, wonach der Schädiger zum Schadensersatz verpflichtet ist, wenn er gegen ein Gesetz verstößt, das zumindest auch den Schutz eines anderen bezweckt. Problematisch ist aber, dass die für Verkehrsunfälle relevanten Schutzgesetze wie die StVO und die StVZO das Vermögen als solches grundsätzlich nicht schützen. Zum anderen kann sich der Geschädigte auf § 826 BGB stützen, der jedoch eine vorsätzliche sittenwidrige Vermögensverletzung verlangt, die bei Verkehrsunfällen meist nicht vorliegt. Der Ersatz reiner Vermögensschäden durch die KH-Versicherung ist also grundsätzlich ausgeschlossen.[695] Daraus ist zu schließen, dass die KH-Versicherung die Schutzfunktion für die Versicherten nicht verliert.[696]

II. China

1. Festland

In § 21 CPflVV werden die Vermögensschäden den Personenschäden gegenübergestellt. Welche Schäden vom Begriff der Vermögensschäden erfasst sind, insbesondere ob die reinen Vermögensschäden auch von der KH-Versicherung ersetzt werden, muss durch Auslegung ermittelt werden. Gemäß § 10 Nr. 4 CAKB sind bestimmte Schadensarten aus der KH-Versicherung ausgenommen, worunter insbesondere Schäden fallen, die dem Geschädigten wegen Betriebsausfall, Gebrauchsausfall von Kraftfahrzeugen, Elektronikausfall, Ausfall von Wasser, Gas, Produktion, Telefonverbindung, Internetverbindung oder wegen des Verlustes

693 Vgl. *Larenz/Canaris*, Schudrecht II, 2 §, 75 I 3b; *Kötz/Wagner*, Deliktsrecht, Rn. 97.
694 Vgl. *Fuchs/Pauker*, Delikts- und Schadensersatzrecht, S. 12.
695 Feyock/*Jocobsen*/Lemor, Kraftfahrtversicherung § 10 AKB, Rn. 18.
696 Vgl. § 2 Mitversicherte Personen der KH-Versicherung und Verkehrsopferschutz.

von elektronischen Daten, Veränderungen der elektrischen Spannung usw. entstanden sind. Die dort ausgenommenen Schäden sind überwiegend solche reinen Vermögensschäden, aber auch Sachschäden. Der Ausschluss der reinen Vermögensschäden aus der KH-Versicherung lässt sich mit den niedrigen gesetzlichen Höchstsummen der KH-Versicherung rechtfertigen, da die gesetzliche Höchstsumme der KH-Versicherung für Sachschäden nur 2.000 RMB (etwa 250 Euro) beträgt. Der Ausschluss von Sachschäden ist damit aber eigentlich nicht zu begründen, weil die entstehenden Schutzlücken durch die Erhöhung der gesetzlichen Versicherungssummen geschlossen werden könnten. Nach der h. M. werden die reinen Vermögensschäden aber von der verschuldensunabhängigen Haftung nach § 76 StVG nicht übernommen.[697]

2. *Taiwan*

Der Wortlaut des § 27 TPflVG stellt klar, dass im chinesischen Taiwan nur Personenschäden von der KH-Versicherung erfasst werden, d. h. die reinen Vermögensschäden des Geschädigten werden auch von der KH-Versicherung nicht übernommen; dafür muss sich der Geschädigte an die allgemeinen deliktischen Regeln halten. Da sich das Deliktsrecht im chinesischen Taiwan am deutschen Recht orientiert, können reine Vermögensschäden nur dann ersetzt verlangt werden, wenn die Verletzung eines Schutzgesetzes (§ 184 Abs. 2 TBGB) oder eine vorsätzliche sittenwidrige Schädigung (§ 184 Abs. 1 S. 2 TBGB) vorliegt.[698] Die Eigenschaft als Schutzgesetz setzt voraus, dass das Gesetz zumindest auch den Zweck haben muss, den Einzelnen zu schützen. Da Rechtvorschriften bzgl. des Straßenverkehrs vor allem den Zweck haben, die Verkehrssicherheit und damit die Sicherheit des einzelnen im öffentlichen Verkehrsraum zu verbessern, liegt somit ein Schutzgesetz grundsätzlich vor.[699] Außerdem muss der Ersatz der reinen Vermögensschäden in den Schutzbereich des Schutzgesetzes fallen; ob dies der Fall ist, muss durch Auslegung des Schutzgesetzes ermittelt werden, was im Straßenverkehrsrecht jedoch grundsätzlich zu verneinen ist.[700] Obwohl reine Vermögenschäden durch die Anordnung einer vorsätzlichen sittenwidrigen Schädigung in § 184 Abs. 1 S. 2 TBGB geschützt werden, ist der Anwendungsbereich dieser Vorschrift im Straßenverkehrsrecht nicht eröffnet.

---

697 *Ge*, Der Ersatz der reinen Vermögensschäden und die Generalklausel, Peking University Law Journal, Heft 5, 2009, S. 698.

698 Ausführlich s. *Yeh*, Der Verkehrsopferschutz und dessen Entwicklung, S. 56.

699 *Yeh*, Der Verkehrsopferschutz und dessen Entwicklung, S. 56.

700 *Wang*, Deliktsrecht, S. 507.

E. Zusammenfassung

Der Schutzumfang der KH-Versicherung in Deutschland ist sehr umfangreich. Sowohl Personen- als auch Vermögensschäden und ebenso reine Vermögensschäden werden von der KH-Versicherung übernommen. Das deutsche Recht wird im Gegensatz zum chinesischen Recht durch eine gesetzliche Mindestversicherungssumme gekennzeichnet. Hinsichtlich der Ersatzansprüche bei Personenschäden gibt es keine besonderen Einschränkungen, doch im Hinblick auf Sachschäden werden bestimmte Schadensersatzansprüche von der KH-Versicherung ausgeschlossen. Nicht von der KH-Versicherung erfasst sind zunächst die Schäden am versicherten Kraftfahrzeug einschließlich anderer damit verbundener Fahrzeuge (z.B. Anhänger) sowie Schäden an beförderten Sachen. Das ist dadurch zu rechtfertigen, dass das versicherte Kraftfahrzeug und die beförderten Sachen selbst zur Betriebsgefahr des Kraftfahrzeugs beitragen.[701] Die Einbeziehung solcher Schäden verstieße gegen den Gesetzeszweck der KH-Versicherung und könnte die Leistungsfähigkeit der KH-Versicherung gefährden. Dagegen ist der Ausschluss von genehmigten Rennen nicht notwendig, da eine Versicherungspflicht in diesem Fall gar nicht besteht. Der Ausschluss des Schadensersatzanspruchs gegen eine mitversicherte Person hat hingegen keine sachlichen Gründe.

Im Vergleich zum deutschen Recht ist der Schutz- und Leistungsumfang der KH-Versicherung in China durch besondere Regeln eingeschränkt. Auf dem chinesischen Festland werden die reinen Vermögensschäden durch die CAKB ausgeschlossen, während im chinesischen Taiwan generell auch nur Personenschäden von der KH-Versicherung umfasst sind. Im Gegensatz zum deutschen Recht gibt es in China keine Mindestversicherungssummen, sondern nur gesetzliche Versicherungssummen, die der Versicherungsnehmer nicht unterschreiten darf. Es ist notwendig, den Schutz- und Leistungsumfang zugunsten der Verkehrsopfer auszuweiten.

Beim Ersatz von Personenschäden sind in Deutschland ausschließlich die schadensrechtlichen Regeln anzuwenden, da die Versicherungsleistung nur dann eintritt, wenn die zugrunde liegende Haftpflicht des Versicherten gegeben ist. Obwohl der Direktanspruch auf dem chinesischen Festland keine Haftpflicht des Versicherten voraussetzt, werden aber die gleichen Regeln wie beim Ersatz von Personenschäden angewendet. Im Gegensatz dazu stellt die Rechtslage im chinesischen Taiwan eine Besonderheit dar, denn dort ist Ersatz nur für erlittene Schäden in konkreter Berechnung zu leisten, allein bei dauerhafter Behinderung oder Tötung des Geschädigten sind die Schäden nach der Stufe der Schwere abstrakt

701 Vgl. *Greger*, Haftungsrecht des Straßenverkehrs, § 3, Rn. 252.

auszugleichen. Es wird aber immer wieder die Frage gestellt, welche Schäden von der Versicherungsleistung umfasst sind. Da das Deliktsrecht wegen der Knappheit der KH-Versicherung oft noch eingreift, sollten alle Personenschäden nach den gleichen Regeln ausgeglichen werden.

Beim Umfang bzgl. Personenschäden gibt es keine großen Unterschiede zwischen beiden Ländern. Differenzen ergeben sich überwiegend hinsichtlich dreier Aspekte: Erstens wird der Schaden in China oft abstrakt berechnet und damit die Abwicklung erleichtert. Zweitens wird die Zubilligung von Schmerzensgeld großzügiger gehandhabt, weil der Schmerzensgeldanspruch in China bei Verletzung aller persönlicher Rechtgüter offen steht, sofern die Verletzung erheblich ist. Und drittens wird der Ersatz für Schäden Dritter allgemein anerkannt, soweit der Schaden nicht vermeidbar war. Unterschiede beim Ersatz von Sachschäden sind zwischen beiden Ländern nicht ersichtlich, denn sowohl die erlittenen Schäden als auch die entgangenen Vorteile wegen Betriebsentzugs werden ausgeglichen. Obwohl reine Vermögensschäden in Deutschland von der KH-Versicherung übernommen werden, hat deren Einbeziehung keine große Bedeutung, weil diese nicht von Gefährdungshaftung nach § 7 Abs. 1 StVG erfasst werden. Der Geschädigte kann reine Vermögensschäden nur über die §§ 823 Abs. 2, 826 BGB ersetzt erhalten, wobei diese Normen jedoch bei Verkehrsunfällen grundsätzlich nicht einschlägig sind. In China werden reine Vermögensschäden nicht von der KH-Versicherung übernommen, ebenso wenig wie sie Gegenstand der verschuldensunabhängigen Haftung sind.

Schlussfolgerung

A. Die Rolle der Versicherungspflicht beim Schadensersatz bei Verkehrsunfällen

Die Schäden bei Verkehrsunfällen sind normalerweise verhältnismäßig hoch und deshalb nicht selten für den Haftpflichtigen selbst untragbar. Im Hinblick auf die Sicherstellung der Zahlungsfähigkeit des Haftpflichtigen ist die KH-Versicherung für den Verkehrsopferschutz notwendig und immer wichtiger geworden. Ein umfassender Verkehrsopferschutz durch die KH-Versicherung setzt jedoch voraus, dass so viele Fahrzeuge wie möglich zum Abschluss einer KH-Versicherung verpflichtet werden. Um mögliche Probleme bei der Abgrenzung der Fahrzeugarten zu vermeiden, sollte in China auch ein allgemeiner Begriff des Kraftfahrzeugs wie in Deutschland eingeführt werden.

Eine ausnahmslose Versicherungspflicht für alle Fahrzeuge stellt jedoch eine übermäßige Belastung für die Versicherungspflichtigen dar und könnte gegen das Prinzip der Verhältnismäßigkeit verstoßen. Da der Rechtfertigungsgrund der Versicherungspflicht auf dem gleichen Gedanken wie der Zurechnungsgrund der Gefährdungshaftung beruht, sollte die mögliche Höchstgeschwindigkeit des Fahrzeugs als das entscheidende Kriterium zur Bestimmung der Versicherungspflicht bzw. Befreiung von dieser angesehen werden. Entsprechend muss für die Versicherer ein Kontrahierungszwang vorgesehen werden, was erst durch die Einführung einer allgemeinen Annahmefiktion verwirklicht wurde. Um die möglichen Schutzlücken zu schließen, ist die Errichtung eines Entschädigungsfonds für den Verkehrsopferschutz notwendig, dessen Anwendungsbereich jedoch nicht übermäßig weit gezogen wird, sondern auf die Fällen beschränkt ist, in denen der Geschädigte keinen Versicherer in Anspruch nehmen kann. Der Umfang der Entschädigung des Entschädigungsfonds liegt innerhalb der Mindestversicherungssummen bzw. gesetzlichen Versicherungssummen und ist ebenso hoch wie ein Anspruch aus der KH-Versicherung, damit der Geschädigte in solchen Fällen nicht benachteiligt wird.

B. Mitversicherte Personen der KH-Versicherung und Verkehrsopferschutz

Durch die Umwandlung des Anspruchs des Versicherten gegen den Versicherer von einem Anspruch auf Entschädigungszahlung in einen Befreiungsanspruch wird die Rechtsstellung des Geschädigten erheblich verbessert. Da der Umfang der mitversicherten Personen eine weitere Voraussetzung für die Anwendung der

KH-Versicherung bildet, sollte dieser so umfangreich wie möglich sein. In dieser Hinsicht wird der Umfang der mitversicherten Personen in China durch die gesetzliche Definition ungerechtfertigt eingeschränkt, so dass weder die Einwilligung des Versicherungsnehmers noch die Rechtmäßigkeit der Fahrverhaltens des Versicherten als Voraussetzung der Einbeziehung in die KH-Versicherung angesehen werden sollte. Denn der Geschädigte soll in keinem Fall seinen Direktanspruch gegen den Versicherer verlieren. Dagegen ist der Umfang der mitversicherten Personen in Deutschland weit gezogen und kann damit als Vorbild für China angesehen werden.

Der Verkehrsopferschutz hängt auch eng mit Obliegenheitsverletzungen zusammen. In Deutschland werden die Einwendungen des Versicherers wegen Obliegenheitsverletzungen des Versicherten gegen den Geschädigten grundsätzlich ausgeschlossen, nur ausnahmsweise verliert der Geschädigte seinen Direktanspruch, wenn der Versicherte den Verkehrsunfall vorsätzlich herbeigeführt hat. Dagegen werden die vorsätzliche sowie fahrlässige Herbeiführung des Verkehrsunfalls sowohl auf dem chinesischen Festland als auch im chinesischen Taiwan gleich behandelt. Da die Interessen des Versicherers durch Regressansprüche gegen den Versicherten berücksichtigt werden können, sollte die vorsätzliche Herbeiführung des Verkehrsunfalls auch in die Kategorie der Obliegenheitsverletzungen integriert werden.

In Deutschland wird die Versicherungsleistung bei Obliegenheitsverletzungen des Versicherten grundsätzlich auf die gesetzlichen Mindestversicherungssummen beschränkt, aber zugleich wird der Regressanspruch des Versicherers gegen den Versicherten in einigen Fällen eingeschränkt. Im Vergleich dazu wird der Leistungsumfang der KH-Versicherung auf dem chinesischen Festland wegen der unrichtigen gesetzlichen Definition des Versicherten in den Fällen erheblich eingeschränkt, in denen der Verkehrsunfall durch einen unechten oder unberechtigten Versicherten verursacht wird. In dieser Hinsicht kann die Ausgestaltung im chinesischen Taiwan als Vorbild angesehen werden, denn dort kann der Geschädigte in solchen Fällen immer noch den gleichen Versicherungsschutz erhalten. Da der Regressanspruch des Versicherers gegen den Versicherten bei Obliegenheitsverletzungen auf dem chinesischen Festland und ebenso im chinesischen Taiwan uneingeschränkt ist, sollte der Geschädigte in jedem Fall den Versicherungsschutz innerhalb der gesetzlichen Versicherungssummen genießen können.

C. Direktanspruch und Dritter

Der Gesetzeszweck der KH-Versicherung wird nur dann umgesetzt, wenn der Geschädigte die Versicherungsleistung tatsächlich rechtzeitig bekommt. Insofern ist die Einführung eines Direktanspruchs gegen den Versicherer sowie die Ausgestaltung des Direktanspruchs für den Verkehrsopferschutz von großer Bedeutung. In Deutschland sowie im chinesischen Taiwan ist ein Direktanspruch eingeführt worden, dagegen wurde ein Direktanspruch auf dem chinesischen Festland erst durch den Erlass einer Auslegung des Obersten Volksgerichts mittelbar eingeführt. Es bleibt aber noch offen, ob der Geschädigte den Direktanspruch außerhalb eines gerichtlichen Verfahrens geltend machen kann, eine Gesetzesänderung steht also noch aus.

In Deutschland besteht der Grundsatz der Akzessorietät der Haftpflichtversicherung, so dass die Versicherungsleitung erst dann im Betracht kommt, wenn die Haftpflicht des Versicherten nach den einschlägigen Haftungsbestimmungen gegeben ist. Wegen der zeitaufwendigen Prozessabwicklung kann man die Effizienz der KH-Versicherung in Deutschland nicht betonen, was mittelbar zur Folge hat, dass die Versicherungsleistung, die der Geschädigte letztlich erhalten kann, verkürzt wird. Im Vergleich dazu ist die Versicherungsleistung in China innerhalb der gesetzlichen Versicherungssummen von der Haftpflicht des Versicherten unabhängig. Außerdem wird der Eintritt eines Verkehrsunfalls zur entscheidenden Voraussetzung des Direktanspruchs gemacht. Wichtig ist aber, dass die besonderen Gefahren des Betriebs eines Kraftfahrzeugs verwirklicht werden müssen, wodurch die KH-Versicherung an die verschuldensunabhängige Haftung angeglichen wird.

In Deutschland richtet sich der Umfang des Ersatzes des Geschädigten nach der jeweiligen Anspruchsgrundlage. Ob ein Geschädigter den Direktanspruch geltend machen kann, hängt im Wesentlichen davon ab, ob ihm gegen eine mitversicherte Person ein Schadensersatzanspruch zusteht. Also muss der Anspruchsberechtigte im konkreten Fall bestimmt werden, wobei sogar der Führer des schädigenden Kraftfahrzeugs in bestimmten Fällen als Geschädigter angesehen werden kann. Angesichts der großen Einflussmöglichkeit des Fahrzeugführers auf die Abwendung des Verkehrsunfalls ist seine Einbeziehung in den Schutzbereich der KH-Versicherung nicht unproblematisch. Da die KH-Versicherung in China in der Praxis wie eine verschuldensunabhängige Haftung funktioniert, sollte nur der Fahrer von der KH-Versicherung ausgenommen werden, da dieser Ausschluss dem Gesetzeszweck der KH-Versicherung entspricht.

D. Die verschuldensunabhängige Haftung im Straßenverkehrsrecht

In beiden Ländern ist eine verschuldensunabhängige Haftung für Verkehrsunfälle vorgesehen, doch die Bedeutung der verschuldensunabhängigen Haftung für den Verkehrsopferschutz ist dennoch nicht identisch. In Deutschland stellt die Gefährdungshaftung nach § 7 Abs. 1 StVG grundsätzlich nur eine Anspruchsgrundlage zur Begründung der Versicherungsleistungspflicht dar, wogegen die verschuldensunabhängige Haftung in China eine selbständige Bedeutung für Schäden hat, die über den gesetzlichen Versicherungssummen der KH-Versicherung liegen. Innerhalb der gesetzlichen Versicherungssummen ist die Bedeutung der verschuldensunabhängigen Haftung hingegen gering. Wegen des Prinzips „die Versicherung folgt der Haftung" sowie des Fehlens einer Gefährdungshaftung für das Verhalten Dritter ist ein abstrakter Halterbegriff in Deutschland erforderlich, was aber die Feststellung des Halters in manchen Fällen erschwert. Dagegen ist die Feststellung des Haftpflichtigen auf dem chinesischen Festland einfacher, denn im Normalfall trifft den Fahrer eines Kraftfahrzeugs die verschuldensunabhängige Haftung, nur wenn es noch einen Dritten gibt, der gesetzlich für das Verhalten des Fahrzeugfahrers haften muss, entfällt dessen eigene Haftung. Der gleiche Gedanken lässt sich im chinesischen Taiwan finden, aber eine verschuldensunabhängige Haftung für das Verhalten Dritter findet sich im TBGB leider nicht. Lediglich eine verschuldensunabhängige Haftung für den Transportunternehmer bei Verkehrsunfällen kennt das Gesetz.

Im Hinblick auf den Ausschluss der verschuldensunabhängigen Haftung beruht diese Ausgestaltung grundsätzlich auf dem Gedanken, dass die Schadensquellen, die die Betriebsgefahr des Kraftfahrzeugs bilden oder steigern, von der verschuldensunabhängigen Haftung ausgeschlossen werden sollten. Darunter fallen die Schäden des Fahrzeugfahrers, die Schäden am schädigenden Kraftfahrzeug sowie der beförderten Sachen und ebenso auch bestimmte langsame Kraftfahrzeuge. In beiden Ländern sind noch andere Ausschlussgründe vorgesehen, die aber nicht auf einem einheitlichen Gedanken aufgebaut sind, wie z. B. Höchstsummen und die Anzeigepflichten in Deutschland, der Ausschluss der verschuldensunabhängigen Haftung auf dem chinesischen Festland für Verkehrsunfälle zwischen Kraftfahrzeugen. Da solche Ausschlussgründe nicht auf dem Gedanken der Gefährdungshaftung beruhen, sollten sie beseitigt werden.

E. Die zu ersetzenden Schäden und der Umfang der Leistungspflicht

Der Schutzumfang der KH-Versicherung in Deutschland ist sehr umfangreich, denn darunter fallen sowohl Personen- als auch Vermögensschäden und ebenso auch reine Vermögensschäden. Für die KH-Versicherung ist eine gesetzliche Mindestversicherungssumme vorgesehen. Beim Ersatz der Sachschäden werden aber bestimmte Schadensersatzansprüche von der KH-Versicherung ausgeschlossen.

Ausgenommen sind zunächst die Schäden am versicherten Kraftfahrzeug selbst einschließlich anderer damit verbundener Fahrzeuge sowie Schäden an beförderten Sachen. Der Grund liegt darin, dass das versicherte Kraftfahrzeug und die beförderten Sachen die Betriebsgefahr bilden bzw. steigern. Der gleiche Gedanke findet sich auch in den Ausschlussgründen der Gefährdungshaftung des Halters nach § 7 Abs. 1 StVG. Darüber hinaus ist es aber nicht notwendig, behördlich genehmigte Rennen von der KH-Versicherung auszuschließen, da eine KH-Versicherungspflicht für diese schon gar nicht besteht. Der Ausschluss des Ersatzanspruchs für Sachschäden einer mitversicherten Person ist aber auch nicht aussagekräftig.

Im Vergleich zum deutschen Recht wird der Schutz- und Leistungsumfang der KH-Versicherung in China durch besondere Regeln eingeschränkt. Auf dem chinesischen Festland werden reine Vermögensschäden durch die CAKB ausgeschlossen. Dadurch wird mittelbar zum Ausdruck gebracht, dass die KH-Versicherung auf dem chinesischen Festland tatsächlich wie eine verschuldensunabhängige Haftung funktioniert. Dagegen sind im chinesischen Taiwan nur Personenschäden von der KH-Versicherung umfasst. Im Gegensatz zum deutschen Recht gibt es in China keine Mindestversicherungssummen, sondern die Versicherungsleistung wird vielmehr auf die jeweiligen gesetzlichen Versicherungssummen beschränkt, die der Versicherungsnehmer nicht unterschreiten darf. Für den Verkehrsopferschutz ist es also notwendig, den Schutz- und Leistungsumfang zugunsten der Verkehrsopfer auszuweiten.

Beim konkreten Schadensumfang bestehen keine großen Unterschiede zwischen beiden Ländern. In Deutschland sind aber ausschließlich die schadensrechtlichen Regeln beim Schadensersatz anzuwenden, da die Versicherungsleistung nur dann eintritt, wenn die zugrunde liegende Haftpflicht des Versicherten gegeben ist. Obwohl der Direktanspruch auf dem chinesischen Festland keine Haftpflicht des Versicherten voraussetzt, werden dennoch die gleichen Regeln für den Ersatz von Personenschäden wie beim Schadensrecht angewendet. Dagegen stellt die KH-Versicherung beim Ersatz von Personenschäden im chinesischen Taiwan eine Besonderheit dar, denn dort ist nur der Ersatz der erlittenen Personenschäden in Form von Heilbehandlungskosten konkret zu entschädigen, bei dauerhafter Behinderung oder Tötung des Geschädigten sind hingegen die Schäden nach der Stufe der Schwere abstrakt auszugleichen. Es stellt sich aber die Frage, welche Schäden von der Versicherungsleistung beglichen werden. Da das Deliktsrecht wegen der Begrenzung der KH-Versicherung oft eingreift, sollten alle Personenschäden nach den gleichen Regeln ausgeglichen werden. Beim Ersatz von Sachschäden gelten in Deutschland und auf dem chinesischen Festland die identischen Regeln wie im Schadensersatzrecht.

Da die gleichen Regeln beim Schadensersatz für die Leistungspflicht der KH-Versicherung und die verschuldensunabhängige Haftung angewendet werden, kann der Ersatz mittels Versicherungsschutz dadurch durchgesetzt werden, dass die gesetzlichen Mindestversicherungssummen in Deutschland sowie die gesetzlichen Versicherungssummen in China erhöht werden. Das setzt jedoch voraus, dass die Versicherungsleistungspflicht von der Haftpflicht des Versicherten unabhängig ist.

Literaturverzeichnis

An, Jian (Hrsg.): Kommentar zum Versicherungsrecht, Beijing 2009.

Armbrüster, Christian: Privatversicherungsrecht, Tübingen 2013.

Bauer, Günter: Die Kraftfahrtversicherung, München 2010.

Baumann, Horst: Leistungspflicht und Regress des Entschädigungsfonds für Schaden aus Verkehrsunfällen, Karlsruhe 1969 (Zitiert: Entschädigungsfonds).

Becker, Helmut/Böhme, Kurt E./Biela, Anno: Kraftverkehrshaftpflichtschäden, 24. Aufl., Heidelberg 2009.

Beckmann, Roland Michael */Matusche-Beckmann,* Annemarie (Hrsg.): Versicherungsrecht-Handbuch, 2. Aufl., München 2009.

Bielefeld, Thomas: Regressprobleme beim kranken Kraftfahrzeug-Haftpflichtversicherungsverhältnis, Berlin 1991.

Böve, Bernd: Unfallforschung und strafrechtliche Sozialkontrolle des Straßenverkehrs, München 1982.

Brox, Hans/Walker-Dietrich Walker: Allgemeiner Teil des BGB, 37. Aufl., München 2013.

Brox, Hans/Walker-Dietrich, Walker: Schuldrecht BT, 37. Aufl., München 2013.

Bu, Yuanshi: Kodifikation des chinesischen Delikthaftungsrechts: Übersicht und kritische Fragen, ZfRV Heft 31, 2010, S. 218 ff.

Bu, Yushi: Die Rezeption des ausländischen Rechts in China, in: Deutsche und europäische Elemente des chinesischen Rechts, Münster 2012.

Busche, Jan: Privatautonomie und Kontrahierungszwang, Tübingen 1999.

Bydlinsiki, Franz: System und Prinzipien des Privatrechts, Wien 1996.

Cane, Peter: Atiyah's Accidents, Compensation and the Law, 8th Edition, Cambridge 2013.

Cheng, Xiao: Deliktsrecht, Beijing 2011.

Chen, Zhihui: Difficult Litigation Cases' Judgment Essences and References in Motor Vehicle and Traffic Accidents, Beijing 2013.

Chen, Fei: Vorschläge zur Gesetzgebung des chinesischen Haftpflichtversicherungsrechts, Science of Law, Heft 5, 2011, S. 191ff.

China Legal Publishing House (Hrsg,): Kommentar zur CPflVV, Beijing 2006.

Deiters, Manfred: Der Entschädigungsfonds für Verkehrsunfallschäden ist verfassungsrechtlich unbedenklich, VersR 1986, 214 ff.

Der 1. Senat des Obersten Volksgerichts (Hrsg.), Kommentar zur *Auslegung zum Ersatz von Personenschäden*, Beijing 2006.

Deutsch, Erwin/Ahrens, Hans-Jürgen: Deliktsrecht, 5. Aufl., Köln 2009.

Deutsch, Erwin: Gefahr, Gefährdung, Gefahrerhöhung, in: Festschrift für Karl Larenz zum 70. Geburtstag, München 1973, S. 885 ff.

Ding, Fengchu: Kfz-Haftpflichtversicherung, Beijing 2007.

Drewitz, Hans-Dieter: Der Grundsatz: Die Versicherung folgt der Haftung, Mannheim 1977.

Emmerich, Volker: BGB-Schuldrecht BT, 13. Aufl., Heidelberg 2012.

Esser, Josef: Grundlagen und Entwicklung der Gefährdungshaftung, 2. Aufl., München 1969.

Feyock, Hans/Jacobsen, Peter/Lemor, Ulf D.: Kraftfahrtversicherung, 3. Aufl., München 2009.

Fikentscher, Wolfgang/ Heinemann, Andreas: Schuldrecht, 10. Aufl., Berlin 2006.

Fleming, John G./Hellner, Jan/von Hippel, Eike: Haftungsersetzung durch Versicherungsschutz, Frankfurt am Main 1980.

Fuchs, Maximilian/Pauker, Werner: Delikts- und Schadensersatzrecht, 8. Aufl., Berlin 2012.

Ge, Yunsong: Der Ersatz der reinen Vermögensschäden und die Generalklausel, Peking University Law Journal, Heft 5, 2009, S. 689 ff.

Geigel, Reinhard/Haag, Kurt: Der Haftpflichtprozess, 26. Aufl., München 2011.

Gelhaar, Wolfgang/Thuleweit, Hermann: Das Haftpflichtrecht des Straßenverkehrs, Tübingen 1986.

Graaf, Jan de: Das Straßenverkehrssicherheitsgesetz der VR China, ZchinR 2004, S. 334 ff.

Greger, Reinhard: Haftungsrecht des Straßenverkehrs, 4. Aufl., Berlin 2007.

Güllemann, Dirk: Ausgleich von Verkehrsunfallschäden im Licht internationaler Reformprojekte, Berlin 1969.

Han, Changyin/Han, Yongqiang: Das neue Versicherungsrecht, Beijing 2010.

Han, Changyin/Yi Ping: Versicherungsleistung bei arglistischer Herbeiführung des Verkehrsunfalls, Science of Law, Heft 10, 2010, S. 121 ff.

Han, Shiyuan: Allgemeiner Teil des Vertragsrechts, 3. Aufl., Beijing 2011.

Hay, Peter: US-Amerikanisches Recht, 5. Aufl., München 2011.

Hedderich, Katharina: Pflichtversicherung, Tübingen 2011.

Huang, Simei: Der Umfang des Dritten der KH-Versicherung, Shanghai 2009.

Jansen, Nils: Die Struktur des Haftungsrechts, Tübingen 2003.

Jiang, Chaoguo: Obligatorische Kfz-Haftpflichtversicherung, 2. Aufl., Taibei 2006.

Koch, Bernhard A.: Die Sachhaftung, Berlin 1992.

Köhler, Helmut: BGB AT, 36. Aufl., München 2012.

Kötz, Hein/Wagner, Gerhard: Deliktsrecht, 11. Aufl., München 2010.

Kötz, Hein: Gefährdungshaftung - Empfiehlt sich eine Vereinheitlichung und Zusammenfassung der gesetzlichen Vorschriften über die Gefährdungshaftung im BGB und erscheint es erforderlich, das Recht der Gefährdungshaftung weiterzuentwickeln?, in: Gutachten und Vorschläge zur Überarbeitung des Schuldrechts, Band II 1982, S. 1779 ff.

Kötz, Hein: Haftung für besondere Gefahr, Generalklausel für die Gefährdungshaftung, AcP 170, (1970), S. 1 ff.

Koziol, Helmut: Grundfragen des Schadenersatzrechts, Wien 2010.

Küentzle, Wolfgang: Die Haftung für Verkehrsunfälle im französischen und deutschen Recht, Berlin 1974.

Küppersbusch, Gerhard/Höher, Heinz Otto: Ersatzansprüche bei Personenschäden, 11. Aufl., München 2013.

Kurt, Jannott: Der soziale Gedanke in der Haftpflichtversicherung, Berlin 1941.

Lange, Hermann/Schiemann, Gottfried: Schadensersatz, 3. Aufl., München 2003.

Langheid, Theo/Wandt, Manfred: Münchener Kommentar zum Versicherungsvertragsgesetz, Band 2, München 2011.

Langheid, Theo: Zur Haftungsfreistellung des Kraftfahrzeughaftpflichtversicherers nach VVG § 152, VersR 1997, 348 ff.

Larenz, Karl: Lehrbuch des Schulrechts, Besonderer Teil, Band II/2, 6. Aufl., München 1964.

Larenz, Karl/Canaris, Claus-Wilhelm: Lehrbuch des Schuldrechts – Besonderer Teil, Band II/2, 13. Aufl., München 1994.

Lemcke,: Haftung des Kfz-Haftpflichtversicherers trotz vorsätzlicher Schadenzufügung durch den mitversicherten Fahrer, r+s 1996, 483 ff.

Li, Li: Über die Erweiterung der mitversicherten Personen des chinesischen Kfz-Haftpflichtversicherungsrechts, Finanz und Ökonomie, Heft 6, 2006, S. 44 ff.

Li, Qingwu: Obligatorische Kfz-Haftpflichtversicherung, Beijing 2010.

Li, Wenzhong: Die Abgrenzung des „Dritten" in der Kfz-Haftpflichtversicherung, Insurance Studies Heft 10, 2011, S. 90 ff.

Liang, Huixing: Das chinesische Zivilrecht: Sein gegenwärtiger Zustand und der Erlass eines Zivilgesetzbuches, AcP 194 (1994), S. 479 ff.

Liang, Jiajun/Xie, Yuandong/Su, Min: Die immer größeren Sicherheitsprobleme von Mofas, Guangxier rechtliche Tageszeitung, 23.08.2008.

Lin, Chenger: Schuldrecht AT, Beijing 2003.

Lin, Huei-Chen: Gefährdungshaftung, Taiwan 1996.

Lin, Yun Ting: Verbrauchsverhältnis, Taiwan 1995.

Liu, Rui/Li, Zhuyong/Cao, Shunming: Studien zur chinesischen Kfz-Haftpflichtversicherung, Beijing 2010.

Liu, Rui: Haftung aus Straßenverkehrsunfällen und Kfz-Haftpflichtversicherung, Beijing 2006.

Liu, Rui: Compulsory Liability Insurance and the No-fault Insurance are Compatible?, Journal of Central University of Finance & Economics, Heft 7, 2006, S. 78 ff.

Liu, Rui: Wie soll die Haftung aus Kraftfahrzeugunfällen in dem CHaftungs-Gesetz geregelt werden, Journal of Comparative Law, Heft 6, 2009, S. 50 ff.

Liu, Zhao/Yang, Bohua/Guo, Zuojian: Kommentar zum CPflVG, Beijing 2006.

Liu, Zongrong: Das neue Versicherungsrecht: Theorien und Praxis des Versicherungsvertrages, Beijing 2009.

Liu, Chuntang: Allgemeiner Teil des Schuldrechts in Entscheidungen, 6. Aufl., Taibei 2010.

Looschelders, Dirk: Schuldrecht BT, 8. Aufl., München 2013.

Looschelders, Dirk: Schuldrecht AT, 10. Aufl., München 2012.

Looschelders, Dirk/Paffenholz, Christina: Versicherungsvertragsrecht, 2. Aufl., Köln 2011.

Lorenz, Egon: Zur Leistungsfreiheit des Kraftfahrzeughaftpflichtversicherers gegenüber dem vorsätzlich und rechtswidrig handelnden Versicherungsnehmer, VersR 1997, 349 ff.

Ludovisy, Michael/Eggert, Christoph/Burhoff, Detlef: Praxis des Straßenverkehrsrechts, 5. Aufl., Bonn 2011.

Ma, Tao: Zum Schadensersatz aus Verkehrsunfällen, Xian 2007.

Mansel, Heinz-Peter: Direktansprüche gegen den Haftpflichtversicherer: anwendbares Recht und internationale Zuständigkeit, Heidelberg 1986.

Mansel, Heinz-Peter/Seilstorfer, Silvia: Nutzungsausfallschaden und Schmerzensgeld bei Verkehrsunfall nach italienischem Recht, in: *Jayme, Erik/Mansel, Heinz-Peter/Pfeiffer, Thomas/Stürner, Michael* (Hrsg.): Jahrbuch für Italienisches Recht, Band 22, Heidelberg 2010.

Mansel, Heinz-Peter/Seilstorfer, Silvia: Ersatz von entgangenem Verdienst eines Freiberuflers sowie Ersatz der Rückreisekosten bei einem Verkehrsunfall nach italienischem Recht, in: *Jayme, Erik/Mansel, Heinz-Peter/Pfeiffer, Thomas/Stürner, Michael* (Hrsg.): Jahrbuch für Italienisches Recht, Band 23, Heidelberg 2011.

Medicus, Dieter/Lorenz, Stephan: Schuldrecht I, 20. Aufl., München 2012.

Medicus, Dieter/Lorenz, Stephan: Schuldrecht II, 16. Aufl., München 2012.

Medicus, Dieter/Pertersen, Jans: Bürgerliches Recht, 24. Aufl., München 2013.

Möller, Hans: Rechtsgestalt und Rechtsgestaltung der Kraftverkehrsversicherung, ZVersWiss 1972, 219 ff.

Muckel, Stefan/Oeorek, Markus, Sozialrecht, 4. Aufl., München 2011.

National Judges College (Hrsg.): Fälle chinesischer Gerichte aus dem Jahr 2013 - Verkehrsunfälle, Beijing 2013.

National Judges College (Hrsg.): Fälle chinesischer Gerichte aus dem Jahr 2013 - versicherungsrechtliche Fälle, Beijing 2012.

Oertel, Christoph: Objektive Haftung in Europa, Tübingen 2010.

Otto, Hagen: Neue Wege in der Kraftfahrzeughaftpflichtversicherung, Berlin 1938.

Prölss, Jürgen/Martin, Anton: Kommentar zum VVG, 28. Aufl., München 2010.

Qiu, Congzhi: Schuldrecht AT I, Beijing 2003.

Reimann, Mathias: Einführung in das US-amerikanische Privatrecht, 2. Aufl., München 2004.

Rohde, Kerstin: Haftung und Kompensation bei Straßenverkehrsunfällen, Tübingen 2010.

Rolfs, Christian: Das Versicherungsprinzip im Sozialversicherungsrecht, München 2000.

Säcker, Franz Jürgen/Rixecker, Roland: Münchener Kommentar zum Bürgerlichen Gesetzbuch, Band 5, 6. Aufl., München 2013.

Schimikowski, Peter: Versicherungsvertragsrecht, 5. Aufl., München 2013.

Schwab, Dieter/Löhnig, Martin: Einführung in das Zivilrecht, 19. Aufl., Heidelberg 2012.

Shi, Wensen/Lin, Jianzhi: Obligatorische Kfz-Haftpflichtversicherung, Taiwan 2009.

Sieg, Karl: Ausstrahlungen der Haftpflichtversicherung, Hamburg 1952.

Stiefel, Ernst/Hofmann, Edgar: Kraftfahrtversicherung, 18. Aufl., München 2010.

Stoll, Hans: Das Handeln auf eigene Gefahr, Tübingen 1961.

Sun, Xianzhong: Die Rezeption der westlichen Zivilrechtswissenschaft und ihre Auswirkung im modernen China, RabelsZ 71 (2007), S. 644 ff.

Sun, Yurong: Die Problemme der CPflVV und Vorschläge zur Nachbesserung, Journal of Law Application, Heft 5, 2009, S. 94 ff.

The Insurance Association of China (Hrsg.): The Annual Report of The Typical Insurance Cases (Volume I), Beijing 2009.

The Insurance Association of China (Hrsg.): The Annual Report of The Typical Insurance Cases (Volume II), Beijing 2010.

The Insurance Association of China (Hrsg.): The Annual Report of The Typical Insurance Cases (Volume III), Beijing 2011.

von Bar, Christian: Gemeineuropäisches Deliktsrecht, Band I, München 1996.

von Bar, Christian: Gemeineuropäisches Deliktsrecht, Band II, München 1999.

von Bühren, Hubert/Hermann, Lemcke: Anwaltshandbuch Verkehrsrecht, 2. Aufl., Köln 2011.

von Hippel, Eike: Schadensausgleich bei Verkehrsunfällen, Tübingen 1968.

von Jherung, Rudolf: Geist des römischen Rechts, Erster Teil, Darmstadt 1955.

Wagner, Gerhard (Hrsg.): Tort Law and Liability Insurance, Berlin 2006.

Wagner, Gerhard: Grundstrukturen des Europäischen Deliktsrechts, in: *Zimmermann, Reinhard* (Hrsg.): Grundstrukturen des Europäischen Deliktsrechts, Baden Baden 2003.

Wandt, Manfred: Versicherungsrecht, 5. Aufl., München 2009.

Wandt, Manfred: Gesetzliche Schuldverhältnisse, 5. Aufl., München 2012.

Wang, Shengming (Hrsg.): Kommentar zum chinesischen Haftungsgesetz, 2. Aufl., Beijing 2013.

Wang, Shihu/Shen, Xiaojun: Review of Responsibility Principle of China's Traffic Accident between Automobiles: Reference to German Law, Modern Law Science, Heft 1, 2014, S. 44 ff.

Wang, Zejian: Deliktsrecht, Beijing 2009.

Wang, Liming: Studien zum Deliktsrecht I, Beijing 2010.

Wang, Liming: Studien zum Deliktsrecht II, Beijing 2011.

Wang, Shengming (Hrsg.): Kommentar zum chinesischen Haftungsgesetz, 2. Aufl., Beijing 2013.

Weber, Reinhold: Der Entschädigungsanspruch gegen den Verein „Verkehrsopferhilfe", DAR 1987, 333 ff.

Wen, Shiyang (Hrsg.): Versicherungsrecht, Beijing 2007.

Weyers, Hans-Leo: Unfallschäden, Frankfurt am Main 1971.

Wolf, Manfred/Neuner, Jörg: Allgemeiner Teil des Bürgerlichen Rechts, München 2012.

Xi, Xiaoming: Verständnis und Anwendung der *Auslegung zur Haftung bei Verkehrsunfällen*, Beijing 2012.

Xie, Ke: Research on Legal System of Motor Vehicle Compulsory Liability Insurance, Changchun 2010.

Xue, Jun: Das Missverständnis der Haftung für den Vormund als eine ergänzende Haftung, Journal of The East China University of Politics Science and Law, Heft 3, 2010, S. 114 ff.

Yang, Lixin: Deliktsrecht, Beijing 2011.

Yang, Lixing/Liang, Qing: Die Grundlage der Verursachungstheorie und ihre Anwendung, Jurists Review, Heft 6, 2006, S. 101 ff.

Yao, Hui: Allgemeiner Teil des Persönlichkeitsrechts, Beijing 2011.

Yao, Zhiming: Deliktsrecht, Taibei 2011.

Yeh, Chi-Chou: Der Verkehrsopferschutz und dessen Entwicklung, Tübingen 2007.

Yeh, Chi-Chou: Studien zum Versicherungsrecht I, Taibei 2007.

Yu, Min: Eine vergleichende Untersuchung der Kfz-Haftpflichtversicherung zwischen dem Festland und Taiwan Chinas, China Legal Science, Heft 5, 2007, S.107 ff.

Yu, Min: Der Schadensersatz aus Verkehrsunfällen und Mitverantwortlichkeit, Beijing 2006.

Zeng, Xinglong: Das Schadensersatzrecht, Taibei 2008.

Zhang, Jiayong: Die Auslegung und Lückenausfüllung von Verträgen, Journal of Southwest University of Nationalities, Heft 5, 1997, S. 130 ff.

Zhang, Xinbao/Chen, Fei: Comprehension and Application of the Regulation Regarding Compulsory Liability Insurance for Auto Road Traffic Accident, Beijing 2006.

Zhang, Xinbao (Hrsg.): Studien zum Ersatz des immateriellen Schadens, Beijing 2012.

Zhang, Xinbao: Study on Legislation of Tort Liability Law, Beijing 2009.

Zhang, Xinbao: Die Pflichtversicherung Dritter im Straßenverkehrsunfallrecht, Jurists Review, Heft 1, 2005, S. 10 ff.

Zhang, Xinbao/Ming, Jun: Die Verursachungskraftstheorie im Haftungsrecht, China Legal Science, Heft 6, 2006, S. 92 ff.

Zhang, Yufeng: Die Hälfte der Verkehrsunfälle kommen aus Elektro-Fahrräder, Yangzhouer Tageszeitung vom 31.05.2011.

Zheng, Yubo/Liu, Zongrong: Versicherungsrecht, 8. Aufl., Taibei 2010.

Zheng, Yubo/Chen, Ronglong: Schuldrecht AT, Beijing 2003.

Zhou, Yanli (Hrsg.): Theorie und Praxis der KH-Versicherung, Beijing 2001.

Zou, Hailin: Zur Haftpflichtversicherung, Beijing 1999.

Zweigert, Konrad/Kötz, Hein: Einführung in die Rechtsvergleichung, 3. Aufl., Tübingen 1996.

www.ingramcontent.com/pod-product-compliance
Ingram Content Group UK Ltd.
Pitfield, Milton Keynes, MK11 3LW, UK
UKHW021906290926
8980IPUK00015B/1097

9 783631 663103